Meisterlicher Service

Horst H. P. Otto und Wolfgang Remus

Meisterlicher Service

Das fachgerechte Arbeiten vor dem Gast

Verlag Robert Gessler

Das vorliegende Fachbuch ist unter Mitarbeit der nachfolgend genannten Personen entstanden:

Küchenfachliche Beratung: Erich Keim †, Braunschweig

Servicefachliche Beratung: Serviermeister und Fachlehrer:
Sigrid Kohler, Bad Wurzach; Hans Berger, Köln; Daniel Bernardin, Frankreich (z. Zt. Rottach-Egern); Wolfgang Heidemann, Bad Überkingen; Bruno Hinterwirth, Bad Hofgastein/Österreich; Günther Jacobs, Boppard; Dusan Kaptanovic, Jugoslawien (z. Zt. Lohfelden); Egon Löwel, Waldmichelbach; Horst Lucht, Fulda; Carmine Pecoriello, Italien (z. Zt. Bad Orb im Spessart); Ralf Schmidt, Weiler im Allgäu (z. Zt. Saarbrücken); Heinz Schmidt, Uerzig/Mosel; Hans Schneider, Sonthofen im Allgäu; Mahmoud Oagrhem, Tunesien (z. Zt. Freiburg); Josef Scheferhoff, Herborn.

Bildmaterial stellten freundlicherweise zur Verfügung:
Fa. Gebr. Hepp, Pforzheim; Fa. Spring AG, Eschlikon/Schweiz; Fa. Ostmann Gewürze, Bielefeld. Titelfoto: Ullrich Lancé, Neukirch.

Weitere Aufnahmen von Foto Wieschalla, Scheidegg; Inge Mennel, Roggenzell und Wolfgang Remus, Konstanz.

Fachliche Unterstützung gewährten:
Restaurant »Historischer Rodenhof«, Saarbrücken; Kurhausrestaurant, Scheidegg; Restaurant »Ziegler«, Oberreitnau; Strandhotel »Löchnerhaus«, Insel Reichenau; Hotel »Aquarius«, Braunschweig; Kur- und Konferenzhotel, Oberuhldingen.

Vor der dritten Auflage wurden einige Verbesserungen auf Anraten der obengenannten Lektoren vorgenommen. Allen Kollegen und Häusern sei an dieser Stelle ein verbindliches Dankeschön gesagt.

Die Autoren

3. überarbeitete Auflage 1984

Reproduktion: Autographia KG, Friedrichshafen
Druck: Robert Gessler GmbH & Co KG. Friedrichshafen
Printed in Germany

ISBN 3-922 137-08-3

Vorwort

Der Service ist nun einmal im höchsten Maße international geprägt. Da aber international und zum Teil sogar auch regional unterschiedlich gearbeitet wird, ist es nicht verwunderlich, daß in den Prüfungsausschüssen und manchmal sogar innerhalb einer Kommission unterschiedliche Meinungen über fachliche Ansichten herrschen.
Aus diesem Grunde hat der Prüfling auch kaum eine Möglichkeit, sich optimal auf die Anforderungen vorzubereiten. Das Prüfungsergebnis ist in hohem Maße vom Glück bzw. Zufall abhängig, daß der Prüfling gerade die fachliche Ansicht seines Prüfmeisters vertritt. Damit ist eine einwandfreie Bewertung der Prüfungsleistung in Frage gestellt.
Kollege Wolfgang Remus, der schon jahrelang als Seminarleiter für Meisteranwärter tätig ist und daher über reichliche Prüfungserfahrungen verfügt sowie Altkollege Erich Keim, der über 20 Jahre lang Vorsitzender des Prüfungsausschusses für Servier- und Küchenmeister bei der IHK Braunschweig war, gaben die Anregung, ein Werk zu schaffen, das einmal eine Grundlage für einheitliche Prüfungskriterien sein soll.
Von Anfang an war klar, daß im Alleingang so ein heißes Eisen nicht anzufassen ist. Ein Fachbuch, das auch als Orientierungsgrundlage für Meisterprüfungen dienen soll, kann niemals von nur einem Verfasser alleine geschrieben werden. So suchten wir zuerst nach Kollegen, die bereit waren als Lektoren mitzuwirken. Horst Otto hat dann sozusagen das Gerüst gebaut, indem er das Erstmanuskript erstellte, das zur Korrektur an die Kollegen verschickt wurde. In vielen Kollegentreffen wurde eine einheitliche fachliche Richtlinie geschaffen. Fachlich unterschiedliche Ansichten wurden in allen Teilen zerpflückt, diskutiert und wieder zusammengesetzt. Erst nach völliger Übereinstimmung aller Lektoren war das Manuskript endlich druckreif. Dabei wurden dort, wo es auch andere Möglichkeiten gibt eine Arbeit fachgerecht durchzuführen, alle üblichen Arbeitsmethoden ausführlich geschildert. So sind z. B. bei der Lammkeule gleich vier verschiedene Arbeitsgangbeschreibungen für das Tranchieren angegeben.
Dieses Buch ist aber nicht nur für Meisteranwärter geschrieben. Kollegen, die von einem bürgerlichen Restaurant in ein Spezialitätenrestaurant oder in ein Hotelrestaurant mit gehobenem Servicestil wechseln wollen, finden hier das notwendige Rüstzeug.

Die Autoren

Inhaltsverzeichnis

Einführung

Das Arbeiten am Tisch gehört zu den höchsten Leistungen des feinen, gehobenen Restaurantservices. Sie zu fördern und zu pflegen sollte die Aufgabe unseres Berufsstandes sein, auch wenn wir sie heute aus verschiedenen Gründen nicht mehr täglich praktizieren können. Diese Kunst zu beherrschen ist das Ziel vieler Nachwuchskollegen, und daß diese engagierten Kollegen als Meister von morgen ihr Ziel erreichen, sollte Bestreben und Aufgabe der etablierten Fachkreise sein. Leider gibt es manchmal noch Kollegen, die stolz darauf sind, zu den wenigen zu gehören, die als solche Fachkapazitäten nur noch selten anzutreffen sind und keine anderen »Götter« neben sich haben möchten. Damit erweisen sie aber sich selbst und dem Berufsstand einen schlechten Dienst.

Geschichtliches über die Entwicklung der Tranchierkunst

In England gehört heute noch das kunstgerechte Zerlegen von Fleisch, Wild und Geflügel zu den Fertigkeiten, die ein Gentleman unbedingt beherrschen muß.
Von den Römern wissen wir, daß sich wohlhabende Kreise besonders Trancheure als Vorschneider hielten. Die Scissores, wie die Trancheure damals genannt wurden, mußten eine sehr große Fertigkeit aufweisen, da sie sogar nach dem Takt des Flötenspieles tranchieren mußten.
Vom Mittelalter an gehörte die Kunst des Tranchierens bis fast in unsere Zeit hinein zur Allgemeinbildung, die in den gehobenen Gesellschaftsschichten jeder Kavalier, genauso wie das Fechten, Tanzen und Reiten, beherrschen mußte.
An den europäischen Höfen und in den Palais des Adels war der Trancheur eine sehr wichtige Persönlichkeit, die dem Küchenmeister, dem Haushofmeister und dem Mundschenk gleichgestellt war. Unter den deutschen Kaisern gehörte der Trancheur zu den höchsten Würdenträgern. Auch bei den Merowingern gab es diesen Posten. Man hatte schon damals 15 verschiedene Tranchiermesser, und ein Meister seines Faches mußte damit so geschickt umgehen können, daß er z. B. Geflügel frei in der Luft, nur mit der Gabel gehalten, tranchieren konnte.
Anfang des 20sten Jahrhunderts wurden in Deutschland die berühmten großen Hotels gegründet, die uns heute noch ein Begriff sind. Zu der Zeit bis 1920 hatten die Kellner und das andere Dienstleistungspersonal keinen festen Lohn. Sie lebten vom Trinkgeld, das der Gast freiwillig bereit war zu geben. War der Gast nicht zufrieden, so konnte das Trinkgeld ganz oder teilweise ausfallen. Ein Kellner war also schon deshalb gezwungen, immer Höchstleistungen zu erbringen, und das Arbeiten am Tisch mußte in guten Häusern mit gekonnter Sicherheit in vollendeter Perfektion ausgeführt werden.
Zwischen den beiden Weltkriegen nahm das Hotel- und Gaststättengewerbe in den Jahren 1925/26 noch einmal einen großen Aufschwung. Im Dritten Reich propagierte man dann mehr die Eintopfgerichte, verbannte französische und klassische Fachausdrücke aus der Küchensprache und hatte keinen Sinn für ein gehobenes Service mit Arbeiten am Tisch. Während des Krieges wurden viele Hotels zweckentfremdet und darin Heeresverwaltungen, Notlazarette, Flüchtlingslager und Heeres-Standortverwaltungen untergebracht. Nach 1945 waren die Hotels teilweise zerstört, ausgebombt oder jene, die noch erhalten waren, von den Besatzungsmächten beschlagnahmt.
Als dann Anfang der 50er Jahre die Hotellerie ihren Aufschwung erlebte, fehlte es an Fachpersonal. Viele gute Fachleute kehrten aus dem Krieg nicht mehr zurück. Andere waren inzwischen in fremde Berufe abgewandert. Ein großer Teil aber arbeitete bei den Besatzungsmächten in den Casinos und Clubs. Vielfach mußte der Personalbedarf mit angelernten Kräften gedeckt werden. Selbstverständlich waren in den ersten Häusern mit Rang und

Namen immer wieder noch fachlich versierte Kollegen anzutreffen, die als Meister der alten Schule ihren jüngeren Kollegen einen entsprechenden Servicestil vermitteln konnten. Die weitere Entwicklung brachte aber große Lücken in den Reihen der »Könner« unter den Oberkellnern. Die älteren Kollegen waren mit der Zeit ins Pensionsalter geraten und von den Jüngeren hatten diejenigen, die ehrgeizig und tüchtig waren, durch den anhaltenden Aufwärtstrend überall gute Chancen, in höhere Führungspositionen einzusteigen oder sich selbständig zu machen, so daß es echt an Spitzenkräften mangelte. Die Nachwuchskollegen wurden mit dem ganz exquisiten Service nicht mehr in der Form ihrer Vorgänger konfrontiert. Woher sollten es dann die beherrschen, die nun danach kamen?

Mit Ausnahme von wenigen Häusern ersten Ranges wurde kaum noch tranchiert oder flambiert. Gelegentlich ein Rehrücken, ein Entrecôte double oder ein Chateaubriand gelangte noch ins Restaurant zum Tranchieren. Der sogenannte Grosse-pièce-Wagen und der Flambierwagen waren nur noch selten anzutreffen. Nicht nur der Personalmangel war daran schuld, sondern auch vom Gästekreis her war die Nachfrage in eine andere Richtung geraten. Der deutsche Gast, der Einheimische, hatte in den langen Jahren der Kriegszeit und in der mageren Nachkriegszeit entbehren, ja in vielen Fällen sogar hungern müssen. Jetzt wollte man sich erst einmal satt essen. Nach einer Show im Service hatte man kein Verlangen. Außerdem kam jetzt eine andere Gästeschicht in unsere Restaurants als früher. Kannten es doch unsere alten Kollegen kaum, daß einmal ein Handwerksmeister, ein Arbeiter oder ein Angestellter der mittleren Einkommensklasse in einem teuren Restaurant zum à la carte-Essen gegangen wäre, so war das jetzt auf einmal an der Tagesordnung. Unter dem Motto: »Schon zweimal ist uns unser erspartes Geld verreckt, essen wir jetzt was uns schmeckt«, wurde nicht mehr wie zu Vaters Zeiten am Essen gespart.

Durch den damals günstigen Dollarkurs wurde Deutschland zum wahren Urlaubseldorado der Amerikaner. Aber auch Belgier, Holländer und Engländer kamen als Gäste zu uns. Daher waren vor servicetechnischen Feinheiten in erster Linie Fremdsprachen gefragt. Der ausländische Tourist, der zu uns kam, wollte hauptsächlich in möglichst kurzer Zeit möglichst viel von Old Germany sehen. Ein Oberkellner konnte mit dem Hinweis auf eine Sehenswürdigkeit, eine Ruine, ein altes Schloß oder ein Museum dem Gast mehr Service bieten und für das Haus eine bessere Empfehlung erreichen, als wenn er einen Obstsalat am Tisch zubereitet hätte.

Neben den Einzelreisen entwickelte sich aber auch sprunghaft schnell der Massentourismus. Hier waren unsere Auftraggeber meistens Reiseunternehmen, denen wir bestimmte Leistungen zum günstigen Preis bieten mußten, um im Wettbewerb mit der Konkurrenz Schritt halten zu können. Da waren Show und Serviceaufwand sowieso nicht gefragt. Bestenfalls ein einfacher table d'hôte Service war in diesem Rahmen noch möglich. An Flambieren und Tranchieren wurde in den meisten Häusern überhaupt nicht mehr gedacht.

Neben Sprachen waren jetzt Organisationstalente, rationelle Personaleinsatzplanung, Menschenführung und Psychologiekenntnisse die Hauptvoraussetzungen, die ein Oberkellner mitbringen mußte. Exakter Service, Feinheiten oder sogar Schau und Zelebrationen waren nicht gefragt, mit Ausnahme einiger Häuser, die es sich leisten konnten, auf den großen Massenansturm zu verzichten.

Als dann in den 60er Jahren ein noch nie dagewesener Wohlstand erreicht war und das Wirtschaftswunder sich in allen Bevölkerungsschichten bemerkbar gemacht hatte, besonders aber die Industrie ihre Glanz- und Blütezeit erlebte, wurde die Anzahl der Restaurants größer, die nicht nur eine first class Küche, sondern auch einen gehobenen, exzellenten Service präsentierten.

Nach amerikanischem Vorbild begann man sich zu spezialisieren. Es entstanden die Touristenhotels, und andere gute Häuser wiederum nahmen grundsätzlich keine Omnibusse oder Reisegesellschaften mehr an. Es entstanden auch viele ausgesprochene Spezialitätenrestaurants. Ein ganz großer Trend ging zur rustikalen Atmosphäre und hat sich bis in die heutige Zeit erhalten. In fast allen Hotels gibt es eine Weinstube, Bierklause, Fischerstube,

Winzerkeller oder Bauernzimmer und wie es auch immer heißen mag, im rustikalen Stil. Ganze Hotels der Luxusklasse, besonders in den Alpenregionen, sind im rustikalen Stil eingerichtet und erfreuen sich eines besonders regen Gästezuspruches. Aber auch in den rustikalen Speiserestaurants und Gaststätten fing man wieder an mit dem Flambieren und Tranchieren, was sich meistens jedoch auf einige bestimmte Gerichte und Süßspeisen aus der großen Palette der Möglichkeiten beschränkte.
Beim Flambieren erkennt man den wenig geübten Kollegen sofort an der hohen Flamme. Wir wollen dem Gast kein Feuerwerk bieten. Die Flamme darf nur handbreit hoch leicht bläulich brennen. Den geübten Trancheur erkennt man am ersten Messeransatz. Eine gute Arbeit anzusehen ist für den Gast ein Genuß, während ein stümperhaftes Zerrupfen dem Gast den Appetit verderben kann.
Selbstverständlich tranchiert man nach wie vor ein Entrecôte double oder ein Chateaubriand vor dem Gast. Wo aber gibt es noch eine Canard à la presse, wo werden noch Salate und Dressings am Tisch zubereitet oder ein Obstsalat mit Früchten nach Wahl des Gastes vor dessen Augen hergestellt?
Hohe Personalkosten und Rationalisierungsgründe haben die Arbeiten immer mehr aus dem Restaurant in die Küche zurückgedrängt. Deswegen hat sich der Tellerservice verstärkt durchgesetzt und wird auch in sehr guten Häusern mit Erfolg und zur Zufriedenheit der Gäste praktiziert. Jedenfalls ist ein guter Tellerservice besser als ein schlechter Guèridonservice. Die meisten Gäste wollen heute keine so großen Portionen mehr, und der Koch kann in der Küche den Teller sauber, exakt, optisch eindrucksvoll anrichten. Das kann der Restaurantfachmann oder die Bedienung oft nicht, weil sie keine Zeit haben und die Speisen daher wahllos durcheinander, manchmal sogar mit verschmiertem Tellerrand, dem Gast servieren. Wie oft kann man beobachten, daß dann noch mit dem Rücken zum Gast oder weit weg vom Tisch gearbeitet wird. Will dann der Gast z. B. eine Kartoffel nachserviert haben, so ist oft niemand in der Nähe, der den Nachservice ausführen kann und der Gast muß aufstehen und sich selber bedienen.
Genauso ist es mit dem Bankettservice. Da, wo es an Personal fehlt, sollte man von vornherein einen gut ausgeführten sauberen table d'hôte Service dem nicht ganz exakt durchführbaren Bankettservice vorziehen.
Diese Vergleiche wurden nochmals aufgeführt, um abschließend eindringlich davor zu warnen, im gehobenen Restaurantservice, mit Guèridon und Flambierwagen, evtl. sogar noch mit einer Voiture, mit einer unzureichenden Personalbesetzung zu arbeiten. Es muß je nach Geschäftsgang immer für 12–15 Gäste, jeweils neben dem Chef de rang, der bei solchem Service mindestens auch zwei Commis oder einen sehr guten Commis und einen Auszubildenden benötigt, noch eine Person da sein, die ohne Station mitarbeitet – ganz gleich ob das jetzt ein Oberkellner, Restaurantdirektor oder im Kleinbetrieb der Patron oder die Dame des Hauses ist. Wo besonders viel tranchiert wird, da sollte ein Trancheur beschäftigt sein, der auch ohne Station arbeitet und sich so ganz seiner speziellen Aufgabe widmen kann.
Der Gast, der solche exklusiven Restaurants besucht, kommt viel herum und hat daher immer wieder Möglichkeiten, Vergleiche zu ziehen. Für die hohen Preise, die berechnet werden müssen, kann er mit gutem Recht natürlich auch einen erstklassigen Service erwarten.
Was nützt ein gutes Flambè einerseits, wenn andererseits das oft Notwendigste fehlt? Ein Gast möchte zahlen, er hat einen Termin, aber der Chef de rang muß zuerst das Flambè fertigmachen, an dem er gerade arbeitet. Ein anderer Gast möchte ein Supplement oder sein Wein hat einen Fehler, den er aber erst beim dritten Schluck bemerkt hat. Er will den Chef de rang rufen, der tranchiert aber gerade einen Rehrücken für 8 Personen, seine Commis helfen dabei. Vergeblich kann sich nun der Gast den Hals verdrehen, um sich bemerkbar zu machen. Der Chef de rang hat es wohl schon lange bemerkt, daß nach ihm verlangt wird, doch er kann nicht weg von seiner Arbeit und es ist keine freie Hand da, die nur für solche Einsätze eingeplant ist. Oft genug kann man als Fachmann immer wieder so etwas beobachten. Schließlich hat der Gast sein liebevoll zubereitetes Flambiergericht mit Ärger, ohne Wein,

mit nicht ausreichender Beilage verzehrt. Er reklamiert nicht einmal, weil er sieht, daß ja der Chef de rang gearbeitet hat und eigentlich nichts dafür kann. Er gibt evtl. sogar noch annehmbares Trinkgeld, aber er kommt nicht wieder. Jetzt haben wir mit unserem Flambieren und Tranchieren genau das Gegenteil erreicht, ohne es zu wollen, ja was noch schlimmer ist, manchmal ohne es zu merken.

Warum streben wir noch nach Perfektion in dieser Fertigkeit?

In der Einleitung wurde mehrmals darauf hingewiesen, daß wir nicht um jeden Preis flambieren und tranchieren sollten, daß der Ruf einer guten Küche und eines guten Services nicht davon abhängt, ob im Restaurant am Tisch gearbeitet wird oder nicht. Sogar in guten Häusern wird oft außer einer Süßspeise nicht am Tisch gekocht oder flambiert.
Hinzu kommt die zukunftsweisende Richtung der gesunden Ernährung. Beim Arbeiten am Tisch benötigen wir Sahne, viel Butter und Alkoholika, also alles große Energieträger. Ein weiterer Nachteil bezüglich der modernen Ernährungslehre ist, daß der Gast durch das Arbeiten am Tisch sehr in seinem Appetitanreiz gesteigert wird. Das hat zur Folge, daß er seine guten Vorsätze über den Haufen wirft, jetzt nach Herzenslust sein Essen genießt, mehr ißt als er wollte und es hinterher bitter bereut. Wir können nicht davon ausgehen, daß wir sagen, diese Gäste gehören ins Sanatorium oder sie sollen sich ein Diätrestaurant suchen. Es gibt ja kaum ausgesprochene Diätrestaurants, außer in den Kurorten. Dann möchte auch nicht die ganze Familie in einem Diätrestaurant speisen, weil vielleicht nur ein Familienmitglied eine leichte Vollkost, Reduktionskost oder sonst eine leicht zusammenstellbare Diätform einhalten muß. Gerade aber bei Industriebewirtungen, wo oft mehrere Gäste eingeladen sind, ist gelegentlich einer dabei, der aus gesundheitlichen Gründen nicht alles essen kann, oder nicht alles essen möchte.
Sie sehen an diesen Beispielen deutlich, daß es viele Gründe gibt, die für ein Arbeiten am Tisch, aber auch gegen ein Arbeiten am Tisch, sprechen.
Jeder Serviceleiter, jeder erstklassige Restaurantfachmann und selbstverständlich auch jeder Serviermeister sollte das Kochen, Flambieren, Tranchieren und Arbeiten am Tisch beherrschen, auch wenn es in vielen guten Restaurants nicht mehr verlangt wird. Einmal gehört es zum Berufsimage, zum Standesbewußtsein; ein Restaurantfachmann sollte einfach mehr können als nur eine Flasche Wein servieren. Dann kann es doch hin und wieder vorkommen, daß er in dieser Richtung gefordert wird, wenn auch im eigentlichen Angebot des Hauses dieser Service nicht beinhaltet ist. Es kommt einmal eine kleinere Gesellschaft, der im Nebenzimmer mit mehr Serviceaufwand und entsprechendem Personaleinsatz einmal ein außergewöhnliches Extraessen geboten werden muß. Dann benötigen wir dieses Wissen, um unsere jungen Nachwuchskollegen zu motivieren. Überall und in jedem Betrieb gibt es einmal eine schwache, ruhige Geschäftszeit. In dieser sollte man dann die Auszubildenden unterrichten und demonstrativ etwas Interessantes bringen: einmal ein Rognon flambé, ein Pfeffersteak oder Filetspitzen, und einmal etwas tranchieren, was evtl. der Patron oder das Personal essen kann. Wer ausbildet und etwas von seinen Auszubildenden erwartet, muß auch eine Kleinigkeit an Demonstrationsmaterial investieren. Nur dann werden die jungen Nachwuchskollegen auch wieder Freude an ihrer alltäglichen Arbeit haben.
Ein weiterer und wichtiger Grund, diese Arbeiten mit vollendeter Perfektion ausführen zu können, ist die Serviermeisterprüfung. Hier führt kein Weg daran vorbei. Wer Meister werden will, muß zuerst sein Können unter Beweis stellen. Soviel Berufsstolz und soviel Ehrgeiz sollten wir schon haben, daß wir den anderen handwerklichen Berufszweigen nicht nachstehen. Außerdem wurde ja mit vorgenannten Beispielen erwähnt, daß wir bei besonderen Anlässen und aus bestimmten Gründen spezielle Kenntnisse und Fertigkeiten gelegentlich einmal brauchen.

Spezialgedecke

Bevor die eigentlichen Arbeiten am Tisch behandelt werden, wollen wir mit dem Thema Spezialgedecke beginnen. Selbstverständlich gehört das eigentlich in die Servierkunde. Ein guter Service beginnt aber mit dem richtigen Eindecken.

Grundregeln

Vorab einige Grundregeln, die für jedes Gedeck zu beachten sind:

1. Gibt es in einem Restaurant wie in Frankreich obligatorisch, Butter und Toast bzw. Brot, dann muß selbstverständlich auch immer ein Gedeckteller, ein Brotteller und ein Buttermesser eingedeckt sein. Der Gast nimmt das Brot oder Gebäck aus dem Brotkorb, um es dann auf dem Brotteller mit der Butter zu bestreichen. Fehlt der Gedeckteller, so ist gleich die Tischdecke voller Brotkrumen; fehlt das Buttermesser, so muß der Gast von rechts sein Menümesser wegnehmen. Fehlt gar der Brotteller, dann muß der Gast sein Brot auf die Tischdecke legen, wo anderer Gäste Hände und Ellbogen lagen. Mag mancher Leser darüber lachen, daß solch absolute Selbstverständlichkeit erwähnt wird, aber wie oft fehlt sie in guten Restaurants?
2. Sobald zu einer Suppe nur Brot, Brötchen, Blätterteigstangen etc. gereicht wird, auch wenn es nur ein kleines Tafelbrötchen zu der Suppe gibt, gehört links der Gabelseite ein Brotteller eingedeckt.
3. Zu allen Speisen, bei denen nicht eßbare Teile anfallen, z. B. Artischocken, Muscheln usw., gehört ein Ablageteller eingedeckt.
4. Zu allen Speisen, die mit den Fingern zum Mund geführt werden, gehört eine Fingerschale eingedeckt bzw. nachgereicht.
5. Zu allen Räucherwaren wie Schinken, Lachs, Aal etc., und zu Schnittkäse gehört stets eine Pfeffermühle eingestellt. Außerdem zu Schweizer Käse und zu allen fetten Speisen unaufgefordert Senf, egal ob ihn der Gast dann nimmt oder nicht.

Gedeckarten

Die einzelnen Gedeckarten sind nachfolgend in alphabetischer Reihenfolge mit den dazu passenden Getränken angegeben

Aalgalantine

Fischbesteck, Toastteller, Buttermesser; auf großem, kaltem Teller servieren.

Aal geräuchert

Zum Räucheraal decken wir kein Fischbesteck, sondern Mittelbesteck ein. Mittelmesser rechts, Gabel links, Brotteller links, Buttermesser auf dem Brotteller mit der Schneide nach links. Obwohl der Aal sehr fett ist, serviert man noch Butter dazu; statt Toast reicht man Vollkornbrot, Steinhäger und Sahnemeerrettich. Nur wenn Räucheraal als Vorspeise serviert wird, gibt man Toast dazu, damit er nicht zu sättigend wirkt.

Aal sauer

Dazu wird Fischbesteck eingedeckt. Wenn Bratkartoffeln dazu gereicht werden, benötigt man selbstverständlich keinen Brotteller und kein Buttermesser. Wird er jedoch als Vorspeise mit Butter und Toast serviert, dann müssen auch Brotteller und Buttermesser mit eingedeckt werden.

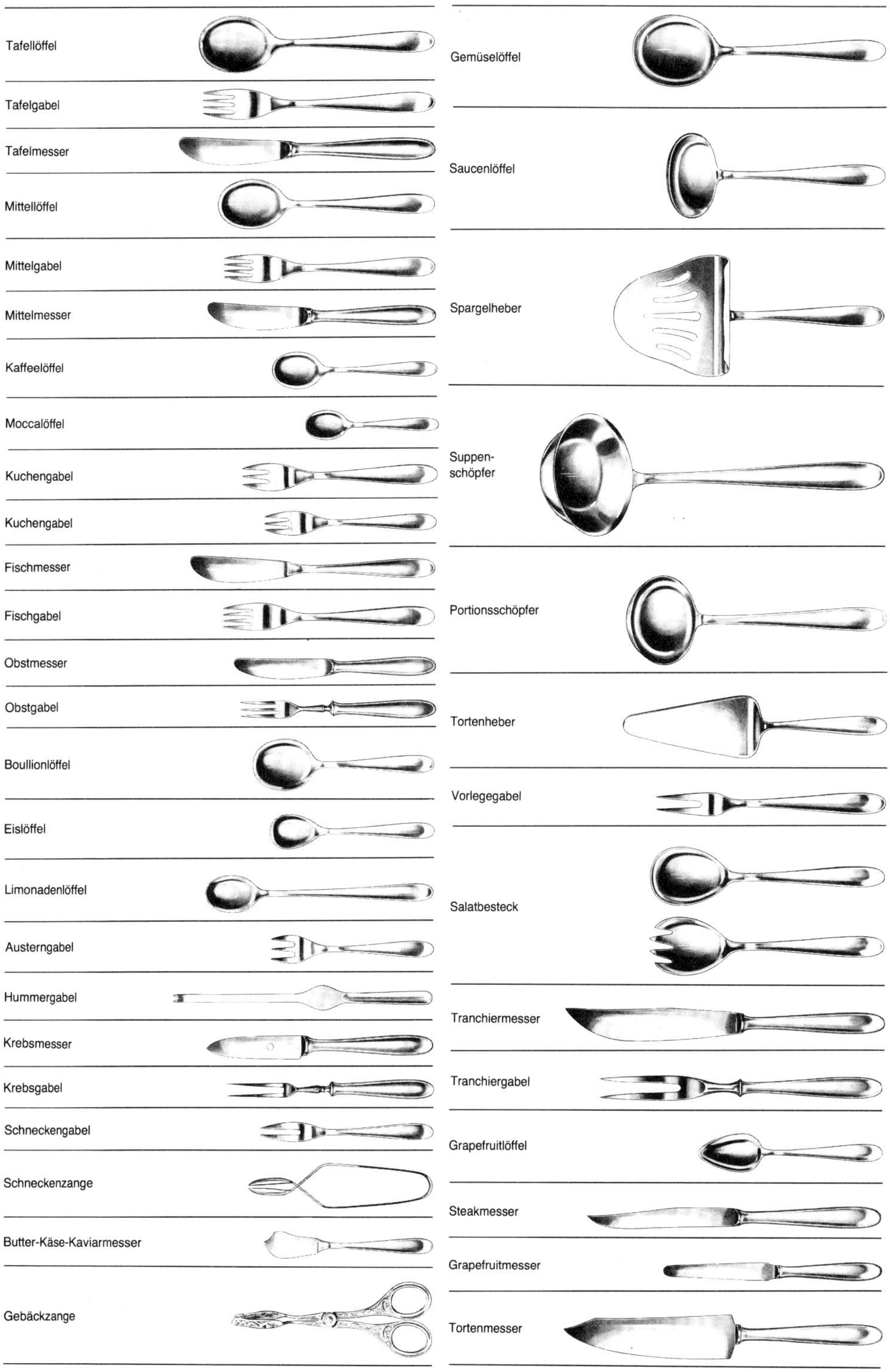

Werkfoto Gebr. Hepp

Artischocken
Artischocken werden als kalte Vorspeise mit Sc. vinaigrette oder als warme Vorspeise mit Sc. hollandaise serviert.

Eingedeckt wird nur eine Menügabel rechts, eine Fingerschale links, ein großer Ablageteller links neben der Fingerschale. Je nachdem ob warm oder kalt, legen wir auf einem großen warmen oder kalten Teller vor. Soßen werden immer à part, d. h. extra gereicht. Angerichtet wird die Artischocke auf einer ungestärkten Stoffserviette.
Der Gast ißt sie, indem er die Blätter mit den Fingern abbricht, das dicke Blattende in die Soße taucht und dann das Blatt so durch die Schneidzähne zieht, daß er das Mark vom Blattende und die Soße im Mund zurückbehält. Hat er die Artischocke vollkommen abgeblättert, dann verzehrt er den Artischockenboden, wozu er die Gabel benutzt.

Artischockengedeck

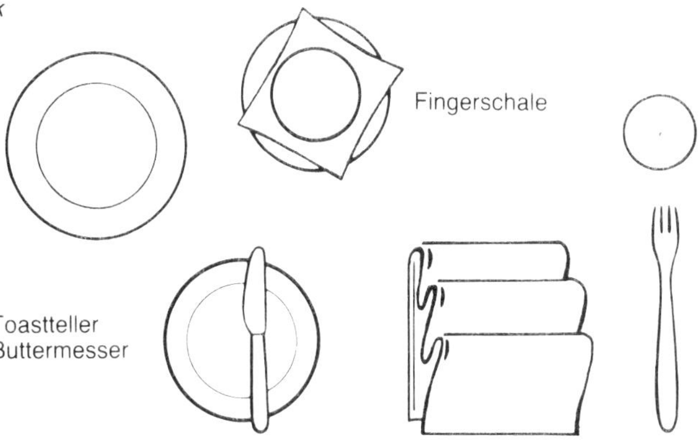

Artischockenböden
Gefüllt, überbacken oder Provençale, werden nur mit der Gabel gegessen. Dienen die Böden aber als Garnitur bei Fleisch oder Fischgerichten, wie z. B. Seezunge Murat oder Tournedos Helder, so benötigt man kein zusätzliches Besteck, sondern der Gast nimmt das Besteck, das er zum Gericht zur Hand hat.
Als Vorspeise oder Zwischengericht serviert, decken wir nur eine Gabel auf der *rechten* Seite ein. Innerhalb einer Speisenfolge wird hierbei die Gabel nicht eingedeckt, sondern nachgedeckt.

Artischockenherzen
Das sind die kleinen Knospen der jungen Artischocken, die im September abgeschnitten werden. Sie kommen meistens in einer Vinaigrette oder Cocktailsoße angerichtet ins Service. Sind sie im Cocktailglas angerichtet, so decken wir eine Cocktailgabel und einen Kaffeelöffel ein oder servieren mit angelegtem Besteck; Toastteller links und das Buttermesser mit der Schneide nach links auf dem Toastteller. A la vinaigrette, auf Glasteller oder Mittelteller angerichtet, decken wir *rechts* nur eine Gabel ein.

Aubergine gebacken, sautiert oder gedünstet
Messer rechts, Gabel links. Großer flacher Teller, warm.

Aubergine gefüllt
Rechts Messer und Löffel, links Gabel. Großer, flacher Teller, warm.

Austern

Nicht zubereitete Austern

Eingedeckt wird die Austerngabel *rechts*. Ein großer kalter Teller, als Gedeckteller, links davon ein Brotteller für die Chesterecken. Ein Buttermesser benötigen wir nicht. Oberhalb des Brottellers wird die Fingerschale eingedeckt. Pfeffermühle und Ablageteller für die leeren Austernschalen dürfen ebenfalls nicht fehlen. Man achte beim Servieren darauf, daß stets genügend Zitrone, halbe Zitronen oder Ecken in Klips mitserviert werden. Weißweinglas eindecken.

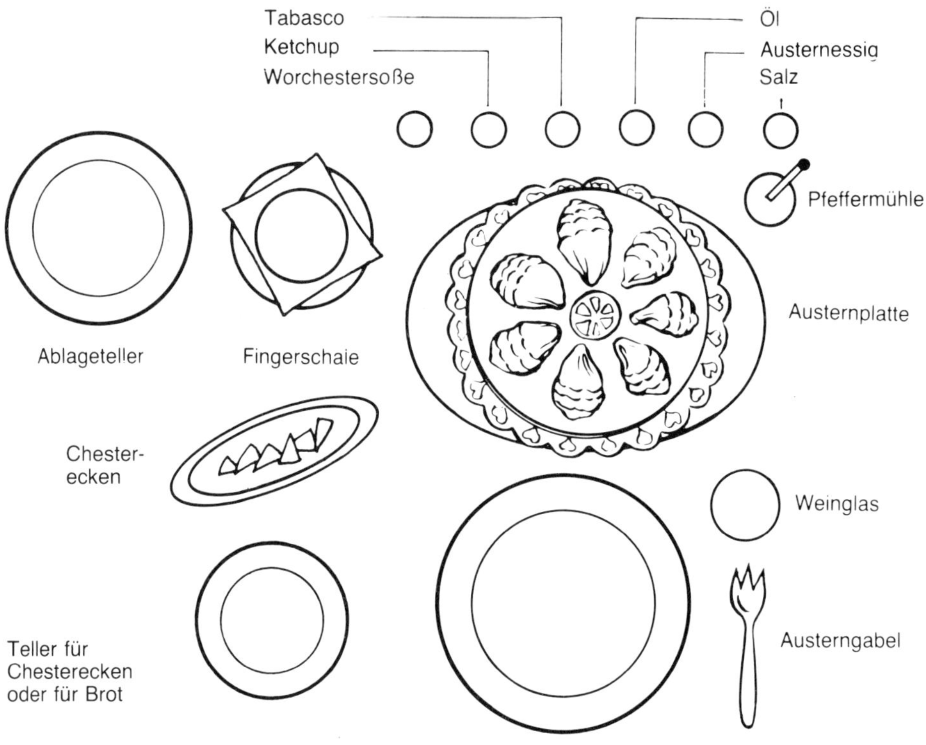

Die Menagen werden nur auf ausdrücklichen Wunsch des Gastes eingedeckt.

Schon die Griechen haben die Austern hoch geschätzt. Die Römer mästeten Austern in ihren speziell angelegten Austernparks und trieben einen Kult mit ihnen. Im vierten Lebensjahr ist die Auster handelsfähig. Austern haben einen hohen Nährwert und werden meistens lebend gegessen, d. h. eigentlich nur geschlürft. Ein großer Teil der Austernesser will die Auster nicht ausgelöst, sondern nur geöffnet so wie sie ist. Er zieht es vor, sie selbst loszulösen und oftmals auch mit dem Bart zu verzehren.
Das Öffnen der Austern am Tisch des Gastes ist nicht üblich, sondern die Austern kommen geöffnet, auf einer Austernplatte, mit einer halben Zitrone angerichtet zum Gast.
Die Austern sind mit äußerster Sorgfalt und größter Gewissenhaftigkeit zu lagern und zu behandeln. Austernvergiftung ist eine der gefährlichsten Lebensmittelvergiftungen. Offene Austern, die sich bei leichtester Berührung nicht sofort wieder schließen, sollte man nicht mehr verwenden. Auch eine Auster, die noch zu ist, aber nach dem Öffnen kein Salzwasser

(Meereswasser) mehr in der Schale hat, sollte nicht mehr dem menschlichen Genuß zugeführt werden. Das in der Schale befindliche Wasser benötigen die Austern, um zu leben. Jede Auster hat eine flache und eine gewölbte Seite. Die gewölbte Seite der Schale muß sowohl bei der Lagerung wie auch beim Öffnen und Anrichten immer nach unten zu liegen kommen. Gesunde Austern leben vom Verpackungstag an mindestens 5 bis 6 Tage bei sachgemäßer Behandlung. Das in der Schale befindliche Wasser wird vom Austernesser mitgeschlürft.
Die Austern werden mit Seetang verpackt in Fässern angeliefert. Diese müssen dann kühl und feucht aufbewahrt werden. Im Aufbewahrungsraum befindet sich immer ein Gewicht oder ein schwerer Stein. Die Austern werden nicht willkürlich, sondern in Uhrzeigerrichtung dem Faß entnommen. Nach der Entnahme werden die restlichen Austern sofort wieder zugedeckt und mit dem Stein beschwert, damit sie sich nicht öffnen können und somit das wichtige Wasser in den Schalen verbleibt. In der Küche werden sie unter fließendem Wasser sauber gebürstet und mit dem Austernbrecher oder mit der Austernöffnungsmaschine geöffnet.
Austern dürfen nicht unter + 4°C abkühlen, also auch nicht zu kalt lagern. Bei über + 8°C verderben sie ebenfalls leicht. Austern, die nicht am zweiten Tag nach der Anlieferung verkauft sind, sollten pochiert und zu warmen Gerichten verarbeitet werden. So ist dann immer gewährleistet, daß der Gast nur einwandfreie Ware erhält.

Die Kulturauster,
auch flache Auster genannt.

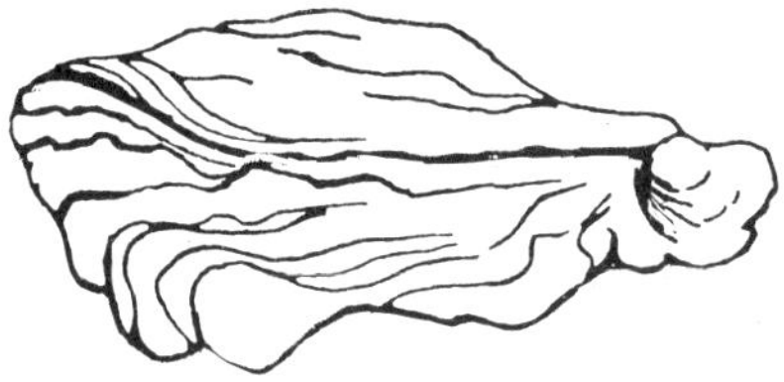

Die Felsenauster,
auch Portugiesische Auster genannt.

Austernarten und ihre Herkunftsländer

Wie in jeder Branche ein Verkäufer sein Produkt kennen muß, so sollte es selbstverständlich sein, daß ein Restaurantfachmann auch Bescheid weiß und einem Gast Auskunft geben kann, wenn auf der Speisekarte eine bestimmte Austernsorte angeboten wird.
In Deutschland selbst haben wir die Flensburger und Holsteiner Auster, die aber weniger bekannt sind, weil bei uns die Austernzucht nicht so groß ist und die Erzeugnisse meistens an der Küste verzehrt werden.

Frankreich
Von der Bretagne bis zum Mittelmeer wird die *Portugiesische Auster* gefischt. Sie unterscheidet sich in der Form ihrer Schale und durch die violette Färbung an der Ansatzstelle der Innenseite ihrer Schließmuskel deutlich von der flachen Auster. Ihre Schale ist rauh mit kleinen erhöhten Unebenheiten, einem ausgewaschenen Stein gleichend. Sie wird auch Felsenauster genannt. Obwohl sie ausgezeichnet schmeckt und sehr fleischig ist, liegt sie weit niedriger im Preis als die Austern von den bekannten Zuchtbänken, weil sie nicht so schön aussieht. Von Lissabon bis Dieppe ist sie genauso wie in Paris und Bordeaux ein für jedermann erschwingliches Volksnahrungsmittel.
In Frankreich erzielt man die größten Erträge in den Austernkulturen in der Gegend von Arcachon an der atlantischen Küste. Berühmt sind auch die Austernbänke von Marennes in der Biskaya, wo die *grünliche Marennes,* auch *huitre verte* genannt, herstammt. Von Biarritz bis zur belgisch-holländischen Küste ist die *Belon-Auster* als delikate Spezialität bekannt.

Holland
Aus Holland kommt die weltweit bekannte wunderbare *Imperial-Auster* zu uns.

Dänemark
Von den Küsten Dänemarks und denen der skandinavischen Länder kommt die ebenfalls bekannte und begehrte *Limfjord-Auster.*

England
Ebenfalls ist England für seine hervorragenden Austern bekannt. Die berühmteste unter ihnen ist die kleine *Native-Auster,* die an den Küsten von Essex, Kent und Sussex zu Hause ist. Aus Southampton und umliegenden Gewässern kommen die *Whitstable, Burnham* und *Colchester.* Aus Schottland und Irland kommen die ebenfalls sehr wertvollen und köstlichen schwarzbärtigen *Carlingford-Austern.*

Amerika
In Amerika ist die bekannteste Auster die kleine fette *Blue Point.*

Eine ausgesprochene Spezialität für Feinschmecker, die meistens ohne irgendeine Zubereitung, ganz natur, auf den Tisch kommt. Man serviert sie auf einer Spezial-Austernplatte, auf fein gestoßenem Eis angerichtet. Zitrone sollte immer mitserviert werden. Man reicht Chesterecken dazu.

Getränke
Es paßt ein trockener Burgunder, Chablis, Pouilly-Fuisse, ein weißer Mâcon, Meursault oder ein trockener Elsässer dazu. *Würzsoßen oder Austernessig nur auf Wunsch des Gastes,* der Feinschmecker und Kenner lehnt es ab.

Zubereitete Austern

Neben einer Austernsuppe und dem Austerncocktail gibt es noch eine Reihe von anderen warmen Austerngerichten.

Bekannte warme Austerngerichte sind:

Austern gebacken, Austern à la mornay: Mit Sc. mornay überbacken.

Austern Mont Pensier: Mit Tomatenconcassee, Rosmarin, Petersilie, Schalotten, in kleine Crêpes geschlagen.

Austern Gascogne: In Blätterteig mit Sc. choron.

Austern Provençale: In die Schale gesetzt mit provençalischer Soße und Kräutern.

Austern Lanson: In Champagnerschaum.

Austern Alfonso XIII: Mie de pain, in steigender Butter gebraten, mit Banane, Peperoni und Sc. bearnaise.

Engel zu Pferde – Ange à cheval: Mit Rauchspeckstreifen am Spieß gebraten.

Albert: In Noilly Prat pochiert.

Austern nach Florentiner Art: Auf Blattspinat.

Austern Straßburger Art: Auf Sauerkraut.

Austern Calvados: Als Ragout im Näpfchen oder in der Austernschale mit Calvados und Rahm.

Austern Armande: Im Schweinsnetz gegrillt.

Austern au Pernod: In Pernodschaum.

Curried-Oysters: In Currycremesoße.
Austern Cardinal: In der Schale mit Hummersoße nappiert.
Doria: Mit Gurkenrahmsoße und kleinen Gurkenkugeln.
Austern Villeroi: Mit Villeroisoße, mie de pain und Ei (gebacken).

Anmerkung: Austern dürfen niemals im rohen Zustand vor der Zubereitung mit Alkohol mariniert werden, weil sie sonst hart und ungenießbar sind. Eingedeckt wird hier ein Fischbesteck, serviert wird auf einem großen, flachen, warmen Teller.
Für zubereitete Austern benötigen wir keine Fingerschale.

Avocadobirne – Avocato-pear
Eigentlich ist es keine Birne, sondern diese Frucht hat nur die Form einer Birne. Es ist die Frucht eines tropischen Baumes der Lorbeergewächse. Die grüne Schale ist zäh und nicht eßbar, der große Kern wird herausgenommen und die entstandene Aushöhlung gefüllt mit Krabben, Cocktailsoße, Roquefortcreme, Senfmayonnaise oder ähnlichen Pikanterien. Das markartige Fruchtfleisch ist sehr vitaminreich, ölig und zuckerhaltig. Man ißt es in Verbindung mit der Füllung, mit Salz und Pfeffermühle gewürzt. Der Gast schabt mit dem Löffel das Fruchtfleisch heraus, drückt es mit der Gabel durch und gibt es auf den Toast.
Leider wird oft der Fehler gemacht, daß die Avocados geeist serviert werden. Dadurch geht die markartige Konsistenz des Fruchtfleisches verloren.

Eingedeckt wird: Mittellöffel rechts, Mittelgabel links, Toastteller links, darauf das Buttermesser mit der Schneide nach links. Pfeffermühle, Salz, Senfmenage. Fingerschale bereithalten. Wenn ein Gast die Frucht beim Ausschaben mit der Hand festhält, muß unaufgefordert die Fingerschale nachgedeckt werden. Auf kaltem Mittelteller servieren.

Bouillabaisse
Diese französische Nationalsuppe ist eine provençalische Spezialität, die eigentlich als Hauptgericht gedacht ist. Neuerdings bringt man sie hier und da aber auch schon als Gang im Menü. Auch im à la carte Geschäft wird sie als Vor- oder Zwischengericht in kleiner Portion angeboten. Hierfür gibt es extra Spezial-Bouillabaisse-Tassen. In diesem Fall brauchen wir nur rechts einen Suppenlöffel einzudecken.
Servieren wir eine Bouillabaisse original, so benötigen wir pro Service zwei warme, tiefe Suppenteller, einen Ablageteller für die Gräten und für einen richtigen Bouillabaisse-Esser eine Fingerschale. Ein Suppenschöpflöffel, Salz und Pfeffermühle dürfen ebenfalls nicht fehlen.

Eingedeckt wird rechts das Fischmesser und der Suppenlöffel, links die Fischgabel.
Nun kann man zuerst die Suppe schöpfen und über den Knoblauchtoast, der in die Tellermitte gelegt wird, gießen. Während der Gast die Suppe als ersten Gang ißt, zerlegt der Kellner die Fische und gibt sie als zweiten Gang. Der Kenner und Feinschmecker jedoch, besonders dann, wenn es sich um ein Herrenessen handelt, möchte das selber machen, evtl. sogar Krustentiere oder Fischköpfe in die Hand nehmen und aussaugen. Dann muß auf jeden Fall eine Fingerschale eingedeckt sein. Auch sollte der Grätenablageteller zwischendurch ausgewechselt werden.
Bei der zuerst geschilderten Serviceart muß nicht unbedingt ein Fischmesser eingedeckt werden, es genügt hier rechts der Suppenlöffel und links die Fischgabel.

Cocktails
Alle Cocktails von Hummer, Krabben, Matjes, Geflügel, Meeresfrüchte usw., werden auf einen Mittelteller mit Manschette gesetzt und rechts der Kaffee- oder Cocktaillöffel, links die Gabel (Kuchen-, Mittel- oder Fischgabel) angelegt und so eingesetzt.

Eierspeisen
Alle Eierspeisen, die auf Toast angerichtet sind, oder mit Speck bzw. Schinken zubereitet wurden, serviert man mit normalem Tafelbesteck. Menümesser rechts, Menügabel links.

Eier im Näpfchen
Mittelgabel links und Mittellöffel oder Eierlöffel rechts. Wird Butter und Toast gereicht, dann muß Toastteller und Buttermesser links eingedeckt werden. Die Näpfchen werden am Henkel gefaßt und mit dem Griff nach links auf einem großen Teller dem Gast eingesetzt.

Möveneier kalt
Eierlöffel und Ablageteller für die Schalen. Gekochte Möveneier sollten nie ohne Schale serviert werden, damit der Gast nicht daran zweifelt, eventuell ein kleines Hühnerei bekommen zu haben.
Beilagen: Schwarzbrot, Graubrot oder Toast und geschlagene Butter, Meerrettich und Mayonnaise.
Die Eier kommen im Kressenest angerichtet zum Gast oder mit der Spitze nach unten auf einen Salzsockel gesetzt. Saison für Möveneier ist Mai bis zum 15. Juni.

Getränke zu Eierspeisen
Leichte, spritzige Weißweine, Mosel oder Rheingauer Riesling bzw. Silvaner.

Rühreier
Eingedeckt wird nur eine große Gabel *rechts.*

Wachteleier
Werden wie die zuvor beschriebenen Möveneier zubereitet, angerichtet und serviert.

Fische
Alle Fische werden mit Fischbesteck, d. h. mit Fischmesser und Fischgabel serviert.
Ausnahmen bilden Lachs, Räucheraal, Matjes und marinierte Heringe.
Als Richtlinie sollte gelten: Für alle geräucherten oder gebeizten Fische, die kalt serviert werden, sollte man Tafelbesteck eindecken. Für alle anderen Fische, Fischbesteck.

Getränke zum Fisch
Herbe, spritzige Weißweine, z. B. Mosel oder Rheingauer Riesling.

Fondue Bourguignonne – eigentlich Friture á la bourguignonne
Das Gericht ist geläufig unter Fondue Bourguignonne. Im eigentlichen Sinne ist es aber kein Fondue, denn es wird ja hier nichts geschmolzen, sondern im heißen Fett gebraten, also fritiert. Der Name kommt sicher daher, daß der Vorläufer dieser Gerichte, die mit einem Spirituskocher auf dem Tisch des Gastes zubereitet werden, das Fondue Neuchâteloise war.

Mise en place für Fleischfondue
Eingedeckt wird als Gedeckteller ein Spezial-Fondueteller, gut vorgewärmt. Falls dieser nicht vorhanden ist, ein großer, flacher Teller, warm. Normales Menübesteck, Tafelmesser rechts, Tafelgabel links. Ein Brotteller links von der Gabelseite. In einem Holz- oder Silberköchergefäß kommen mehrere Fonduegabeln stehend auf den Tisch. Der Gast benötigt hier, anders als beim Käsefondue, 2 bis 3 Gabeln, weil er, wenn er ein Stück Fleisch ißt, inzwischen die zwei anderen Stücke in Zeitabständen in dem Fett bruzzeln läßt und so immer gleich Nachschub hat.

An Menagen werden eingedeckt
Salz, Pfeffermühle, Paprika, 2–3 Sorten Senf, Würzsoßen, Mangochutney, Chilisoße, Ketchup und Worchestersoße.
In der Tischmitte wird ein Rechaud mit regulierbarer Spiritusflamme eingesetzt. Darauf kommt ein Kupferkessel, der bis zur Hälfte mit Pflanzenöl gefüllt ist.
Auf einer großen ovalen oder rechteckigen Platte mit Zier- oder Spitzenmanschette kommt in der Mitte eine plat russe oder Cocotte mit gewürfeltem Rinderfilet, ca. 150 bis 200 g pro Person. Um die Fleischwürfel herum sind verschiedene pikante Beilagen und Soßen placiert, Perlzwiebeln, Cornichons, süßsaure Kürbiswürfel, Sardellenfilets, Oliven, Mixed Pickles, Meerrettich, Senffrüchte, marinierte Champignons, eingelegter Knollensellerie, Artischockenherzen u. dgl. An Soßen gibt es Remoulade, Gribiche, Senfmayonnaise, Curryrahmmayonnaise, Kräuterjoghurtsoße, Cocktailsoße, Tatarsoße, Ravigotsoße usw.

Fondue Chinoise – eigentlich Bouilli à la chinoise
Hier verhält es sich ähnlich wie beim Fondue Bourguignonne, nur das Fleisch muß blättrig geschnitten sein. Es ist im eigentlichen Sinne kein Fondue, sondern eine Bouillon, in der die Fleischstücke gegart werden. Es wird aber geläufigerweise als Fondue Chinoise bezeichnet. Mise en place, Service und Zubereitung ist im Prinzip gleich wie beim Bourguignonne, nur daß anstatt Öl eine kräftige fettfreie Rindsbouillon in den Kupferkessel kommt und der Gast darin seine Fleischwürfel gart.

Getränke zu Fleischfondues
Wenn wir in der Schweiz sind, trinken wir dazu einen Dôle oder einen Merlot. Ein Spätburgunder von der Ahr oder ein Aßmannshäuser Spätburgunder wären bei uns die idealen Getränke zum Fleischfondue. Aber auch ein Beaujolais, ein Bordeaux oder Côtes du Rhône bringen diesem Essen eine vollkommene Ergänzung.

Fondue Neuchâteloise (Käsefondue)
In ein feuerfestes Tongefäß gibt man fein geriebenen Schweizer Käse, Emmentaler oder Gruyère, nachdem man das Gefäß vorher mit einer Knoblauchzehe ausgerieben hat. Auf schwachem Feuer läßt man den Käse langsam zergehen und gibt nach und nach unter ständigem Rühren trockenen Weißwein hinzu; danach gibt man einen guten Schuß Kirschwasser bei und bindet ganz leicht mit wenig Stärkemehl ab. Zum Schluß wird mit Pfeffermühle, Salz und Muskat abgeschmeckt. Die Fondueform kommt auf einem Rechaud auf den Tisch, ebenfalls setzt man einen Korb mit würfelig geschnittenem Weißbrot ein.

Eingedeckt werden Käsefonduegabeln. Sie unterscheiden sich von den Fleischfonduegabeln durch kleine Widerhaken an den Gabelzinken, die das Abrutschen des Brotes verhindern. Als Gedeckteller hat der Gast einen Spezial-Fondueteller. Er nimmt die Brotwürfel auf die Gabel und dreht zwei bis dreimal leicht in der kochenden Käsecreme, nimmt dann den getränkten Brotwürfel auf den Teller zurück, um ihn so zu verspeisen.

Getränke
Am besten trinkt man Tee dazu. Da Fondueessen jedoch meistens in Gesellschaft als Abendessen stattfinden, wird wohl von den Gästen Wein bevorzugt. Auf jeden Fall sollten Getränke gemieden werden, die sehr kalt serviert werden und von denen man gerne einen herzhaften, großen Schluck trinkt, z. B. Limonaden, kalte Biere, kalte colahaltige Getränke. Servieren wir doch einen Weißwein mit viel Bukett, sollte er jedoch wenigstens 12 bis 14 Grad haben; auch einen Rosé könnte man mit dieser Temperatur ausnahmsweise einmal servieren, denn das Essen soll dem Gast ja nicht nur munden, sondern hinterher auch gut bekommen. Hastig getrunkene kalte Getränke können zur Verklumpung der geschmolzenen Käsehappen führen und manchmal sehr unangenehme Magen- und Verdauungsbeschwerden hervorrufen.

Froschschenkel
Mittelbesteck und Fingerschale, da manche Gäste auch gerne die Froschschenkel mit den Fingern essen. Ablageteller darf nicht fehlen. Vorlegen auf großem flachem Teller, warm.

Getränke
Gebacken mit Sc. remoulade oder nach Müllerinart: dazu paßt ein leichter Riesling.
Provençalische Art: dazu paßt ein trockener Silvaner, Weißburgunder bzw. Weißherbst.

Gänseleber
Gänseleber ist eine der feinsten Vorspeisen überhaupt. Leider wird sie im Zuge der Zeit mit dem Trend nach gesunder Ernährung immer mehr aus dem Restaurant verdrängt.
Gänseleber unterscheiden wir in den verschiedenen Zubereitungsarten:

1. Blockgänseleber
Diese kann getrüffelt oder auch ungetrüffelt sein, kommt in Tranchen geschnitten und auf einer gekühlten Glasschale angerichtet, die wiederum auf eine Silberplatte gesetzt ist, zum Gast. Wird auf einem großen, flachen Teller serviert, den man vorher gekühlt hat.

2. Gänseleberpastete
Der Kern besteht aus einer getrüffelten Gänseleber, die Einfassung besteht aus einer Farce und außen herum wird alles durch einen Teigmantel umhüllt. In die Mitte ist eine tournierte Trüffel eingelegt, die beim Anschneiden ein schönes Dekor ergibt.

3. Gänseleberparfait
Die Masse des Parfait ist fein und fast ausschließlich aus Gänseleber hergestellt. Auch hier ist in der Mitte eine tournierte Trüffel eingelegt. Gänseleberparfait gibt es im Block als Riegelform oder in einer Schüssel als Terrine, auch in Madeiraaspik eingegossen als Block. Bei allen Erzeugnissen werden die Hohlräume, die beim Backen oder Garen entstehen, mit Madeiragelee ausgegossen.

Eingedeckt wird zu Gänseleber immer ein Mittelbesteck, Messer rechts, Gabel links, Brotteller an der Gabelseite, darauf ein Buttermesser mit der Schneide nach links. Serviert werden alle Gänselebergerichte auf einem gut durchgekühlten, flachen, großen Teller.

Terrine de foie gras – Pâté de foie gras
gibt es heute von verschiedenen Herstellern in Originalterrinen, für ein oder zwei Personen. Diese Terrinen werden in der Küche geöffnet, der Deckel mit angelegt und in einer Glasschüssel auf gestoßenem Eis angerichtet. Hier wird dann immer ein Silberlöffel mit eingedeckt, der in einem Metall- oder Silberbecher, im heißen Wasser stehend, rechts von der Terrine eingesetzt wird. Da die Leber sehr fett ist, würde ein kalter Löffel beim Ausstechen schmieren.
Wird Blockware, ganz gleich ob Parfaitriegel oder Leber im Block, serviert, so ändert sich am Gedeck nichts; nur statt des Löffels im Wasserbad auf dem Tisch hält man auf dem Guèridon ein Tranchiermesser im Warmwasserbad als mise en place bereit. In der Teigkruste hergestellte Pastete wird meistens von der Küche in Tranchen angerichtet.

Getränke zu Gänseleber
Je nach Geschmack und nach dem Gang, der hinterher folgen soll, kann man volle, wuchtige Rotweine der Spitzenklasse oder edle, süße Weißweine reichen. Eine Beerenauslese aus Rheinhessen, einen Tokayer Ausbruch vierbuttig. Aus Frankreich würde sich der Elsässer Pinot gris gut mit der Gänseleber vertragen. Wird Gänseleber im Menü serviert, dann sollte der Wein so gewählt werden, daß eine Steigerung gewährleistet ist.

Hopfensprossen
Wird wie Spargel zubereitet und wie Spargel serviert.

Hummer
Bei allen Hummergerichten, bei denen das Schwanzfleisch und die Scheren ausgelöst und dann wieder eingesetzt sind, wie z. B. Hummer Thermidor, Hummer Newburg, Hummer Vanderbilt, Hummer Dumas, Hummer Kardinal, Hummer Mornay, Hummer Americaine, Hummer à la bodelaise usw., wird nur Fischbesteck eingedeckt. Vorlegen auf großem, flachem Teller, warm.

Hummerauflauf, Hummerparfait
Wird eingedeckt mit Fischbesteck, Toastteller und Buttermesser.

Hummer Bellevue
»En belle vue« heißt: Im schönen Anblick. Hier kommt der Hummer ganz aus der Küche, wird kalt serviert und am Tisch vom Chef de rang oder vom Restaurantfachmann tranchiert. Der Hummer ist auf eine Platte gesetzt. Damit das schöne rote Gehäuse noch mehr zur Geltung kommt, kann man es mit etwas Öl ganz leicht, kaum merkbar, überstreichen. Dazu legt man halbe, kandelierte Zitronen bei, garniert mit Petersiliensträußchen und evtl. noch mit halben gefüllten Eiern. Auf die Technik des Tranchierens wird im späteren Abschnitt eingegangen.

Eindecken
Fischmesser rechts, Fischgabel links, schräg angewinkelt neben dem Fischmesser die Hummergabel, auch Hummernadel bzw. Hummerhaken genannt. Links neben der Fischgabel der Toastteller mit dem Buttermesser, das mit der Schneide nach links liegt. Links vom Brotteller etwas hochgesetzt ein Ablageteller für die Schalen. Über der Gabelspitze eine Fingerschale. Vorlegen auf großem, gut vorgekühltem, flachem Teller.

Beilagen
Toast oder Melbatoast, Butterröllchen oder geschlagene Butter, auch Orangenbutter, Zitronenbutter oder Cognacbutter, halbe Zitronen oder Zitronenecken mit Klips sollten immer dabei sein. Mayonnaise oder Cocktailsoße.

Hummergedeck

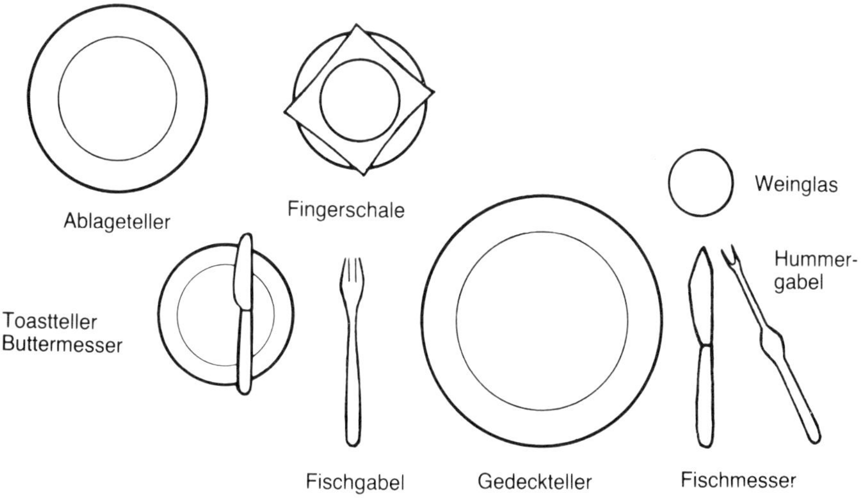

Hummer à la nage
Hier handelt es sich um kleine 300 bis 500 Gramm schwere Hummer, die ähnlich wie Krebse à la nage serviert werden. Man reicht dazu Toast und immer geschlagene Butter, »beurre battu«.

Eingedeckt wird also genau das gleiche Besteck in der selben Reihenfolge wie bei Hummer Bellevue, nur daß zusätzlich, rechts neben der Hummergabel, noch eine Hummerzange eingedeckt wird. Damit werden die Scheren vom Gast aufgebrochen, weil hier der Restaurantfachmann nicht tranchiert, sondern der Gast alles selbst macht – ähnlich wie beim Krebsessen. Vorlegen auf großem, flachem Teller, warm.

Hummer Walterspiel
Hier handelt es sich um ca. 500 g schwere Hummer, die ähnlich wie americaine vorbereitet werden, dann ausgelöst und mit der Soße nach Rezept Walterspiel im Näpfchen serviert werden.

Eindecken
Fischgabel und Mittellöffel, Toastteller, Näpfchen einsetzen wie bei Ragout fin oder Eier im Näpfchen.

Getränke zum Hummer, wie auch zu Krebsen
Chablis, Pouilly-Fuissé, Muscadet, Elsässer Riesling, kräftiger Rheingauer Riesling, trockener Mosel-Saar-Ruwer oder Campagner brût.

Irish Stew
Muß man für dieses Hammeleintopfgericht das Eindecken überhaupt erwähnen? Gerade bei diesem simplen Service kann man sehr häufig Servicemängel beobachten. Lamm und Hammel muß sehr heiß gegessen werden, wenn es gut schmecken soll. Der tiefe Teller, Suppenteller, muß so heiß sein, daß man ihn mit den bloßen Fingern nicht tragen kann. Er wird auf einen großen, flachen Teller gestellt und so beim Gast eingesetzt.

Eingedeckt wird rechts ein großes Messer, daneben nach außen hin ein Suppenlöffel, links eine Gabel, links neben der Gabel ein Brotteller, weil man zu diesem Eintopfgericht immer eine Scheibe Brot servieren sollte. Oben quer zum Gedeck liegt die Schöpfkelle.
An Menagen darf Salz, Pfeffermühle und Worchestersoße nicht fehlen. Links oberhalb der Gabelspitze muß ein Ablageteller für die Knochen eingedeckt werden. Sollte der Gast einen Rippenknochen in die Hand nehmen zum Abnagen, dann muß sofort eine Fingerschale nachgereicht werden.
Die Terrine muß auf ein Rechaud gestellt werden. Wie bei allen Hammelgerichten sollte zum Nachservice ein neuer, warmer Teller eingesetzt werden.

Getränk
Leichter, süffiger Rotwein.

Jakobsmuscheln oder Herzmuscheln
Im Englischen heißen sie Scallops. Der Amerikaner bevorzugt sie gebacken mit Sc. Gribiche, Remoulade oder Mayonnaise. Dazu decken wir Fischbesteck ein. Wir servieren auf großem, flachem Teller, warm.
In der Schale angerichtet in den verschiedensten Zubereitungsarten, wie z. B. als Coquille St. Jacques (eine französische Spezialität): Fischgabel.

Getränke
Trockene, herbe Weißweine wie Muscadet, Elsässer Riesling oder Côtes de Provence blanc.

Kaisergranat
Als zubereitetes Gericht, gebacken oder mit Dillsoße, Curry, etc., Fischbesteck.
Kaisergranat kalt – au naturel – auf gestoßenem Eis angerichtet.
Eingedeckt wird Fischbesteck, Toastteller links mit Buttermesser, links oberhalb der Gabel eine Fingerschale, Ablageteller für die Schalen und Vorderteile.
Großer, flacher Teller, kalt. Evtl. zwischendurch Teller und Ablageteller, sowie die Mundservietten wechseln.

Beigaben
Butter, Toast, Mayonnaise oder Cocktailsoße, Zitrone.

Getränke
Trockener weißer Burgunder, kräftiger Rheingauer Riesling oder Elsässer Riesling.

Kaviar
Echter Kaviar ist der gesalzene Rogen vom Stör, Sterlet oder Hausen. Der teuerste und am meisten geschätzte ist der Beluga-Kaviar vom Hausen. Malossol heißt wenig gesalzen. Preß heißt in Leinensäcken ausgepreßt, während der andere Kaviar mit Weidenruten von Hand herausgepeitscht wird. Astrachan ist der Hauptumschlagplatz für den Kaviarexport. Weitere bekannte Sorten sind Schip, Sevruga, Ossiotre und der persische Kaviar Persryba.
In Restaurants, in denen Kaviar nicht so häufig verlangt wird, bietet man ihn meistens in kleinen Originalgläsern von 16, 28 oder 56 g an. Wo täglich mehrmals Kaviar serviert wird, kommt er in der Originaldose im Eisblock zum Gast. Die Dose wird vorher gewogen und nachher, wenn sie zurückgeht. Die Differenz wird dem Gast grammweise berechnet, ähnlich wie es beim Servieren von echten Trüffeln gehandhabt wird.

Eingedeckt wird rechts neben dem Gedeckteller das Kaviarmesser, ein kleines Messer mit einer Spezialklinge, die keine Oxidation hervorruft, wenn sie mit dem Kaviar in Verbindung kommt. Links ist der Toastteller eingedeckt, auf dem Toastteller das Buttermesser mit der Schneide nach links. Über der Kaviarmesserspitze, leicht nach der Innenseite, steht ein Silberbecher mit Eiswasser. Darin steht die Kaviarschaufel oder ein Hornlöffel. Es sollte niemals, genauso wie beim Frühstücksei, ein Metall- oder Silberlöffel benutzt werden, weil der hohe Eiweißgehalt des Kaviar das Metall angreift, was zu Geschmacksveränderungen führt und die Oberfläche des Metalls dunkel färbt.

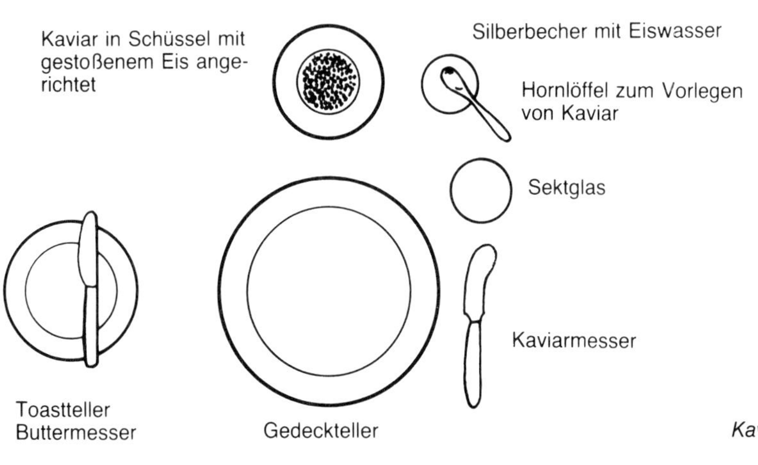

Kaviargedeck

Der Kaviar kommt immer im Eisblock oder in gestoßenem Eis angerichtet zum Gast. Eine halbe Zitrone (obgleich der echte Kaviarkenner es ablehnt, den Kaviar mit Zitrone zu beträufeln), Melbatoast und Butter gehören dazu. Außerdem hartgekochte, gehackte Eier. Vielfach werden auch feingehackte Zwiebeln mit den gehackten Eiern serviert. Auch das lehnt der Genießer und Kenner ab, und es sollte wirklich nur auf ausdrücklichen Wunsch gereicht werden, weil wir ja dem Gast den so herrlichen Kaviargeschmack nicht durch Beigaben übertönen sollten.
Man kann auch nach russischer Sitte Blinis anstatt Toast servieren. Das sind kleine Buchweizenpfannkuchen, über die man zerlassene Butter und sauren Rahm gießt. Dann müssen wir an Stelle des Toastmessers Mittelbesteck eindecken.

Getränke
Als Getränke eignen sich Wodka, Aquavit oder trockener Sekt.

Krabben, Shrimps, Garnelen, Crevetten
Als zubereitetes Gericht: Fischbesteck.
Au naturel – kalt oder á la nage serviert: kein Besteck, nur Fingerschale, Servietten und Ablageteller für die Schalen. Großer, flacher Teller, warm.

Getränke
Weißer trockener Burgunder, Riesling vom Rheingau, Mosel-Saar-Ruwer oder Elsaß.

Krebse – Flußkrebse, Havelkrebse, Edelkrebs, Galizischer Krebs, Amerikanischer Krebs
Zubereitete Krebsgerichte, wie z. B. ausgebrochene Krebsschwänze in Dill, in Curryrahm, Kardinalsart, Lafayette, Georgette, Magenta, Florentiner Art usw., immer mit Fischbesteck.

Solokrebse
Solokrebse werden immer à la nage als Herrenessen serviert – für einen Edelkrebs die einzig richtige Zubereitungsart. Wenn auch andere Krebsgerichte eine Delikatesse sind, so kann man doch nur mit einer Zubereitung nature den ganzen hervorragenden feinen Krebsgeschmack genießen. Mit kurz angegangener Brunoise, Weißwein, Dill, Petersiliensträußchen, einer Prise gemahlenen Kümmel, Salz und Fond de Poisson, kommen die Krebse in einer Terrine angerichtet ins Service.

Eingedeckt wird rechts das Krebsmesser, ein Spezialmesser mit einem Loch in der Klinge, links die Krebsgabel. Links an der Gabelseite ein Brotteller, hochgesetzt davon eine Fingerschale, oben zum Gedeck quer ein Vorlegebesteck und ein Suppenschöpfer, beides, um die Krebse aus der Terrine zu holen. Je nach dem, ob der Gast mit Sud oder ohne Sud den Krebs essen möchte, kann er ihn mit dem Vorlegebesteck oder mit dem Suppenschöpfer aus der Terrine entnehmen. Rechts vom Messer wird eine Tortuetasse eingedeckt, in welche der Gast zusätzlich immer einen Schöpfer von dem delikat schmeckenden Sud gibt, um diesen dann während des Essens schluckweise mitzutrinken. Außerdem darf ein Ablageteller auf der linken Gedeckseite nicht fehlen. Wenn wir Toast dazu servieren, dann gibt man auch Butter dazu, und es müßte in dem Fall auf dem Brotteller noch ein Buttermesser mit der Schneide nach links eingedeckt werden. Für viele Feinschmecker ist jedoch ein kräftiges Graubrot oder ein gut ausgebackenes Stangenweißbrot, ohne Butter und grundsätzlich immer ohne jede Cocktailsoßen oder Mayonnaisen, die geeignete Beilage, auch wenn in manchen Fachbüchern »mit Soßen« steht. Der delikate schmackhafte Krebssud gibt die beste abgestimmte Geschmackskomposition und sollte durch keine andere Beilage beeinträchtigt werden. Aus diesem Grund ist auch Brot besser als Toast, es nimmt den herrlichen Sud besser auf; auch kann der Gast, der nicht löffeln will, mit dem Brot den Teller austunken. Neben der Mundserviette, die evtl. auch während des Essens einmal oder mehrmals gewechselt werden

Krebsgedeck

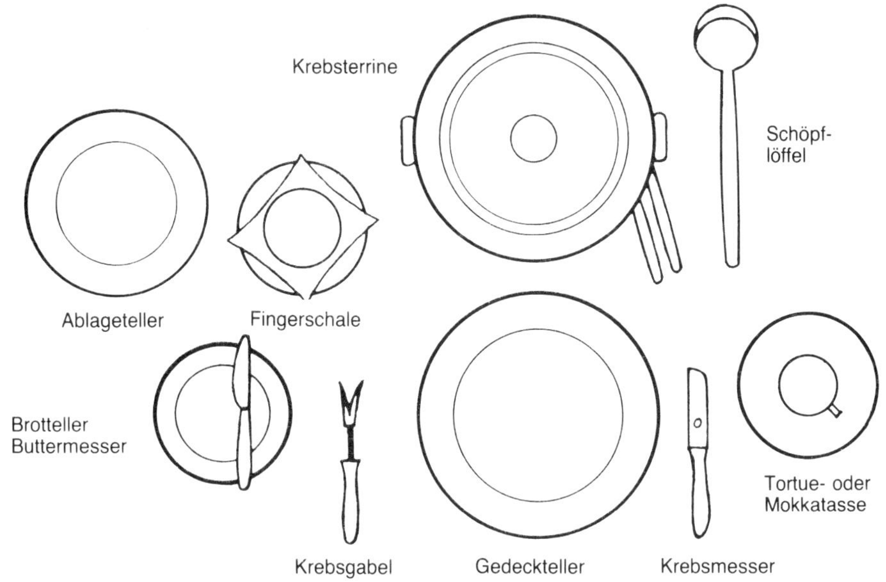

sollte, erhält jeder Gast eine Krebsschürze als Umhang. Diese ist meistens rot und hat ein Krebsmuster aufgestickt oder eingewebt. Sie wird dem Gast mit einer Kette am Hals umgelegt und seitlich mit 2 Klips befestigt, um soviel Schutz zu gewähren, daß die Kleidung des Gastes nicht beschmutzt wird. Die Körperflüssigkeit, die im Panzer sitzt, setzt sich beim Kochen ab, und wenn der Gast den Panzer aufknackt, dann gibt es jedesmal, besonders aus den Scheren, feine Spritzer.

Der Gast ißt nun folgendermaßen:
Mit dem Vorlegebesteck nimmt er den Krebs aus der Terrine, legt ihn auf den tiefen Teller oder er nimmt den Krebs mit der Kelle heraus. Jeder Krebs, der lebendfrisch abgekocht wird, krümmt den Schwanz. Dadurch fällt er ganz von selber beim Entnehmen mit der Schöpfkelle immer so, daß er mit der Krebsnase nach oben schaut. Der Gast führt jetzt die Kelle über seinen Teller, packt mit Daumen und Zeigefinger den Krebs an der Antenne (so heißen beim Krebs die Fühler), setzt ihn in seinen Teller und gießt etwas Krebssud dazu. Außerdem füllt der dann die Tortuetasse.
Mit der linken Hand wird der Krebs am Rückenpanzer festgehalten und mit der rechten Hand dreht man ruckartig die beiden Scheren ab. Man legt die Scheren wieder in den Teller zurück und dreht jetzt den Schwanz ab. Dazu hält man den Krebs mit der linken Hand am Rückenpanzer und dreht den Schwanzpanzer mit der rechten Hand halb herum. Gleichzeitig drückt man leicht an der Drehstelle und zieht dann unter langsamem Weiterdrehen mit der rechten Hand den Schwanz ab, ohne dabei die Eingeweide, die im vorderen Panzerteil liegen, mit herauszuziehen. Das kann passieren, wenn man noch wenig Geschick hat; ist auch nicht schlimm, sieht nur etwas unappetitlich aus. Den Schwanz legen wir nun auch in den Teller und beginnen mit dem Hungrigessen, wie man beim Krebsessen so schön sagt. Man ißt sich mit jedem Krebs zuerst wieder hungrig und kann deshalb auch soviel davon verzehren.
Das Hungrigessen fängt damit an, daß wir vom vorderen Panzer die Beine einzeln abdrehen, diese so wie sie sind in den Mund stecken und mit den Mahlzähnen zerquetschen, ohne

entzwei zu beißen, um so jedes Bein gründlich und herzhaft auszulutschen. Auch hierzu gehört ein klein wenig Übung. Dem unteren Panzerteil kann man nichts mehr abgewinnen. Man löst ihn von der Krebsnase (so bezeichnet man den gesamten oberen Teil des vorderen Panzers). Das geschieht, indem man mit dem Krebsmesser oberhalb der Beinansätze kurz lockert, was allerdings routinierte Krebsesser auch mit einem bestimmten Druck mit den Fingern machen, und nun den gesamten Bein-, Lamellen- und Eingeweideteil zusammen herauszieht, um denselben in den Ablageteller zu geben. Übrig bleibt vom vorderen Teil nun noch die eigentliche Krebsnase, von der man das Krebsmark herausschabt und ißt. Zwischendurch wird der Gast ein Stück Brot essen und Krebssud trinken.
Jetzt geht es an die Scheren. An den drei Gliedern bricht man den Arm mit den Fingern durch, indem man dabei immer etwas dreht. Die Innenseite der Armteile, schräg nach unten, ist die weichste Stelle und läßt sich mit dem Krebsmesser gut aufschneiden. Man kann so die Armteile aufklappen und mit der Krebsgabel das Fleisch herausnehmen, was wiederum alte Hasen unter den Krebsessern auch mit dem Mund und durch Fingerdruck fertigbringen. Die Schere bricht man im Gelenk auseinander. Mit dem Loch im Krebsmesser knickt man die Spitze ab und kann jetzt das Stück Scherenfleisch herauslutschen. Den großen Teil der Schere öffnet man ebenfalls so. Man steckt die Scherenspitze in das Loch der Messerklinge und bricht die Spitze. An der Innenseite, die Messerschneide schräg nach unten führend, schneidet man die Schere auf und mit der Krebsgabel zieht man das Scherenfleisch heraus. Den Schwanz faßt man mit beiden Händen an und dreht mit jeder Hand in entgegengesetzter Richtung. Von dem so geteilten Schwanzpanzer läßt sich der obere, große leicht abziehen. Mit der Krebsgabel sticht man nun in das frei gewordene dicke Ende und zieht die Schwanzspitze aus dem restlichen Panzer heraus. Mit dem Krebsmesser kann man das Schwanzstück zerschneiden und mit der Gabel zum Mund führen. Zwischendurch wird wieder Krebssud getrunken und Brot gegessen.

Languste
Wird genau wie für Hummer eingedeckt.

Getränke
Wie bei Hummer und Krebsen.

Maiskolben
Eine amerikanische Spezialität: *Corn on the cobs.* Die jungen, im Herbst frisch geernteten Maiskolben, werden in Salzwasser abgekocht, in einer Cocotte trocken angerichtet, mit einer ungestärkten Serviette abgedeckt und so dem Gast präsentiert.
Zum Servieren benötigen wir möglichst große, warme, flache Teller. Am besten sind Coupteller, wie wir sie für Tellergerichte verwenden. Als Spezialbesteck benötigen wir zwei Maiskolbenhalter. Das sind kleine, dreizackige Spieße mit einer Achse, die sich in einem ca. 3–4 cm hohen Ständer dreht. Diese Spieße drückt man fest in beide Enden der Maiskolben. Unter Drehbewegungen kann jetzt der Gast zerlassene Butter, Sc. hollandaise oder geeiste Butter über den Kolben geben, um denselben dann mit beiden Händen anzufassen und die gebutterten Körner mit den Schneidezähnen herauszunehmen. Auch als Beilage für ein Steak sind diese Corn on the cobs geeignet, werden aber meistens als Vor- oder Zwischengericht serviert.

Eingedeckt wird rechts eine Gabel. Für den Fall, daß manchmal die Körner etwas fest sitzen, kann sie der Gast vor dem Herausbeißen etwas lockern. Es gibt auch Gäste, die alle Körner mit der Gabel herausholen und dann mit dem Löffel essen, was jedoch nicht stilgemäß ist. Eine Fingerschale muß immer eingedeckt werden.

Melone
Die Melonenspalten kommen, auf Eis angerichtet, in Glasschalen serviert zum Gast.

Eingedeckt wird rechts ein Mittelmesser, links eine Mittelgabel.
Wird die Melone als Dessert gereicht, muß ein Zuckerstreuer eingesetzt werden. – Wird sie als Vorspeise gereicht, evtl. sogar mit Schinken, Bündnerfleisch oder Rehschinken als Beilage, dann müssen immer Pfeffermühle und Salzstreuer eingesetzt werden.
Serviert wird auf einem großen, gut vorgekühlten, flachen Teller. Wenn es Schinken gibt, dann muß er stets auf einem Extrateller vorgelegt werden. Schinken oder Rauchfleisch schmeckt nicht, wenn es durch den Melonensaft genäßt wird. Zweckmäßig sind Anrichteweisen auf Extrateller, portionsweise, die man dann immer links von der Melone einsetzt.

Gefüllte Melonen werden ebenfalls mit Mittelbesteck eingedeckt.

Portweinmelone
Hier handelt es sich um eine kleine Honigmelone oder Ogen-Melone. Man schneidet mit dem Messer oben den Deckel ab, hebt ihn herunter, nimmt mit dem Löffel die Kerne heraus, füllt die Melone mit Portwein und stellt sie, den Deckel wieder aufgesetzt, in den Kühlschrank. Vor dem Gast wird jeweils portionsweise mit dem Löffel das Fruchtfleisch herausgestochen und mit etwas Portwein auf einem kalten Teller vorgelegt.

Eingedeckt wird hierzu ein Mittellöffel rechts und eine Mittelgabel links.

Muscheln
Die Pfahl- oder Miesmuschel wird meist ähnlich dem Krebsservice in einer Terrine angerichtet dem Gast serviert. In einfachen Gaststätten werden sie auch oft nur in einem tiefen Teller mit Sud serviert, den man mit einem zweiten tiefen Teller abdeckt.
Im Restaurantservice decken wir zu den Muscheln selbst kein Besteck ein. Der Gast sucht eine Muschel heraus, die besonders schön handlich ist und holt mit einer zweiten Muschel das Fleisch heraus. Nun verwendet er die leere Muschelschale, die an den Muskeln noch gut zusammenhängen muß, als Besteck, sozusagen als Zange, mit der er nun allen Muschelschalen das Fleisch entnimmt.
Da man hier keinen Toast und keine Butter serviert, erübrigt sich ein Buttermesser; aber man benötigt einen Brotteller links, denn der Gast ißt zu den Muscheln gerne ein gutes Graubrot, Kümmelbrot, Anisbrot oder auch Schwarzbrot. Außerdem wird links eine Fingerschale eingedeckt und ein Ablageteller für die leeren Schalen.

Eingedeckt wird ein tiefer Suppenteller, warm. Der Gast nimmt sich die Muscheln selber aus der Terrine, sie werden nie vom Kellner vorgelegt. Entweder decken wir noch einen Suppenlöffel ein, damit der Gast auch zwischendurch einen Schöpfer voll Sud aus der Terrine in den tiefen Teller füllen kann, um ihn dann mit einer Muschelschale zu löffeln. Oder, was natürlich vornehmer und für den Gast bequemer ist, die Muscheln werden mit ganz wenig Sud in die Terrine gegeben, und man setzt dem Gast rechts eine zweihenklige Suppentasse mit dem Muschelsud ein, wobei ein Mittellöffel angelegt wird.
Auf jeden Fall muß der Gast Gelegenheit haben, den Sud mit zu verzehren. Er ist wie beim Krebsservice die Geschmackskomposition, die unbedingt zur Abrundung des Essens erforderlich ist. Die Muscheln werden mit einer Brunoise angeschwitzt, mit Weißwein abgelöscht, mit Fond aufgefüllt und gar gezogen, bis sich die Schalen von selber öffnen.
Wir erhalten heute die Muscheln von unseren Zulieferern gut entsandet. Die Tiere werden nach dem Fang in sandfreien Durchlaufbecken mit Meerwasser einige Zeit gelagert und sind dann sandfrei. Sollte man jedoch einmal Muscheln servieren, die fangfrisch direkt zu uns in die Küche kommen, so muß man den Gast darauf aufmerksam machen, daß er beim Essen jeweils vorher mit der Muschelschale, die er als Besteckzange zum Speisen benutzt, den Bart absticht, und den Magen, den man als dunkle Stelle deutlich erkennt, vorher abkneift.

Muscheln als Gericht zubereitet
Muschelragout, Alexandra, bourguignonne, gebacken, Newburg, katalonische Art, Kreolen-Art, Touloner Art, usw.
Es wird ein Fischbesteck eingedeckt, auf großem, flachem Teller, warm, vorgelegt.
Wenn Muscheln in der Schale angerichtet sind, (mornay, au four, americaine, Giardinetto, etc.) wird Fischgabel und Mittellöffel eingedeckt. Die Coquille auf einen großen, vorgewärmten flachen Teller vorlegen.

Getränke zum Muschelessen
Frischer Müller-Thurgau, spritziger, leicht säurehaltiger Moselriesling oder ein kräftiger Silvaner aus Franken, auch trockener Sekt oder französischer trockener weißer Burgunder paßt gut.

Pastetchen nach Königinart – Blätterteigpastetchen
Wenn diese als Entrée oder als warme Vorspeise serviert werden, kommen sie meistens schon auf dem Teller angerichtet ins Service. Ansonsten legt man sie auf einem großen, flachen, warmen Teller vor. Man achte darauf, daß stets Zitronenklips dabei sind.
Eingedeckt wird Mittelgabel und Mittelmesser. *Nicht vergessen:* Zusätzlich zu den Menagen die Worchestersoße.

Ragout fin
Wird im Näpfchen oder in einer Herzmuschelschale angerichtet und gratiniert. Das Näpfchen, die Ragoutschale, ist aus feuerfestem Porzellan und wird in einen Silbereinsatz mit einem Griff gesetzt. Es kommt auf einer Platte mit Manschette zum Gast. Die Bedienung kann beim Herunternehmen von der Platte das Näpfchen am Henkel anfassen und auf einen warmen, flachen Teller stellen. Beim Einsetzen ist darauf zu achten, daß der Henkel *links* zum Gast kommt.

Eingedeckt wird rechts ein Kaffeelöffel und links eine Mittelgabel, oder man legt die Bestecke beide rechts an und setzt sie mit ein. Auf der linken Seite darf der Toastteller nicht fehlen. Als zusätzliche Menage muß die Worchestersoße auf den Tisch gestellt werden. Man achte darauf, daß immer eine Zitronenecke mitserviert wird.

Getränke für Ragout fin und Pastetchen
Leichte, blumige Weißweine, ein Silvaner von der Nahe, ein Müller-Thurgau von Rheinhessen oder ein junger Beaujolais, gekühlt serviert, Trollinger, Badisch Rotgold oder Weißherbst, ebenfalls kalt serviert.

Vol-au-vent
Ein Pastetenhaus für mehrere Personen wird vom Restaurantfachmann mit dem Vorlegebesteck vorgelegt auf große, flache, warme Teller, indem er den Pastetenkörper in Stücke teilt und immer ein Teil Blätterteig mit etwas Ragout vorlegt.

Eingedeckt wird genau wie vorher beschrieben, also wie beim Blätterteigpastetchen.

Schnecken – Weinbergschnecken
Weinbergschnecken sind nicht nur eine besondere Delikatesse und bieten eine große Anzahl von Variationen in den Zubereitungsmöglichkeiten, sondern sie sind durch ihren hohen Eiweißgehalt eine besonders wertvolle Nahrung.
Schnecken kommen meistens auf Spezialplatten halbdutzendweise oder dutzendweise angerichtet zum Gast.

Eingedeckt wird die Schneckengabel *rechts,* die Schneckenzange *links,* ein Mittellöffel (angewärmt) rechts, ein Brotteller links neben der Schneckenzange und ein Ablageteller für die leeren Gehäuse. Ein tiefer warmer Teller als Speisenteller.

Der Gast bedient sich zunächst der Schneckenzange, die er in die linke Hand nimmt, um damit das Schneckengehäuse so aus der Schneckenpfanne zu entnehmen, daß die Öffnung nach oben zeigt. Er hält jetzt die Schnecke über den Suppenteller und legt mit der rechten Hand den angewärmten Suppenlöffel so in den Teller, daß der Löffelrand eine gerade Fläche zeigt. Nun nimmt er mit der rechten Hand die kleine Schneckengabel und zieht, das Gehäuse über den Löffel haltend, das Schneckenfleisch heraus. Dabei hält er das Gehäuse so, daß die Schneckenbutter in den darunter liegenden Löffel läuft. Das Schneckenfleisch führt er mit der Gabel zum Mund und verzehrt die im Löffel befindliche Schneckenbutter unmittelbar hinterher. Er klopft dann noch das Gehäuse leicht aus, um jeden Tropfen Schneckenbutter und Kräuter herauszubekommen. Dann legt er das leere Gehäuse in den Ablageteller. Mit einem Stück Brot tunkt er aus der Vertiefung der Schneckenpfanne und vom Teller die restliche Butter, bevor er mit der nächsten Schnecke dann genauso verfährt.
Fälschlicherweise wird zu Schnecken sehr oft Toast gereicht, mit dem man aber nicht die Schneckenbutter aufsaugen kann. Am besten paßt dazu Graubrot oder Stangenweißbrot. Aus diesem Grunde wird auch nur ein Brotteller und kein Buttermesser eingedeckt.

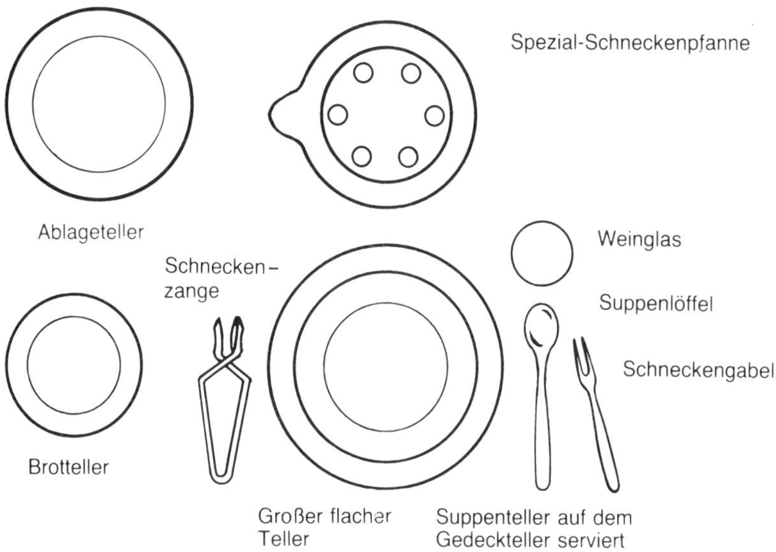

Schneckengedeck

Getränke
Herber, kräftiger Weißwein, ein Rieslaner aus Franken, ein Elsässer Edelzwicker, Riesling aus Württemberg.
Bei Zubereitungen mit betont starkem Knoblauchgeschmack kann auch ein wuchtiger, voller Wein genommen werden, z. B. ein Ruländer aus Baden, eine Siegerrebe oder Huxel aus der Pfalz; aber auch ein Trollinger oder Portugieser kann das Gericht harmonisch abrunden. Selbstverständlich ist noch mit ausschlaggebend, welches Gericht und welcher Wein zum nächsten Gang folgen sollen.

Schneckenservice auf moderne Art
Neuerdings hat man Schneckenpfannen aus Tongut mit Vertiefungen, in denen die Schnekken, d. h. das verzehrfertige Fleisch, mit der Schneckenbutter oder den Zutaten der jeweiligen Zubereitungsarten hineingelegt werden. Man benötigt hier keine Schneckenhäuser mehr,

sondern gratiniert oder backt in der Platte, von der nachher gegessen wird. Das erspart sowohl der Küche als auch dem Service Arbeitsaufwand.
Diese Spezialschneckenpfanne wird auf einem Teller dem Gast eingesetzt. Er ißt aus dieser Pfanne mit einem Kaffeelöffel, der rechts eingedeckt wird. Links deckt man eine Schnecken- oder Kuchengabel ein, daneben einen Brotteller.

Spargel
Den Spargel bezeichnet man auch als den König der Gemüse. Schon die Römer kannten den Spargel. Er ist nicht nur sehr schmackhaft, sondern auch für die gesunde Ernährung von großer Bedeutung. Spargel enthält wenig Kohlenhydrate und hat einen niedrigen Joule-Wert, bei einem relativ hohen Eiweißgehalt. Außerdem enthält er die Vitamine A, B_1, B_2, Niacin und besonders Vitamin C.
Weiterhin Natrium, Kalium, Calzium, Phosphor und Eisen. Dies wurde nur deshalb erwähnt, weil bei vielen Gästen die Meinung vorherrscht, daß Spargel nur aus Wasser besteht. Alle Gemüsesorten enthalten viel Wasser, die meisten bis zu 90%.
Es gibt viele Kollegen, die sich große Mühe damit machen, möglichst umfangreiche Spargelkarten zu erstellen mit 50 oder 70 Variationen. Sicherlich hat jeder seinen bestimmten Grund dafür. Die beste Zubereitung ist und bleibt aber nach wie vor »au naturel« den Spargel geschält und nur abgekocht, ohne viel herum. Angerichtet wird er auf einer ungestärkten Serviette oder auf einer Spezialplatte mit Spargelbänkchen. Neue Kartoffeln und zerlassene Butter oder Sc. hollandaise, evtl. Sc. mousseline, sind Beilagen, die gewährleisten, daß der Gast auch noch in den vollen Genuß des herrlichen Spargelgeschmacks kommt.

Eingedeckt wird, wenn keine Spargelzange vorhanden ist, eine große Gabel rechts, eine Fingerschale links, ein Ablageteller für den Gast, der vielleicht die Endstücke nicht mitessen möchte. Vorgelegt wird auf großem, flachem Teller, warm. Die Spargelköpfe zeigen beim Vorlegen auf dem Teller in 45° Neigung nach rechts unten. Der Gast nimmt nun mit der linken Hand das Spargelende, dreht die ganze Stange in der Butter oder Soße herum und führt mit Hilfe der Gabel, die er in der rechten Hand hält, die Spargelstange mit dem Kopf voran zum Mund.
Es gibt in manchen Fachbüchern gegenteilige Versionen über das Vorlegen. Man sollte jedoch unbedingt immer so eindecken und vorlegen, wie vorhergehend beschrieben. Einerseits deshalb, weil beim Eindecken einer Spargelzange hierüber überhaupt keine Zweifel mehr bestehen, und warum sollte man einmal so und einmal so vorlegen? Andererseits sollten immer die Verzehrgewohnheiten des Gastes für den Service ausschlaggebend sein.

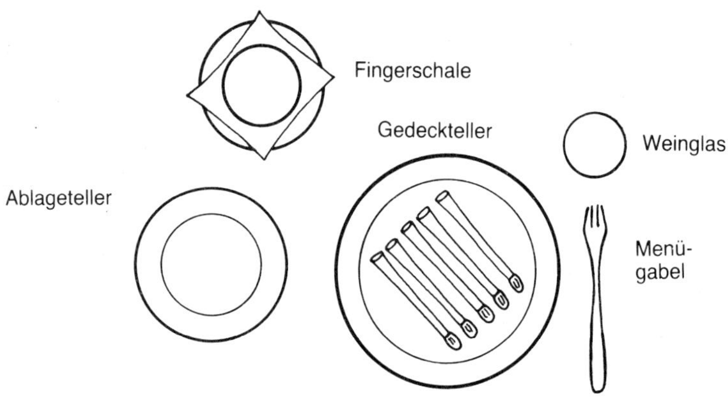

Spargelgedeck

Gedeck mit Spargelzange

Die Spargelsaison ist nur kurz. Auch möchten Genießer lieber mit den Fingern essen, als mit einer Spargelzange. Wenn aber Beilagen zum Spargel serviert werden, wie Schnitzel, Steak oder Schinken, erübrigt sich ohnehin eine Spargelzange, weil dann dafür ganz normal *Messer und Gabel* eingedeckt wird. Wenn Messer und Gabel eingedeckt wird, dann liegt die Gabel nicht rechts, sondern wie beim Menübesteck links. Aus diesem Grunde haben die meisten Restaurants überhaupt keine Spargelzangen. Wenn aber eine Spargelzange vorhanden ist, wird sie *links* eingedeckt und *rechts* liegt die Gabel (ähnlich wie bei Schnecken).

Getränke

Einen blumigen Weißwein. Müller-Thurgau aus Rheinhessen, Gutedel aus Baden, Silvaner aus Franken oder Müller-Thurgau von der Nahe. Es sollten keine zu sehr sortenbetonten Weine sein, wie Scheurebe, Morio-Muskat oder Sieger. Der Spargel darf durch nichts übertönt werden.

Spaghetti

Spaghetti à la bolognaise oder auch mit Tomatensoße werden immer auf einem *tiefen,* warmen Suppenteller serviert.
Eingedeckt wird eine große Gabel *rechts* und ein Suppenlöffel *links.* Die Menage mit dem Parmesan darf nicht vergessen werden.

Ravioli

Werden wie Spaghetti eingedeckt, aber auf großem, warmem, flachem Teller vorgelegt. Auch die Menage mit dem Reibkäse nicht vergessen.

Canneloni

Wie Spaghetti eindecken, Parmesan-Menage nicht vergessen.

Getränke zu diesen Gerichten

Immer einen vollen Rotwein, wie Chianti oder Lacrimae Christi, aber auch einen Valpolicella, einen Barbera d'Asti, einen Barbaresco oder Barolo.
Von den deutschen Weinen wäre hier ein Schwarzriesling aus Württemberg, ein Spätburgunder von der Ahr oder ein guter Portugieser aus der Pfalz zu empfehlen.

Tafelobst

Eingedeckt wird immer ein Mittelteller, kalt. Rechts das Obstmesser und links die Obstgabel. Links oberhalb der Gabel ein Ablageteller für Schalen, Kerne und Stiele, sowie eine Fingerschale.

Trüffel

Sie ist die Königin der Pilze mit hocharomatischem Geschmack und bestechend feinem Duft. Es handelt sich um knollenförmige, unterirdisch wachsende Pilze mit Sporen und Schläuchen. Gesucht werden diese Pilze mit Schweinen oder Hunden, die mit ihrer feinen Nase die Pilze unter dem Moos aufspüren. Die wertvollste Trüffel ist die Périgorder Trüffel, die aus Südfrankreich kommt. Aus Italien kommt die weiße Trüffel; sie wächst in den norditalienischen Eichenwäldern. Die weiße Trüffel wird auch Piemonteser Trüffel genannt und ist im Geruch nicht ganz so intensiv wie die schwarze Périgorder Trüffel.
In deutschen Laubwäldern wächst die Sommertrüffel, die aber nicht so wertvoll ist und auch als Sommertrüffel angeboten werden muß. Sie bevorzugt kalkreiche Böden und ist, auch wenn sie mit dem Périgord nicht konkurrieren kann, doch sehr wohlschmeckend. Sie ist rotbraun und hat nach oben grobe, eckig zugespitzte Warzen. Außerdem haben wir bei uns noch die Morcheltrüffel, die innen mit gewundenen offenen Gängen lappenartig ausgestattet

sind, und die kleinen rotbraunen Trüffel, die oben schwach warzig sind und innen im Schnitt einen olivgrünen Schimmer haben. Sie wachsen in unseren heimischen Laubwäldern meistens in der Nähe von Waldwegen oder Schneisen.
Wegen ihres hohen Preises findet die Trüffel meistens nur Verwendung als Garnitur oder Aromaträger. In den Handel kommen Konserven als gebürstete oder geschälte Trüffel. Erstere sind nur gewaschen und gebürstet; von der geschälten Trüffel werden die Schalen extra als Geschmacks- und Aromaträger verwendet.

Service von Trüffeln
Um dem Gast auch zu zeigen, welche Köstlichkeiten das Restaurant zu bieten hat, könnte man in der Nähe des Einganges, auf dem Tisch, wo auch der Obstkorb aufgebaut ist, einen kleinen Korb mit frischen Trüffeln bereitstellen. Das ganze Restaurant ist von dem herrlichen Duft erfüllt, so daß der Gast einfach Appetit darauf bekommen muß. Auf Wunsch präsentieren wir dem Gast den Trüffelkorb, damit er sich eine Trüffel aussuchen kann. Diese schicken wir in die Küche, um sie à la minute zubereiten zu lassen. Mit einem Apéritif und einer kleinen Vorspeise kann der Gast die Wartezeit überbrücken, bis er zu seinem kulinarischen Zwischengericht kommt.
In der Küche wird die Trüffel gewaschen, gebürstet und hauchdünn geschält. Zugedeckt in einem kleinen Gefäß, mit einem Hauch Pfeffermühle, Salz, halb mit kräftiger Hühnerbrühe und halb mit trockenem Sherry aufgefüllt, gekocht. Es darf nicht mehr Fond geben, wie gerade in eine Tortuetasse paßt. Die Trüffel kommt in einer Spezial-Trüffelterrine und der Fond in einer Mokkatasse oder Tortuetasse zum Gast.

Eingedeckt wird rechts ein Obstmesser, links eine Obstgabel, neben der Gabel ein Toastteller mit einem Buttermesser.
Grundsätzlich reicht man geeiste Butter zu diesem Göttergericht. Der Gast schneidet mit dem Obstmesser von der Trüffel eine etwa 3 mm starke Scheibe herunter, sticht diese mit der Obstgabel senkrecht auf der einen Seite der Trüffelscheibe an, legt ein Stückchen geeiste Butter darauf und genießt so die Trüffel Scheibe um Scheibe mit jeweils einem kleinen Schluck Trüffelbrühe, die er zwischendurch trinkt.
Es gibt noch andere Zubereitungsarten wie Trüffel in Champagner, in Madeira, à la crème usw. Diese lehnt der wahre Feinschmecker aber ab, weil er den einmalig herrlichen Duft und Geschmack durch keine Zugabe übertönt wissen möchte, außer einer Zubereitungsart, die noch für den Kenner in Frage kommt: nämlich die Trüffel in der Asche. Die Trüffel wird nicht geschält, sondern nur gebürstet, gewaschen, gesalzen, mit einem Hauch Pfeffermühle versehen und in dünne Speckscheiben gehüllt. Die nun in Speck eingehüllte Trüffel wird in geöltes Pergamentpapier eingewickelt und so in die Asche eines Holzkohlenrostes gelegt. Von oben fällt während des Grillens immer wieder heiße Asche auf die Trüffel. Wenn man keinen Holzkohlengrill hat, kann man die so vorbereitete Trüffel auch in Holzasche legen und im Ofen fertigmachen. Der Speck erhält einen besonders schönen aromatischen Geschmack und die Trüffel behält so ihr volles, natürliches Aroma. Es bleibt nun dem Gast überlassen, ob er die Trüffel schälen will oder die Schale und den Speck mitgenießen möchte.

Eingedeckt wird hier genau wie bei der vorher beschriebenen Zubereitungsart.

Getränk
Als Getränk wählt der Feinschmecker hierzu einen halbtrockenen Jahrgangschampagner.

Das Tranchieren vor dem Gast

Das Haus erhält sich durch das Arbeiten am Tisch eine besondere Note. Große Fleischstücke, Geflügel, Wildgeflügel oder Fisch, wirken, im Ganzen vor dem Gast präsentiert, optisch eindrucksvoller als kleinere Tranchen. Die Küche wird im Anrichten arbeitsmäßig entlastet. Ein Stück im Ganzen präsentiert wirkt schon von sich aus und benötigt nicht soviel Aufwand an Garnituren und Dekorationen wie viele Einzeltranchen. Der Appetit des Gastes wird durch die Demonstration gesteigert. Durch das Tranchieren unmittelbar vor dem Gast wird Saftverlust vermieden und das Fleisch kühlt nicht so schnell aus. Nicht nur die Gäste des Tisches, an dem man tranchiert, werden angeregt, sondern die ganze Umgebung im Restaurant wird damit beeindruckt, wenn der Trancheur perfekt arbeitet. Der Service ist individueller, weil den Gästen eine größere Anzahl von speziellen Fleischstücken offeriert wird. Als Beispiel: Eine Rinderbrust vom Wagen. Der eine Gast möchte sie sehr mager; der andere Gast sagt: »Wenn ich Ochsenbrust esse, soll sie auch durchwachsen sein«, und liebt einen kernigen Fettstreifen in der Mitte. Vom Geflügel möchte ein Gast den Bürzel, ein anderer die Flügelspitzen usw., was gerade beim Truthahn mit mehreren Sorten Fleisch ausschlaggebend ist. Aber auch beim einfachen Filetbraten, gleich ob es sich um ein Filet Wellington oder um eine gespickte Ochsenlende à la jardiniere handelt. Möchte ein Gast ganz durchgebratenes Fleisch, so arbeitet der Trancheur so, daß er von der Spitze vorlegt und vom starken Mittelstück dem Gast gibt, der es medium möchte. Ganz spezielle Wünsche kann man beim Spanferkelservice erfüllen: Schwänzchen, Nierchen, Rüssel, Bäckchen, mit Schwarte, ohne Schwarte, dick, mager, fett, schieres Stück, mit Knochen oder mit Knorpel usw.

Diese hier aufgezählten Vorteile kommen nur dann wirklich als Vorteile zur Geltung, wenn alle Voraussetzungen, die in der Einleitung beschrieben wurden, auch gegeben sind.

Für den Ablauf dieses Service ist noch eine Voraussetzung notwendig, die für den einwandfreien Arbeitsablauf unerläßlich ist, und auf die wir stets besonderen Wert legen müssen, nämlich **»Mise en place«.**

Arbeitsgeräte – Vorbereitungsarbeiten

Ein Trancheur benötigt immer:

Tranchierbretter verschiedener Größe mit Ablaufrinne. Die Bretter sollten möglichst aus Ahornholz sein. Wenn einmal flott hintereinander tranchiert wird, müssen mehrere Bretter vorhanden sein, damit keine Wartezeit für die Reinigung den Service beeinträchtigt. Niemals gibt ein guter Trancheur sein Werkzeug in die Spülküche, sondern pflegt es selber, bzw. läßt es von seinem Commis ausführen. Wie oft werden Bretter ins Spülwasser geworfen oder gar in die Spülmaschine gegeben. Dadurch verziehen sie sich, bekommen Risse und Unebenheiten. Nur unter fließendem ablaufendem Wasser reinigen. Noch schlimmer ist es mit den Messern. Der Spüler wirft sie in den Besteckkorb und läßt sie durchlaufen. Dann lösen sich die Klingen und die Schneiden leiden darunter, weil gerade Tranchiermesser besonders fein geschliffen sind.

Es werden Messer in verschiedenen Ausführungen benötigt: Ein Schinkenmesser, ein Lachsmesser mit biegsamer Klinge, ein Messer für Roastbeef mit langer Klinge und schmalem Rücken, ein Tranchelard, ein Messer mit kleiner Klinge (wie z. B. ein Officemesser) zum Filetieren von Orangen, ein kürzeres Messer für Wirbel und Knorpel, ein Messer mit leicht geschwungener Klinge für Geflügel, eine Art Schlagmesser für Krustentiere wie Hummer oder Langusten.

An Gabeln benötigt der Trancheur: eine Menügabel (aber ein älteres Modell, da die modernen

Gabeln zu kurz sind) zum Abziehen der Geflügelkeulen, eine feine Zweispitzgabel gewölbt, eine gewölbte starke Zweispitzgabel, eine gerade zweizinkige Fleischgabel, eine mittelgroße gewölbte Zweispitzgabel für Steaks. Außerdem einige komplette Fischbestecke zum Filetieren der Fische, eine Fischkelle, einen Karpfenheber, ein Lachstranchierbrett und eine Traubenschere.
Ferner ist er auf seine »stummen Diener« angewiesen. Hierzu zählen: Rechauds, Voiture, Rinderbrustwagen, Flambierwagen, Wärmeplatten und Clochen.
Sind die hier aufgezählten Gegenstände alle einsatzbereit, dann kann der Service beginnen und auch einmal ein kleiner Ansturm kommen. Mise en place ist der halbe Service.

Tranchieren von Fischen und Krustentieren

Zubereitung von Fischen

Bei gebackenen oder gegrillten Fischen wird meistens die Haut nicht abgezogen; bei gekochten Fischen dagegen zieht man die Haut ab. Jedoch sollte auch hier ein geübter Restaurantfachmann beachten, daß mancher Fischkenner die Haut nicht abgezogen haben möchte. Es gibt hier Gäste, die beim Karpfen oder bei der Forelle »blau« die Haut mitessen möchten. Bei allen Fischen, die vor der Zubereitung abgeschuppt wurden, wird die Haut dann immer mitserviert.

Was heißt »blau gekocht«?

Einmal ist der Ausdruck *kochen* schon falsch. Wir wollen ihn nur insofern gelten lassen, weil die Gäste üblicherweise einen Fisch »gekocht« bestellen, wenn sie einen pochierten Fisch meinen. Alle Fische werden pochiert, d. h. sie kommen zwar in den kochenden Fischsud, in die Court-bouillon, die aber durch das Einlegen des Fisches gleich abkühlt und dann, bis der Fisch fertig ist, nicht mehr kochen darf. Sie müssen bei abfallender Temperatur unter dem Siedepunkt langsam garen, je nach Größe der Fische bei ca. 70 bis 90 °C. Ein gekochter Fisch, im sprudelnd kochenden Sud über 100 °C zubereitet, ist immer trocken und läßt sich auch schlecht filetieren, weil er bröckelt.

Was heißt eigentlich »blau«?

Ist der Ausdruck »gekocht« immer falsch, so ist oft auch der Ausdruck *blau* für die Zubereitungsart falsch.
Wir unterscheiden Schleimfische und Schuppenfische, obwohl alle Fische Schleim und auch alle Fische Schuppen haben. Nur bei den sogenannten Schleimfischen sind die Schuppen fast nicht wahrnehmbar. Winzig klein sitzen sie unter der Schleimschicht oder, wie beim Spiegelkarpfen, der vereinzelte große Schuppen längs am Rücken, am Schwanzende und am Brustteil in Kiemenrichtung hat. Der Lederkarpfen und der Aischgründer Karpfen hat nur ganz vereinzelte Schuppen am Schwanzende, dagegen der Zeilenkarpfen eine Schuppenreihe vom Kopf oberhalb des Kiemenansatzes bis zum Schwanzende, der Mittellinie entlanglaufend. Hier handelt es sich durchweg um Züchtungen, die aus der Stammform, dem Schuppenkarpfen, auch Bauernkarpfen oder Karausche genannt, entstammen. Die Schleimfische werden nur vorsichtig ausgenommen, ohne die Schleimschicht zu verletzen, gewaschen, gesäuert, gesalzen und kommen so zur weiteren Zubereitung, meistens blau.
Schuppenfische dagegen werden immer abgeschuppt, vom Schwanzende zum Kopfende. Dabei geht selbstverständlich als erstes der Schleim, der ja immer über den Schuppen sitzt, verloren. Ein so vorbereiteter Fisch wird niemals mehr blau, auch wenn man ihn genauso zubereitet, mit heißem Essig vorher übergießt – er kann nie blau werden. Fälschlicherweise heißt es aber immer wieder auf den Speisekarten: Bodenseefelchen blau, Hecht oder Zander blau usw.

Blau kann nur ein Fisch zubereitet sein, der seine volle frische Schleimschicht so beibehalten hat, wie sie ihm die Natur gegeben hat. Es eignen sich zum blau pochieren in erster Linie Forellen, Schleien, Karpfen, aber auch Trüschen, Waller, Aale, Neunaugen, Saiblinge, Lachsforellen, Elritzen, Schlammpeitzger und Zwergwelse. Sobald die Schleimfische mit der heißen Court-bouillon in Berührung kommen, verfärben sie sich blau. Oft wird das Verfärben auf den Essig zurückgeführt, aber nicht immer ist der Essig die Ursache. Eine Bachforelle, die nur in Salzwasser, also nicht in einer Court-bouillon zubereitet wurde, sieht nachher auch sehr schön blau aus. Forellen, die man für ein kaltes Büfett verwenden will, übergießt man vorher mit heißem Essig. Dies ist erforderlich, weil der Schleim nicht mehr so frisch sein kann, wie bei den sofort nach dem Schlachten in die Court-bouillon gegebenen Tieren; man sollte die Fische vorher eine Zeit lang in Eiswasser legen, um zu verhindern, daß die Haut beim Pochieren reißt.
Um von vorne herein Mißverständnisse auszuschalten: Nicht alle Fische kommen in einen heißen Sud – große Fische werden immer *kalt* angesetzt.

Arten von Fischsud

a) Für ganze Lachsforellen, Steinbutt, Glattbutt, Welse und Salme

Für alle große Fische, die kalt angesetzt werden, bereiten wir den Fischsud so, daß wir zuerst den Fisch in die Casserole legen und soviel Wasser hineingeben, daß der Fisch vollkommen bedeckt ist. Wir geben dann pro Liter Wasser 1 dl Milch dazu und eine geschälte, entkernte Zitrone sowie 15g Salz und ein bouquet garni. Das gilt für alle Fische, die mehr als eine halbe Stunde Kochzeit benötigen. Würde man diese Fische im heißen Sud ansetzen, so wären sie außen verkocht und innen noch roh. Bei kleineren Fischen wird das so wertvolle Eiweiß, welches der Fisch enthält, dadurch erhalten, daß man den Fisch ins heiße Wasser einlegt und sich dadurch sofort die Poren schließen. Durch das weitere Garziehen unter dem Siedepunkt bleibt das Eiweiß voll erhalten, kann aber nicht aus dem Kochgut herausdringen. Beim kalt angesetzten Fisch erreichen wir durch die Beigabe von Milch und Zitrone eine Gerinnung des Milcheiweißes, wodurch das Fischeiweiß ebenfalls mitgerinnt und so ein Eiweißverlust verhindert wird.

b) Court-bouillon

Je nachdem, welche Fischart man zubereiten will, ist das Rezept für eine Court-bouillon verschieden.

Für Lachs – Zuchtforellen – Lachsschnitten – Schleien – Äschen – Huchen – Trüschen
2 ½ l Wasser, 1 dl Weinessig, 20g Salz, 300g Karotten, 200g Zwiebel, 50g Petersilienstiele, Lorbeerblatt, Pfefferkörner und das Weiße von zwei Lauchstengeln.

Für Aal – Hecht – Zander – Grundeln – Schmerlen – Felchen – Saiblinge – Karpfenfische
2 ½ l Wasser, 2 l trockener Weißwein, 1 Zweig frischer Thymian, 1 gespickte Zwiebel, 100g Zwiebel in Scheiben, 30g Petersilienstiele, 100g Karotten.

Speziell für Aal grün und Hecht auf Spreewälder Art
1 ½ l klaren Rindsfond oder Fond blanc, 1 l Weißwein, 2 Stück Zwiebeln in Scheiben, 1 Lorbeerblatt, 150g glatte Petersilie mit Wurzel (Wurzelpetersilie), Estragon, Kerbel, Petersilie, Schnittlauch, Dill, junge, im Mörser gestoßene Spinatblätter, 20g Salz, Muskatnuß, zerdrückte Pfefferkörner weiß, 50g Sellerieknollen. Bei dieser Berliner Spezialität wird in der Hotelküche dann der Aal ausgestochen, der Sud abpassiert, mit beurre manie gebunden, mit Sahne und Eigelb legiert und mit frischem Dill überstreut. In der Hausfrauenküche und in einem gut bürgerlichen Landgasthof bleiben bei diesem köstlichen Gericht die Zutaten im Sud, nur der Aal wird herausgenommen, warmgehalten, der Sud dann mit beurre manie gebunden, mit Eigelb und Sahne legiert, der Aal wieder eingelegt und alles so in einer Terrine oder Schüssel serviert. Beilagen sind Salzkartoffeln und Gurkensalat. Ähnlich wird auch der Spreewälder Schüsselhecht zubereitet und serviert. Bei beiden Gerichten ist der Fisch in Stücke geschnitten.

Für Matrosenart oder für Karpfen Polnisch
2 ½ l Wasser, 1 ½ l Rotwein, 1 gespickte Zwiebel, zerdrückte weiße Pfefferkörner, 30 g Salz, 30 g Petersilienstiele, 40 g Sellerieknollen, 15 g Zwiebel in Scheiben, 4–5 Körner Koriander, ½ geschälte Zitrone, Senfkörner, Kardamom, 2–3 Pimentkörner und einen Hauch gemahlenen Kümmel.
Für Schellfisch – Dorsch – Kabeljau – Rotbarsch – Lengfisch – Petermännchen und Heilbutt
Nur Wasser unter Zugabe von 15 g Salz pro Liter verwenden. Eine Zugabe von Kräutern oder Wurzelgemüsen erübrigt sich, weil diese Fische durch ihren hohen Mineralstoffgehalt genügend eigene Geschmacks- und Aromastoffe enthalten.
Für Bachforelle
Wir haben viele Arten von Forellen. Die meisten werden heute gezüchtet. Von Natur aus ist die Forelle jedoch ein ausgesprochener Gebirgswasserfisch. Für Zuchtforellen, die ja auch künstlich mit Fischmehl, Fertigfutter und Abgängen aus dem Schlachthof gemästet werden, sollte man auf jeden Fall bei der Zubereitung eine Court-bouillon, wie zuvor beschrieben, verwenden. Eine echte Wildbachforelle, die aus dem frischen, klaren, eiskalten Gebirgsquellwasser kommt, hat so ein festes, weißes und wohlschmeckendes Fleisch, daß man keinen zusätzlichen Geschmacks- und Aromaträger verwenden sollte. Solche Forellen sollten nur in Salzwasser pochiert werden. Die Zugabe von Essig wäre eine kulinarische Todsünde.

Gebacken und gebraten – frit und sauté
Auch diese Zubereitungsarten, obwohl ganz klar und deutlich ausgedrückt, werden in der Praxis von unseren Gästen immer wieder durcheinander gebracht. Der Gast bestellt ein Felchen gebacken und meint aber auf Müllerinart.
Gebacken ist immer, wenn der Fisch gesäubert, gesäuert, gesalzen, in Mehl gewendet und dann durch einen Backteig gezogen ist, um dann in Fett schwimmend gebacken zu werden. Wir können Bierteig, Weinteig oder Panierungen als Umhüllung für gebackene Fischgerichte verwenden. Kleinere Filets, wie z. B. Egli, Rötling, Felchen etc., kann man auch nur durch geschlagenes Ei ziehen und in steigender Butter ausbacken. Zum gebackenen Fisch reicht man immer Soßen wie z. B. Sc. Remoulade, Gribiche, Tartar, Mayonnaise oder bei en Orly (in Bierteig) Tomatensoße.
Auf Müllerinart ist nicht gebacken, sondern der Fisch wird gesäubert, gesäuert, gesalzen, dann in Mehl gewendet und in Butter gebraten. Größere Fische mit etwas längerer Bratzeit müssen in Öl oder Fett gebraten und dann in Butter nachgebraten werden. Hier wird beim Filetieren die Haut immer mitserviert, nie abgezogen.
Außerdem können Fischgerichte auf dem Grill zubereitet werden; besonders Lachs, Heilbutt, Steinbutt, Forellen in Tranchen eignen sich hierfür. Aber auch eine ganze Lachsforelle oder größere Renken, Eschen und Felchen können vom Rost kommen und müssen dann vor dem Gast im Restaurant filetiert bzw. portioniert werden.
Eine heute sehr beliebte Zubereitungsart ist, daß man einen ganzen Fisch mit einer Spezialkräutermischung in einer gebutterten oder geölten Alufolie so einhüllt, daß keine Luft entweichen kann, um so den Fisch im Rohr zu garen. Die Folie wird dann erst vor dem Gast geöffnet und der ganze herrliche Fisch- und Kräutergeruch steigt dem Gast so in die Nase, daß ihm das Wasser im Munde zusammenläuft. Der Fisch wird dann filetiert, portioniert und vorgelegt. Dabei sollte immer etwas von dem beim Garen gezogenen Eigensaft, der sich in der Folie befindet, mitserviert werden.

Im Rohr gebacken – Rôti
Besonders trockene Fische wie Zander, Hecht, Schellfisch, große Karauschen und Huchen eignen sich hierfür. Sie werden gespickt, gefüllt und unter öfterem Übergießen im Rohr mit Ober- und Unterhitze gegart. Am bekanntesten ist hier der Hecht auf Badische Art: gefüllt mit einer Fischfarce und gespickt mit grünem Speck, in den man Sardellen einrollt. Wenn er Farbe genommen hat, das Fett abschöpfen, mit Weißwein und fond de poisson angießen,

deglacieren. Zum Schluß bei geringer Hitze immer wieder einige Butterflöckchen auf den Rücken legen und mit Sahne ganz leicht aber gleichmäßig verteilt übergießen, so daß sich mehrmals eine herrlich braune Kruste zwischen den herausragenden Spickspeckpunkten bildet. So ein Fisch muß selbstverständlich immer im Restaurant vor dem Gast zerlegt werden.
Weitere Zubereitungsarten sind: en papillote – in der Pergamenthülle, die ebenfalls vor dem Gast geöffnet werden muß. Bei Aal ist die Zubereitung in Salbei sehr beliebt. Auch gibt es Fischgerichte, bei denen der Fisch braisiert wird.
Zubereitungen à la nage für Krustentiere sowie Sud für Miesmuscheln sind ja bereits vorstehend im Zusammenhang mit den Spezialgedecken ausführlich beschrieben.
Es ist nicht beabsichtigt, mit diesen ausführlichen Schilderungen einen Restaurantfachmann zum Koch zu machen; jedoch sollte ein wirklicher Fachmann hier schon Bescheid wissen, um auch einmal einen Gast aufklären zu können. Oft genug hört man vom Gast, daß der Fisch nur im blanken Wasser gekocht sei. Dann muß das Servicepersonal darüber Auskunft geben können, welcher Fischsud bzw. welche Court-bouillon für welche Fischart verwendet und natürlich auch warum hier diese und dort jene Zubereitungsart angewendet wird.
Außerdem muß natürlich der Restaurantfachmann bei der Empfehlung einer Speise auch wissen, welche Zubereitungsart hier die beste ist. So sollte er die Wildbachforelle immer *blau*, den Aal in erster Linie *grün* und Felchen auf *Müllerinart* empfehlen.

Zubereitungsarten von Fischgerichten

Zubereitungsarten	Fischarten	Hitzeträger für die Garung	Temperaturen	Bemerkungen
blau kochen	nur Schleimfische	Court-bouillon Salzwasser oder Spezialsud mit etwas Essig	bei 100 °C einlegen, abfallende Temperatur auf 75° bis 95°C halten	Sudrezepturen sind beschrieben
gar ziehen oder pochieren	Portions-Schuppenfische, portionierte Fischstücke oder Tranchen	Court-bouillon oder Salzwasser	75° bis 95 °C	Rezepturen je nach Fischart, wie vor beschrieben
kalt ansetzen, dann gar ziehen	alle großen Fische die länger als ½ Stunde Zubereitungsdauer benötigen	Court-bouillon unter Beigabe von Milch und Zitrone	75° bis 98 °C	Sudrezeptur ist beschrieben. Nur für große Fische
poelieren	Filets, Tranchen und Röllchen	mit Butter im eigenen Saft ohne zu bräunen	120° bis 160 °C in Spezialsautoir ohne Pfanne	bei geringer Hitze einlegen, erst wenn Fond gezogen, die Hitze erhöhen
dämpfen	portionierte Fische und kleine bis mittelgroße Fische	mit Siebeinsatz im Dampf garen, 2 Min. längere Garzeit	98° bis 100 °C im Dampf	die Tranchen etwas stärker würzen, da der Fisch nicht in einen gewürzten Fond kommt
dünsten	Filets und Tranchen, auch Röllchen z. B. Seezungen	Fett, Butter und Flüssigkeit, Fond oder Wein	ca. 100 °C im zugedeckten Topf mit wenig Flüssigkeit	Dunstfond wird zur Soße weiterverarbeitet
backen	Tranchen, Filets und portionierte Stücke, Portionsfische, z. B. Karpfen, Seezunge - Colbert, Trüsche...	im Fett schwimmend garen, fritieren	150° bis 180 °C, vorher panieren, durch Bierteig, durch Weinteig, durch Backteig ziehen. In Ei und Semmelbrösel oder mie de pain vorher wenden	gebacken wird immer trocken auf einer Manschette angerichtet, Soße remoulade, Gribiche, Orly, Tartar usw. dazureichen
braten (sauté) auch auf Müllerinart	Portionsfische, Plattfische, Fischfilets, Scheiben und Tranchen	Fett	180° bis 200 °C in Mehl wenden, in Fett oder Öl braten, dann in Butter nachbraten	ist nicht gebacken, aber z. B. nach Müllerinart
grillen	ganze Fische und Tranchen	Strahlungshitze auf Rost ohne Gitterstäbe	300° bis 350 °C bei abfallender Temperatur	Fisch bleibt saftig. Zubereitung geht schnell. Soße hollandaise oder bernaise bzw. Buttermischung dazu reichen
in Folie	ganze Fische	Heißluft im Rohr und der eigene Saft	180° bis 200 °C bei abfallender Temperatur	
braisieren	Fischstücke und ganze Fische für mehrere Personen oder Portionsfisch, Gemüse brunoise oder Schalotten werden mit gegart	Fett und eigener Saft mit etwas zusätzlichem Fond oder Wein	140° bis 180 °C bei abfallender Temperatur. Die Brunoise oder Julien zuerst mit Fett ansautieren und dann gardünsten	wird immer dort angewendet, wo eine gute Soße mit Eigengeschmack gezogen werden soll

Tranchieren von Räucherfischen

Kleinere geräucherte Fische wie Forellen, Bücklinge, Renken, Felchen usw. werden immer in der Küche vorbereitet und kommen als Filets garniert und angerichtet zum Gast. Allerdings ist es neuerdings auch Mode, da wir neuartige Räuchergeräte haben, mit denen wir à la minute einen Räucherfisch herstellen können, daß ganze Fische zum Gast kommen, kleinere für eine Person oder auch größere für zwei Personen.
Wenn wir einen solchen Fisch servieren müssen, dann wird nicht tranchiert, sondern mit dem Fischbesteck gearbeitet, genau wie beim Zerlegen eines pochierten Fisches. Es läßt sich sehr leicht bewältigen; auch die Haut löst sich leicht ab, weil ja der Fisch in diesem Falle noch rauchofenwarm zum Tisch gelangt.
Kleinere Räucherfische, wie z. B. die bekannte und ganz hervorragende Spezialität, Königsseer Schwarzreuiter, servieren wir ganz, ähnlich wie Kieler Sprotten, decken einen Ablageteller und eine Fingerschale mit ein.

Aal – Räucheraal
Aal frisch zubereitet kommt grundsätzlich immer als serviergerechte Tranchen (Stücke) portionsweise zum Gast. Auch Räucheraal kommt in den meisten Fällen in Portionsstücken, auf einer Platte mit Manschette angerichtet, zum Gast. Die Haut wird wohl gelockert, aber nicht völlig abgezogen, weil der Kenner das köstliche Aalfett zu schätzen weiß und die Haut abschabt oder gar auslutscht. Dann müßte eine Fingerschale eingedeckt werden.
Es mag aber auch schon einmal Situationen geben, in denen wir einen ganzen frisch geräucherten, noch warmen Aal ins Restaurant bekommen. Bei entsprechender Gelegenheit, wie z. B. bei einem Herrenessen, kann es vorkommen, daß wir ein meist außergewöhnlich schönes Exemplar von Aal filetieren müssen.
Man legt den Aal mit dem Kopf nach links, fährt nun mit einem Tranchiermesser vom Kopf zum Schwanzende, bis zur Mittelgräte geführt, entlang, und zwar so, daß man praktisch zweimal schneidet, oberhalb und unterhalb der langgezogenen Flossenansätze. Genauso verfährt man auf der entgegengesetzten Seite vom Afterausgang bis zum Schwanzende. Jetzt kann man die Flossen ziehen, indem man den Aal mit einer Gabel festhält und mit einer anderen Gabel die Flossen zur Kopfseite hin herauszieht. Dann wird mit dem Gabelrücken in entgegengesetzter Richtung das Fleisch gelockert. Mit dem Messer markiert man nun einen senkrechten Einschnitt in die Haut in dem Abstand, der die jeweiligen Portionsgrößen für jede Tranche bestimmt. Etwa 1 cm vor dem Einschnitt schiebt man die untere Zinke der Gabel zwischen die Aalhaut und den Fisch, um durch Drehen die Haut um die Gabel zu rollen und damit gleichzeitig von der markierten Portion abzuziehen. Abgehoben wird das zu servierende Stück, indem man mit einer Gabel den Fisch hält und mit einer anderen Gabel in Richtung vom Schwanz zum Kopf in dem beim Flossenentfernen entstandenen Mittelschnitt so entlangfährt, daß der Gabelrücken auf der Oberseite der Mittelgräte entlanggleitet bis zu dem Markierungsschnitt, mit dem man die Haut an der Portionierstelle senkrecht bis auf die Mittelgräte hinunter eingeschnitten hat.
Jetzt läßt sich die Tranche leicht abheben und wird auf einen vorgekühlten Teller vorgelegt. Entweder rollt man die Aalhaut von der Gabel zurück und richtet das Aalfilet auf der Haut an, oder man hat es besonders schön dekorativ zu einem Röschen gerollt und legt so die Aalhaut als Garnitur bei. Der Kenner will auf jeden Fall die Haut mitserviert haben.

Eindecken. Ganz gleich, ob wir nun den Aal am Tisch filetieren oder dieser in der Küche fertig angerichtet wird, eine Ecke Zitrone mit Klip, geeister Sahnemeerrettich, Pfeffermühle, Butter, Vollkornbrot und Steinhäger gehören immer dazu serviert. Nur bei einem Bodenseeräucheraal, am Bodensee serviert, würde sich ein Bodenseeobstler dazu besser eignen.

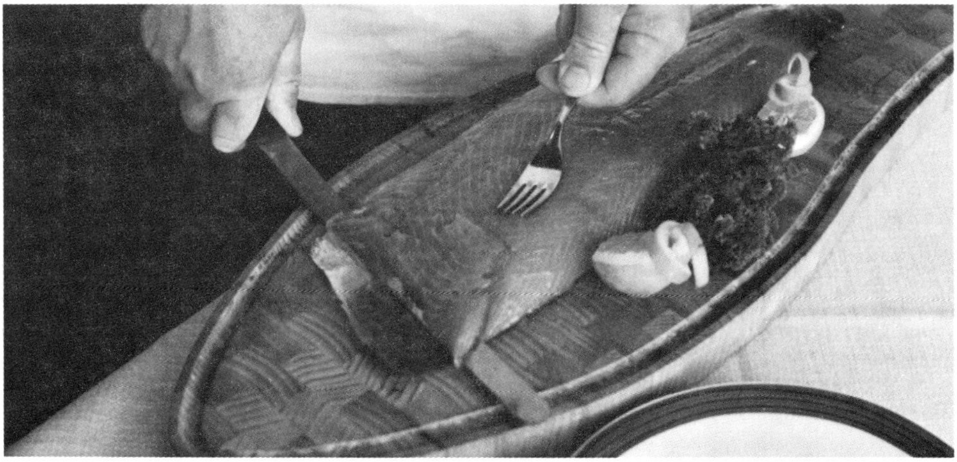

Tranchieren einer Lachsseite beim kalten Büfett.

Räucherlachs
Der Lachs wird in Seiten mild gesalzen und kalt geräuchert. Bevor wir die Lachsseite zum Tranchieren ins Restaurant bekommen, wird diese für den Schautisch vorbehandelt. Weniger appetitliche Fettränder der Haut zur Rückenmitte hin werden abgeschnitten, Flossen und noch vorhandene Gräten werden entfernt. Die lose im Lachsfleisch liegenden, der Mittellinie entlanglaufenden Gräten müssen einzeln gezogen werden. Der Lachs liegt immer auf einem Lachsbrett, ein Spezialbrett, auf dem der Lachs geschnitten wird.
Als Beilagen halten wir halbe kandelierte Zitronen und Toast bereit. Aus der Küche müssen wir Butter und Sahnemeerrettich anfordern und zum Lachs reichen.

Eindecken müssen wir beim Räucherlachs ein Mittelbesteck, Brotteller links der Gabelseite, ein Buttermesser mit der Schneide nach links auf dem Brotteller liegend und wie bei allen geräucherten Speisen eine Pfeffermühle.
Räucherlachs wird nun folgendermaßen tranchiert:
Das Lachsbrett liegt vor uns mit der Kopfseite des Fisches nach links. Wir schneiden zweckmäßig vom Schwanz zum Kopfende hin ab. Mit dem Lachsmesser, einem langen Spezialmesser mit sehr biegsamer Klinge aus hochwertigem Stahl, schneiden wir gleichmäßige hauchdünne Scheiben im Schrägschnitt, wobei wir das Messer gut durchziehen und dabei die Klinge zur Tranchenmitte hin andrücken.
Immer wieder hört man von Kollegen, die den Lachs in umgekehrter Richtung tranchieren, die plausible Erklärung: man habe weniger Abfall, wenn man vom Kopfende anfängt, weil dann die Lachsscheiben immer kleiner werden und das Endstück, welches zum Schluß so oder so übrig bleiben muß, nicht so groß ist wie das Abschnittendstück vom Kopfende. Diese Begründung ist richtig und einleuchtend, jedoch sprechen die nachstehend genannten Argumente dagegen.

1. Die Lachsscheiben zerfallen leichter, wenn man vom Kopfende anfängt.
2. Wenn wir vom Kopfende anfangen, müssen wir das unmittelbar am Kopfende befindliche Fleisch auch soweit entfernen, wie es für den ersten sauberen, schönen, schrägen Anschnitt erforderlich ist. Für diese Abschnitte wird jeder Küchenchef eine Verwendung finden, genauso wie für die Schwanzstücke.
3. Das saftigste Fischfleisch sitzt im Schwanzende. Trotzdem trocknet das dünne Schwanzstück schneller aus, wenn eine Seite Lachs mehrmals auf den Schautisch gelangt, bis sie restlos verkauft ist.

4. Beim Salzen und Marinieren zieht das dünne Schwanzende mehr durch als das starke Mittel- bzw. Kopfstück. Bei längerer Aufbewahrung zieht der Salzgeschmack nach. Deshalb wird eine Lachsseite, die man nicht sofort bzw. am gleichen Tag verkauft und vom Kopf her geschnitten wurde, nicht nur trockener, sondern auch immer salziger schmecken.

Nach diesen ausführlichen Schilderungen soll nun jeder Fachmann selber entscheiden, nach welcher Methode er den Lachs schneiden möchte. Grundsätzlich sind beide bestehende Methoden richtig, wobei die vom Schwanzende her ausgeführte Schnittweise sicherlich häufiger angewendet wird. Wichtig ist, daß die Tranchen sauber, gleichmäßig geschnitten und richtig serviert werden.

Getränke zum Räucherlachs: Trockener Silvaner, Gutedel, trockener Muscadet aus dem Loiretal oder Weißburgunder.

Gravad Laks

Früher wurde der Fisch mit Kräutern und Salz eingerieben und im Felsen vergraben, daher der Name Gravad Laks. Heute wird das Felsenbett durch eine Lagerung im Kühlhaus ersetzt. Eine Spezialität aus Schweden: nicht geräuchert. Es handelt sich um einen gebeizten Lachs. Mild gesalzen und mit Kräutern mariniert. Das Fischfett tritt also nicht hervor, wie bei der Räucherware.

Getränke zum Gravad Laks: Hier kann man gut einen bukethaltigen aber spritzigen Weißwein servieren.

Servieren und Filetieren von pochierten oder gebackenen Fischen

Für die Technik des Zerlegens von Fischen ist es nicht von Bedeutung, ob wir einen Süßwasserfisch, einen Salzwasserfisch oder einen Fisch haben, der in beiden Gewässern leben kann, wie z. B. Lachs, Salm, Aal oder Zander. Auch ist es hier nicht unbedingt ausschlaggebend, ob wir einen Friedfisch oder einen Raubfisch vor uns haben.

Es handelt sich bei den Fischen weniger um ein echtes Tranchieren als vielmehr um ein Abziehen der Haut, Markieren, Portionieren und Abheben der tafelfertigen Portionen mit dem Fischbesteck. In bestimmten Fällen muß man eine Fischschaufel verwenden, z. B. bei großen Karpfenfischen oder anderen großen Fischen, die ein leichtes Fleisch haben und zerfallen würden, wenn man mit dem Fischbesteck abhebt.

An und für sich werden alle Fische immer auf der Platte zerlegt, auf der sie von der Küche angerichtet zu uns ins Service kommen. Nur wenn evtl. mehrere Portionsfische zusammen auf einer Platte angerichtet sind, z. B. 5 Seezungen oder 4 Bachforellen, nimmt man jeden Fisch einzeln herunter und legt ihn zum Filetieren auf einen warmen Teller, um danach das fertig portionierte Fischfleisch wiederum auf den warmen Teller zu legen, der dem Gast eingesetzt wird. Es ist selbstverständlich, daß hier nur im englischen Servicestil gearbeitet werden kann und immer im Chef-Commis-System, weil es für eine Person zu lange dauern und der Fisch während des Filetierens auskühlen würde. Wenn mehrere Fische, z. B. 4 bis 5 oder 6 an einem Tisch zusammen serviert werden sollen, empfiehlt es sich sowieso mit zwei Guèridons zu arbeiten und einen anderen zweiten Kollegen, Oberkellner oder Demichef, schnell ein paar Minuten mithelfen zu lassen, damit der Gast seinen Fisch schnell und heiß serviert bekommt.

Von der Zerlegetechnik her unterscheiden wir zwischen Plattfischen und Rundfischen. Die Rundfische teilt man wiederum ein in torpedoförmige Fische, Portionsfische und Karpfenfische. Zu den torpedoförmigen Fischen zählen alle Rundfische, die einen torpedoförmigen Kopf haben, wie z. B. Hecht, Zander, Lachs, Salm, Lachsforelle, Huchen etc.

Portionsfische sind die Forellenfische. Darunter verstehen wir alle forellenartigen Fische, die

wir an der Fettflosse erkennen. Selbstverständlich gibt es hier auch Exemplare, die für 2 oder mehrere Personen ausreichen. Es wird aber im Prinzip die gleiche Zerlegetechnik angewendet bei Bachforellen, Zuchtforellen, Forellenbarsch, Saibling, Döbel, Felchen, Renken, kleinere Lachsforellen, Huchen, Zuger Rötlinge, Grashechte und Trüschen.
Zu den Karpfenfischen zählen Karauschen oder Wildkarpfen, Aischgründer Karpfen, Spiegelkarpfen, Lederkarpfen und die Schleien. Auch zählen die Bleie, Brachsen und Güstern eigentlich noch zu den Karpfenfischen, jedoch kommen diese für uns nicht in Frage, weil sie wegen ihrer vielen Gräten niemals als Edelfisch für den Restaurantservice zubereitet werden, obgleich ihr Fleisch zart und schmackhaft ist. Eines ist beim Service von Forellen- und Karpfenfischen gemeinsam zu beachten: Bei beiden Fischarten müssen wir immer darauf bedacht sein, unversehrt und sauber die Bäckchen herauszunehmen und mit vorzulegen.
Bachforelle, Zuchtforelle, Felchen, Renke, kleine Lachsforelle werden zubereitet auf Müllerinart, gebacken, gegrillt oder in der Folie gegart. Hier wird die Haut nicht entfernt, sondern mitserviert.
Die Arbeitsweise ist bei allen vorgenannten Fischarten und für diese Zubereitungen die gleiche.
Aus dem Kopf entfernen wir die Bäckchen und legen dieselben so dekorativ, daß auch ein nichteingeweihter Fischesser erkennen kann, daß ihm hier etwas Besonderes geboten wird. Dazu sind geeignet eine Zitronenscheibe oder auch eine Salatblattecke. Besonders kommen sie zur Geltung, wenn eine abgezogene, leicht abgeflachte warme Tomatenanschnittscheibe mit angelegt wird, auf der man die Bäckchen optisch eindrucksvoll präsentieren kann.
Manche Kollegen stechen mit dem Fischmesser als erstes den Kopf ab. Man sollte ihn aber bis zuletzt am Grätengerüst lassen, weil der Fisch sich dadurch viel besser bearbeiten läßt. Eine Ausnahme könnte man machen, wenn auf dem Teller gearbeitet wird und der Fisch so groß ist, daß der Kopf über den Tellerrand hinausragt. Dann entfernt man zuerst den Kopf.
Der Fisch liegt zum Filetieren mit der Bauchöffnung zum Trancheur, der Kopf zeigt nach links. Der erste Einschnitt mit dem Fischmesser erfolgt direkt hinter dem Kopf in der Mittellinie bis hin zum Schwanzende. Bei diesem ersten Markierungsschnitt entfernt man auch gleichzeitig die Flossen, indem man das Fischmesser von beiden Seiten einmal entlangführt und dann die Flossen abzieht. Jetzt drückt man das Fischmesser vom Kopfansatz durch Rückenfleisch und Bauchlappen bis zur Bauchöffnung. Das Abheben des oberen Filets geschieht mit dem Fischmesser, das man jetzt bei der zweiten Führung nicht mehr so steil hält, sondern ganz flach. Das Anheben des Rückenfilets muß vorsichtig und exakt genau in der Richtung der Bauchgräten hin erfolgen.
Bei einem Zweitellerservice, das heißt, wenn nicht der ganze Fisch auf einmal vorgelegt werden soll, richtet man das erste Filet auf dem Teller so an, daß es geschickt gewendet wird und die Hautseite wieder nach oben zu liegen kommt. Nun gibt man die Beilage dazu und setzt den Teller ein. Das zweite Filet richtet man für den Nachservice. Es ist selbstverständlich, daß bei Fischnachservice immer ein zweiter warmer Teller genommen wird.
Das Fertigmachen des zweiten Filets ist sehr einfach. Mit der Fischgabel fährt man in entgegengesetzter Richtung an den Grätenenden entlang, daß sich dieselben vom Fischfleisch lösen, dabei aber nicht von der Mittelgräte abbrechen. Dann drückt man mit dem Fischmesser die Mittelgräte zwischen die Gabelzinken und hebt so vom Schwanzende zum Kopfende hin das ganze Grätengerüst sauber heraus. Am Kopf hinter dem Kiemenansatz drückt man mit dem Fischmesser eine Trennlinie ein und zieht dann den Kopf, der so am Grätengerüst verbleibt, mit den Gräten zusammen ab.
Soll aus verschiedenen Gründen kein Nachservice gemacht werden, z. B. weil der Fisch klein ist oder nur als Zwischengericht dient oder es aus personellen Gründen gerade nicht durchführbar sein sollte, dann wird das zuerst abgehobene Filet nicht umgedreht und das zweite Filet so darüber gelegt, daß praktisch der Fisch jetzt wieder vollständig zusammengesetzt ist; nur hat er eben keine Gräten mehr und Kopf und Flossen fehlen. Dort, wo der Kopf war, liegt eine Tomaten- oder Zitronenscheibe mit den zwei Fischbäckchen darauf.

Getränke zum gebratenen oder gebackenen Fisch
Riesling vom Rheingau, von der Mosel oder aus Franken. Côtes de Roussilon, weißer Mâcon oder ein Sancerre aus dem Loiretal.

Grundsätze für das Filetieren und Servieren von Fischen

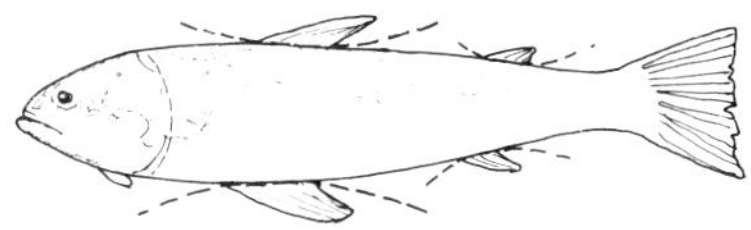

I. Bauch- und Rückenflossen herauslösen. Am Rücken entlangfahren und dabei das Fischmesser leicht eindrücken. Bei gekochten Fischen Haut und Kopf ablösen, bei gebratenen Fischen bleibt die Haut am Fisch.

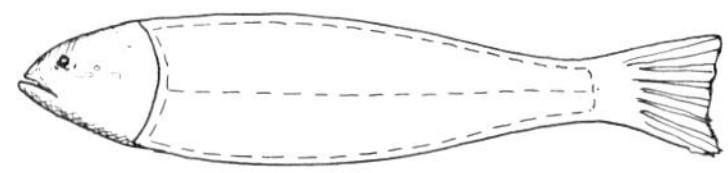

II. In der Richtung wie die Gräten verlaufen, in Richtung zur Schwanzflosse hin, das obere Filet abheben. Mit der Gabel dann leicht entgegengesetzt vom Schwanz zum Kopfende hin entlangfahren und dabei die Hauptgräte lokkern.

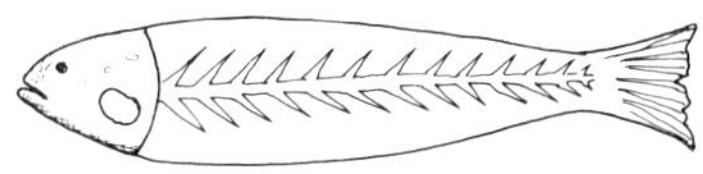

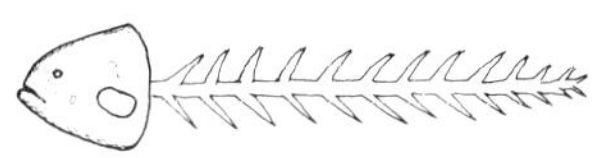

III. Die noch mit der Schwanzflosse und dem Kopfende verbundene Hauptgräte wird mit den Zinken der Fischgabel eingeklemmt und angehoben, so daß das untere Filet nun grätenfrei liegen bleibt. Nicht vergessen die Kiemenbäckchen auszulösen und zu servieren.

IV. Bei größeren Fischen werden diese Filets entsprechend der gewünschten Portionen unterteilt, z. B. bei einer Lachsforelle oder einem Zander für mehrere Personen.

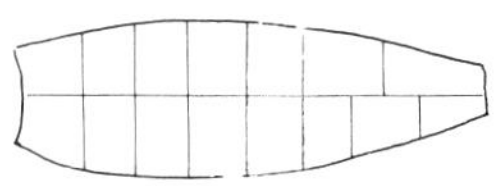
Portionieren der Filets

V. Wünscht ein Gast, daß ihm ein Portionsfisch ganz serviert wird, so bleibt der Kopf am Fisch und wird zum Gast hin schauend serviert.

VI. Bachforelle »blau« im Fischkessel serviert

a) Den Fischkesseleinsatz hochheben und mit den daran befindlichen Scharniergriffen feststellen.
b) Sind mehrere Fische im Fischkessel, so werden diese nacheinander zum Filetieren herausgenommen, indem man mit der Gabel von innen unterhalb der Kiemenansätze faßt und von außen mit dem Löffel stützt. Auf dem Teller wird dann filetiert wie zuvor beschrieben. Befindet sich nur eine Forelle im Fischkessel, so filetiert man auf dem hochgestellten Kesseleinsatz, weil der Fisch so besser warmgehalten wird.

Schleie »blau«
Portionsschleie werden genauso wie Forellen zerlegt. Nur läßt sich hier die Arbeit nicht so ausführen, daß der Fisch grätenfrei ist. Die Karpfenfische, zu deren Familie die Schleie gehört, haben noch neben den mit der Hauptgräte verbundenen Gerüstgräten lose im Fleisch liegende hakenförmige Gräten. Den wirklichen Kenner dieser Fische stören die Gräten nicht. Er muß sie eben beim Essen herausnehmen. Wenn er wirklich einmal eine mit heruntergeschluckt, so ist es nicht schlimm, weil diese Gräten weich sind und immer verdaut werden, ohne daß sie Verletzungen hervorrufen. Der Gast ißt dann nur ein trockenes Kartoffelstück hinterher. Es sollten aus diesem Grunde auch immer Salzkartoffeln zu allen Karpfenfischen

als Beilage gereicht werden. Für die kleine Mühe beim Essen, die durch die Gräten verursacht wird, ist der Fischesser dann belohnt mit einem hervorragend schmackhaften Fischfleisch.

Karpfen »blau«

Beim Karpfen ist es ähnlich wie bei der Schleie. Auch hier wird zuerst, genau wie bei der Forelle oder bei der Schleie, die Haut abgezogen. Es gibt zwar leidenschaftliche Karpfenesser, die die Haut mitserviert haben möchten. Diese Kenner und Genießer lassen sich aber in der Regel niemals den Fisch zerlegen, sondern wollen es selbst machen. Dann müssen wir nur einen Ablageteller für die Gräten eindecken.
Vorgelegt wird der Karpfen mit dem Karpfenheber, weil das Fischmesser oder das Vorlegebesteck zu klein ist und der Fisch, besonders wenn er in der Küche schon halbiert wurde, zerbrechen könnte.
Wenn wir die Haut abgezogen haben, machen wir mit dem Fischmesser der Kiemenpartie entlang einen Einschnitt direkt hinter dem Kopf. Dann lockern wir das Fleisch leicht am Schwanzende und fahren mit der Fischkelle genau der Mittellinie entlang. Jetzt kippen wir nur das Rückenfleisch mit dem Fischmesser so vorsichtig ab, daß die losen im Fleisch liegenden hakenförmigen Gräten zum größten Teil an dem Fleisch verbleiben, das noch am Grätengerüst ist. Durch das Entlangführen der Gabelzinken in entgegengesetzter Richtung kann man die kleinen Gräten größtenteils entfernen. Auf dieselbe Weise, aber in umgekehrter Richtung, suchen wir jetzt mit den Fischgabelzinken die noch am Gerüst befindlichen losen Gräten heraus. Es wird nicht immer gelingen, alle kleinen Gräten restlos zu entfernen. Die große Rippengräte bauchseits entfernt man, indem von unten, also von der Bauchinnenseite, die Fischkelle gehalten wird, und von oben mit den Gabelzinken das Fischfleisch gelockert und dann auf die Fischkelle gedrückt wird, um es danach mit beiden Arbeitsgeräten zusammen zur Bauchöffnung hin abzuziehen. Manchmal bricht dabei eine Gerüstgräte ab. Das merkt man aber gleich und arbeitet erst mal ungeniert weiter. Ganz zum Schluß kann man diese Gräten dann einzeln herausziehen. War der Karpfen gespalten, so ist hiermit die Arbeit beendet. Handelt es sich um einen Portionskarpfen oder um einen ganzen Karpfen für 2 Personen, so müssen wir mit der Unterseite jetzt genauso verfahren. Nur drehen wir dabei den Fisch nicht um, sondern lockern das Grätengerüst und ziehen es von oben ab, trennen dann die Mittellinie von der Rückseite und entfernen die kleinen Gräten wie zuvor beschrieben. Beim Vorlegen drehen wir das Fischfleisch dann so mit einer geschickten Bewegung um, daß die Außenseite wieder nach oben zum Gast hin zu liegen kommt. Die Bäckchen müssen unbedingt mit vorgelegt werden. Auch in dieser Richtung gibt es Spezialisten, die das Karpfenhirn aussaugen möchten, also den ganzen Kopf mitserviert haben wollen. Es muß dann eine Fingerschale eingedeckt werden.

Anmerkung: Karpfen oder Schleien schmecken am besten »blau« mit zerlassener Butter und Sahnemeerrettich.

Zander

Der Zander hat ein festes, feinblättriges, schmackhaftes Fleisch und wie die Forelle nur die Mittelgräte mit den Hauptgräten. Wenn das Grätengerüst entfernt ist, hat man ein vollkommen grätenfreies Fleisch.
Meistens kommt Zander allerdings portioniert als Zanderfilet oder als Karbonadenstück aus der Küche. Portionszander gibt es kaum, weil der Fischer diese kleinen Tiere wieder ins Wasser zurücksetzt. Ein Zander für 2 Personen im Wurzelsud oder auf Müllerinart gebraten ist keine Seltenheit. Der Fisch wird dann am Tisch filetiert.
Ein Schaustück und dazu noch eine ganz leckere Delikatesse ist ein ganzer Zander, gespickt und im Rohr gebraten, für mehrere Personen, z. B. auch als Zwischengericht für 5–6 Personen. Die Haut wird selbstverständlich mitserviert, zerlegt und portioniert, wie es bei der großen Lachsforelle beschrieben ist.

Hecht
Der Hecht ist im Herbst und im Winter beim Eisfang eine wahre Delikatesse. Wenn er im April abgelaicht hat, in manchen Gegenden auch schon Ende März, ist er trocken. Wegen seiner vielen Gräten wird er gerne zu Hechtklößchen verarbeitet, wobei nur die Mittelgräte entfernt werden muß und die kleinen Gräten einfach mit durch die feine Scheibe gedreht werden.
Als Herrenessen, Ferienspezialität für Urlauber am See, Karfreitagsessen oder Aschermittwochessen ist ein ganzer Hecht am Stück gebraten auch optisch eindrucksvoller für den Gast. Die bekannteste Zubereitung ist wohl Hecht auf badische Art. Gefüllt mit einer Farce und gespickt mit Sardellen und Rauchspeckstreifen, im Rohr gebraten. Aber auch à la Kiew oder Spreewälder Art kommt er gut an. Filetieren müssen wir im Prinzip wie bei der Forelle, aber die Mittellinie dann so trennen, wie es beim Karpfen beschrieben ist, um die kleinen losen Hakengräten zu entfernen.
Nicht selten ist auch ein Hecht »kalt« als Schaustück auf einem Büfett zu finden. Da versteht es sich dann von selbst, daß man dieses Stück nicht einfach dem Gast überläßt, sondern hier einen tranchierkundigen Fachmann hinstellt, der den Fisch vorlegt und dabei weitmöglichst die Gräten entfernt.

Filetieren und Zerlegen von Plattfischen

Seezunge
Zuerst fahren wir mit dem Löffel ringsherum, um die Randflossen zu lockern. Dann fahren wir genau der Mittellinie entlang auf der Hauptgräte vom Kopfende zum Schwanzende hin. Wir arbeiten hier nicht mit dem Fischmesser, sondern mit Vorlegebesteck, weil wir mit dem Löffel dann die Filets herausheben, und zwar jedes Filet für sich. Bei einer Portionsseezunge legen wir für den Hauptservice die zwei obersten Filets vor. Es sind die stärkeren von der hellen Seite. Es bleibt dem Restaurantfachmann überlassen, ob er Schleifchen legt oder die Filets glatt hinlegt. Bei etwas größeren Fischen sehen Schleifchen immer besser aus, weil der Teller nicht so voll wirkt. Allerdings bei gefrorenen oder auch manchmal bei zu lange pochierten Seezungen lassen sich keine Schleifchen legen, weil die Filets brechen.

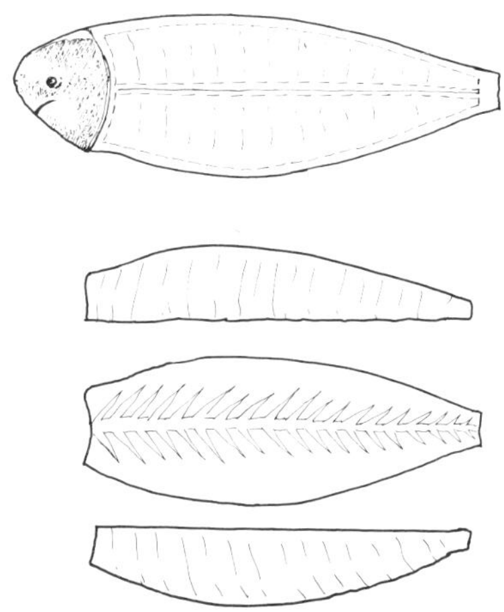

Nachdem die oberen Filets als Hauptservice vorgelegt sind, holt man für den Nachservice einen frischen warmen Teller. Der noch locker anhaftende Flossenrand wird jetzt vollkommen abgezogen. Dann fährt man mit der Gabel in entgegengesetzter Richtung, vom Schwanzende zum Kopfende hin an den Enden der Mittelgräte entlang und lockert damit das ganze Grätengerüst so, daß man es jetzt leicht mit der Gabel abheben kann. Es lassen sich nun die zwei Filets herausnehmen und vorlegen. Den Flossenrand läßt man vorerst sauber, nicht zerrissen, auf der Platte liegen, weil manchmal, wenn auch nur ganz selten, ein Gast die Randflossen ähnlich wie Krebsscheren auslutschen möchte. Es müßte dann unaufgefordert eine Fingerschale gereicht werden.
Eine zweite Methode, die Seezunge zu filetieren ist, daß man an der Mittelgräte entlang lockert, dann mit einer Gabel durch beide Filets sticht und dabei so zieht, daß oberes und unteres Filet zusammen abgezogen werden.

Steinbutt – Turbotin

Größere Plattfische werden im ersten Arbeitsgang genauso behandelt wie zuvor bei der Seezunge beschrieben. Bei pochierten Fischen muß allerdings noch vorher die Haut abgezogen werden, was ja bei der Seezunge schon in der Küche gemacht wurde. Dann müssen die Portionen markiert und abgehoben werden. Hier wird allerdings mit dem Fischbesteck gearbeitet.

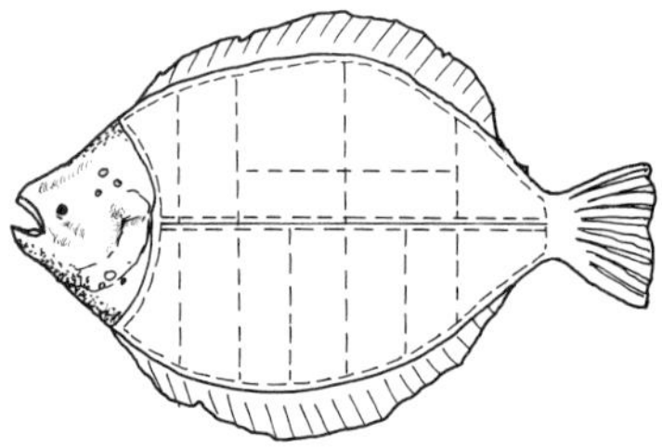

Tranchieren von Krustentieren

Im Gegensatz zum Fisch sprechen wir hier tatsächlich vom Tranchieren und nicht vom Filetieren, weil ja hier mit dem Messer geschnitten wird.

Hummer

Mise en place

Wir benötigen einen Guèridon mit Zwischenboden oder, was noch besser ist, falls im Restaurant Platz dafür vorhanden ist, einen zweiten Guèridon, der hinter dem Trancheur steht und vor dem Anblick des Gastes, für den der Hummer tranchiert wird, verdeckt ist. An großen flachen Tellern benötigen wir für einen Hummer etwa 10 Stück, 2 zum Vorlegen und die anderen als Ablage für Darm und Magen. Ein komplettes Fischbesteck, ein Schlagmesser, wie es eigentlich sonst nur in der Küche verwendet wird, einige Mundservietten (wenn möglich ungestärkt), eine Hummernadel und reichlich Vorlegebestecke – mindestens 10 Stück.

Hummer kalt »en belle vue« (im schönen Anblick) kommt auf einer Silberplatte angerichtet zum Gast; garniert ist er mit gefüllten Eiern, Petersiliensträußchen und halbierten kandelierten Zitronen.

Die Platte wird dem Gast zuerst präsentiert und dann so auf dem Guéridon abgestellt, daß sie beim Arbeiten nicht hindert, aber auch nicht das Blickfeld des Gastes verdeckt, der evtl. bei der Arbeit zuschauen möchte.

Solange der Hummer noch im geschlossenen Panzer ist, können wir ohne Serviette arbeiten. Wir nehmen also das Tier mit der bloßen Hand von der Platte und setzen es auf unser Tranchierbrett mit dem Schwanz nach rechts. Wenn der Schwanz etwas gekrümmt ist, müssen wir ihn gerade drücken, damit er auf dem Brett fest aufliegt. Er wird zwar, wenn er als »belle vue« serviert werden soll, in der Küche vor dem Abkochen auf ein Brett gebunden, aber der Schwanz ist trotzdem immer noch mehr oder weniger eingerollt, was übrigens ein gutes Qualitätsmerkmal für den Gast ist, denn nur ein springlebendiger Hummer rollt den Schwanz ein. Deshalb wird der Hummer auch nicht schon in der Küche flachgedrückt, sondern dem Gast so vorgesetzt, denn der Kenner achtet sehr darauf.

Wir halten jetzt mit der linken Hand am Rückenpanzer fest, indem wir den Hummer fest auf das Brett drücken und drehen mit der rechten Hand die Scheren heraus, wobei wir am oberen Teil des Armes eine kleine Drehung zum Schwanzende hin vornehmen und dann mit einem leichten Ruck vom Körper wegziehen.

Die Scheren werden erst einmal auf die Platte zurückgelegt, und zwar mit der Oberseite nach oben und mit der abgedrehten Armseite vom Gast weg, so daß es für den Gast ein appetitlicher Anblick ist. Haben wir allerdings einen großen Hummer von 1800 g oder über 2 kg, so sollten wir die Scheren zum Anschlagen in die Küche schicken, was ein Commis besorgen muß, während wir jetzt weiterarbeiten.

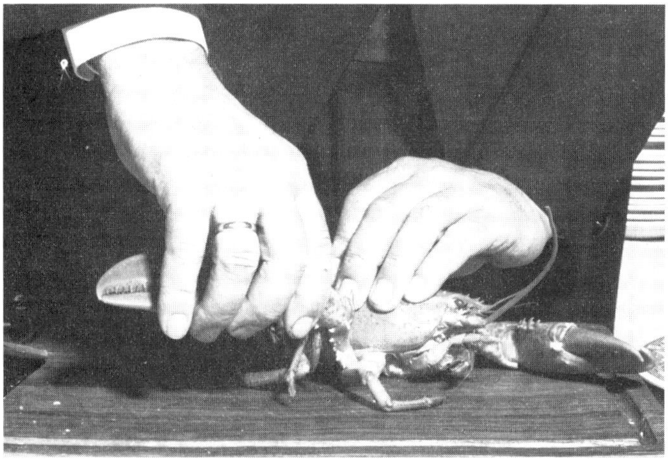

Nachdem der Hummer dem Gast präsentiert wurde, werden zuerst die Scheren abgedreht.

Der Kopf des Hummers zeigt nach links, die Messerspitze wird auf dem Hummerkreuz mit der Schneide zum Schwanzende hin, angesetzt.

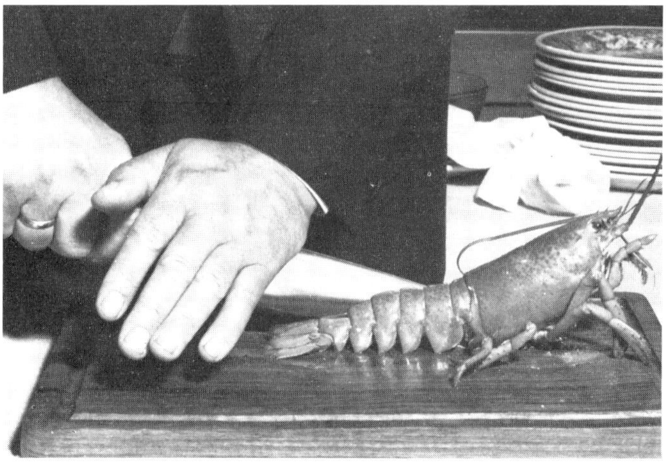

Mit der rechten Hand wird das Messer geführt und mit der linken Hand wird auf den Messerrücken gedrückt, bis das Messer mit der Schneide auf dem Tranchierbrett aufliegt.

Solche großen Tiere kommen aber eigentlich selten ins Restaurant, weil sie nicht so saftig und schmackhaft sind wie ein Hummer von 500 bis 800 g, ganz abgesehen vom zu hohen Preis.
Nachdem also die Scheren vom Körper getrennt sind, wird der Hummer der Länge nach gespalten. Dabei setzen wir die Messerspitze genau zwischen Schwanzpanzer und Rückenpanzer so an, daß die Schneide zum Schwanzende hin zeigt. Jetzt drücken wir die Messerspitze soweit hinein bis wir merken, daß sie das Tranchierbrett berührt hat. Dann drücken wir mit der linken Hand auf den Messerrücken und führen mit der rechten Hand den Messergriff so, daß mit dieser Bewegung der Schwanz genau in der Mitte mit einem einzigen Schnitt gespalten wird.

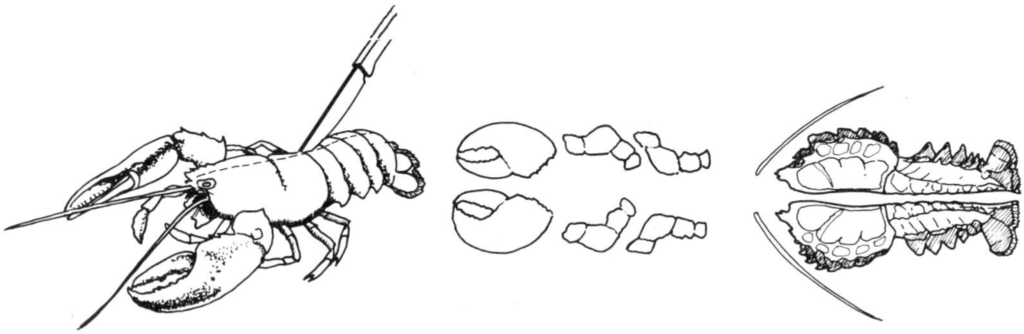

Wichtige Zwischenbemerkung

1. Ab jetzt muß mit der Serviette gearbeitet werden – bis dahin war es nicht erforderlich.
2. Es muß immer das Schwanzende zuerst gespalten werden, weil man beim Spalten des vorderen Panzers die Messerklinge mit dem Mageninhalt verschmieren würde und damit dann nicht mehr den Schwanz spalten könnte, ohne das Messer vorher zu reinigen.

Jetzt nehmen wir eine Mundserviette, fassen damit den Hummer am Rückenpanzer an und drehen ihn nun mit dem Kopf nach rechts. Wieder setzen wir das Messer auf die gleiche Weise an und spalten den vorderen Teil des Hummers.
Die eine Hälfte behalten wir auf dem Brett, um diese weiter zu bearbeiten, und die andere Hälfte legen wir auf die Platte zurück; aber immer so, daß der Gast nicht in die offene Schnittfläche blickt, weil der Mageninhalt für den Gast keinen ästhetischen Anblick bietet.
Die erste Arbeit beim gespaltenen Hummer ist das Entfernen des Magens, das Grüne vom Hummer. Es ist unbedingt wichtig, diese Arbeit zuerst zu verrichten, weil es kein schöner Anblick ist, wenn man hinten am Schwanzstück arbeitet und vorne sieht man den Mageninhalt.
Mit dem Vorlegelöffel entnimmt man das Hummergrün und hält dabei mit der Vorlegegabel fest. Sobald der erste, oben besonders flüssige Teil auf dem Löffel ist, nimmt man das komplette Vorlegebesteck und legt es auf einen der bereitgestellten Ablageteller. Dieser Teller wird sofort aus dem Gesichtswinkel des Gastes entfernt, also entweder auf den Zwischenboden des Guéridons oder auf dem wie zuvor beim mise en place beschrieben, hinter dem Trancheur stehenden 2. Guéridon abgestellt. Dieser Vorgang wird solange wiederholt, bis der Hummer im vorderen Panzerteil schneeweiß sauber ist. Immer wieder wird dabei das gebrauchte Vorlegebesteck mit dem Teller weggestellt, damit der Gast nie ein verschmiertes Besteck sieht.

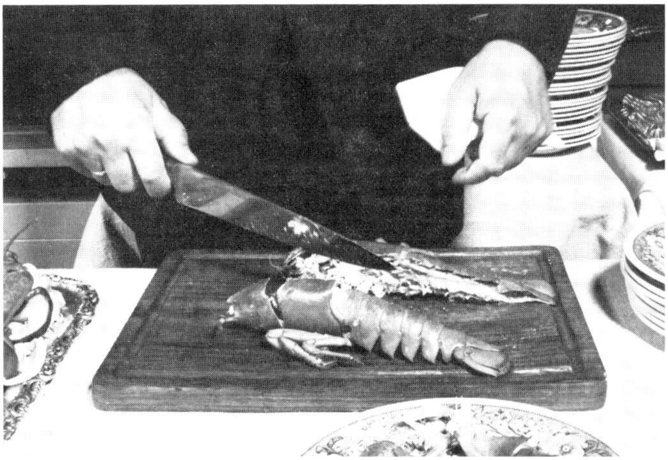

Der nächste Schnitt erfolgt auf die gleiche Weise in entgegengesetzter Richtung. Ab jetzt muß mit der Serviette gearbeitet werden.

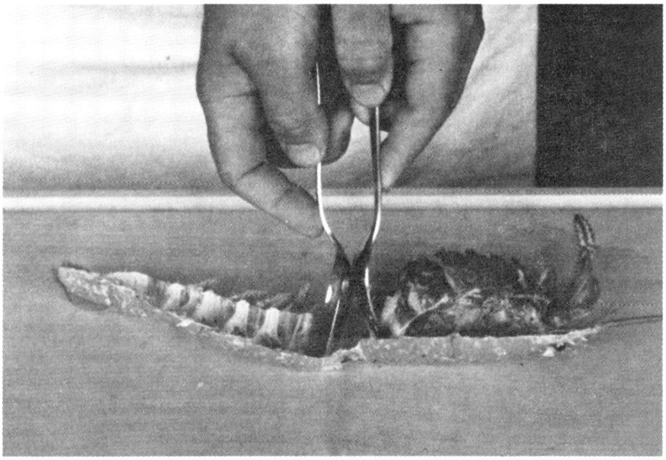

Die beiden Hummerhälften werden auseinandergeklappt.

Mit Löffel und Gabel wird der Schwanzpanzer abgedrückt.

Den Mageninhalt sauber zu entfernen ist sehr schwierig und erfordert etwas Übung, weil einmal das Hummermark – das Corail – das in rohem Zustand schwarz bis stahlblau und beim gekochten Hummer rot aussieht, nicht beschädigt werden darf. Ebenso darf auch die Hummerbutter, die unterhalb des vorderen Panzers als eine dünne Schicht zwischen dem Panzer und den Kiemenlamellen der Tiere liegt, nicht beschädigt werden. Gerade wegen der Hummerbutter und dem Hummermark wird der vordere Teil ja mit vorgelegt. Der Gast schabt mit der flachen Seite der Hummergabel die Butter vom Panzer ab.
Der nächste Arbeitsgang ist das Entfernen des Schwanzpanzers. Das geschieht, indem wir den Panzer mit den Zinken der Gabel festhalten und mit dem Vorlegelöffel oder mit dem Fischmesser einmal von beiden Seiten zwischen Schwanzpanzer und Schwanzfleisch entlangfahren, um das Ganze etwas zu lockern. Dann stechen wir leicht mit der Gabel von unten her in das Schwanzende des Fleischteiles ein und halten mit dem Löffel am Panzer des Schwanzendes fest, heben mit der Gabel leicht an und ziehen den Schwanz bis zum Rückenpanzeransatz vor. So angekommen, muß man mit etwas Gefühl weiterarbeiten, um das Schwanzfleisch nicht vom vorderen Panzerteil abzureißen. Man läßt dabei die Gabel in der leicht angehobenen Stellung und setzt die Löffelspitze genau zwischen den letzten Ring

des Schwanzpanzers und den Ansatz des Schildes vom Rückenpanzer. Nun kann die Gabel herausgenommen werden, was so geschieht, daß der Schwanz jetzt schon seitlich des Schwanzpanzers nach innen zu liegen kommt. Mit dem Löffel üben wir jetzt einen festen Druck auf das Tranchierbrett aus und ziehen den Schwanzpanzer mit der Gabel nach hinten ab.

Nun muß der Darm entfernt werden. Bei ganz fangfrischen Tieren ist er schwarz, prall gefüllt und gut sichtbar. Dann ist es leicht, den Darm sauber zu entfernen. Bei Tieren, die schon etwas länger in Gefangenschaft lebten, ist der Darm leer, also fast so weiß wie das Schwanzfleisch, dazu noch eingeschrumpft, dünn und leicht zerreißbar. Auf jeden Fall ist der Darm aber immer da. Ein noch unerfahrener Kollege läßt sich schon manchmal verleiten, einfach weiter zu arbeiten, weil er vom Darm nichts sieht. Wir müssen dann eben suchen. Nicht immer ist der Schwanz so gespalten, daß der Darm auf einer Seite liegt. Es kommt vor, daß einige Darmteile in der einen und einige Stücke in der anderen Schwanzhälfte zu finden sind. Den äußeren Rand des Schwanzfleisches kann man von oben her, beim Panzeransatz angefangen, bis hinunter zum Schwanzende hin mit dem Löffel leicht nach außen abdrücken und dabei mit einer Zinke der Fischgabel nach dem Darm suchen. Beim vollen Darm ist es meistens möglich, ihn mit einem einzigen Griff ganz herauszuziehen. Holt man ihn stückweise, so muß man sich die Stücke zusammendenken und darf erst diesen Teil der Arbeit als beendet betrachten, wenn man alle Stücke hat, um, wenn es sein müßte, den Darm wieder zusammensetzen zu können. Es ist auf jeden Fall immer besser, erst dann den Darm zu entfernen, wenn die Panzerschale vom Schwanz entfernt ist. Man kann so den angeschnittenen Darmkanal besser abdrücken als im Panzer liegend.

Somit wäre ein Teil des Hummers servierfertig. Man legt ihn auf einem großen, gekühlten, flachen Teller vor. Wie schon zuvor erwähnt, wird der ausgelöste Schwanz am Körper verbleibend vorgelegt. Einmal dreht der Gast die Beine ab, zerbeißt sie, um sie dann auszulutschen. Dann schabt er die Hummerbutter unter der Schale des Vorderpanzers mit dem gewölbten Ende der Hummergabel aus und schließlich befindet sich auch das Hummermark im vorderen Teil. Wir legen so vor, daß die Oberseite des Hummers nach links weist, also die innere Krümmung zum Gast hin zeigt. Links oben liegt dann eine halbe kandelierte Zitrone. Geschlagene Butter, Mayonnaise und Toast setzen wir ein. Mit der zweiten Hälfte wird genauso verfahren.

Während der Gast den Hauptteil des Hummers schon verspeist, brechen wir die Scheren auf. Allerdings: bei besonders kleinen Tieren servieren wir die Scheren gleich mit, weil hier der Gast bei so wenigen Bissen früher mit dem Verzehr des Hauptservices fertig sein würde als wir in der Lage wären, die Scheren für den Nachservice fertig zu haben. In diesem Falle würden wir die Scheren so mit dem Armfleisch sauber in die innere Krümmung des Hummers legen, daß die Scherenspitzen zum Gast zeigen.

Das Ausbrechen der Scheren und Arme kann auf zwei verschiedene Arten erfolgen. Einmal stellt man die Schere mit dem angewinkelten Arm hoch und schlägt sie mit dem Tranchiermesser an. Diese Methode ist aber nicht zu empfehlen, obwohl sie nicht falsch ist. Man sollte im Restaurant stets so arbeiten, daß der Gast nie eine Kraftanstrengung sieht. Beim Schlagen aber holt man ja aus, um mehr Kraft zu haben. Der Hauptgrund jedoch ist die Gefahr des Spritzens. Es besteht bei dieser Methode auch eine größere Unfallgefahr. Sicher werden Stimmen laut, die sagen, daß man mit der nachstehend geschilderten Arbeitsweise keine großen, schweren Hummerscheren knacken kann. Das ist richtig, aber es wurde schon vorher erwähnt, daß man diese dann zum Anschlagen in die Küche schickt.

Bei der zweiten Methode nehmen wir den Arm mit der daran befindlichen Schere in eine Serviette. Das Ganze halten wir so locker, daß wir die Glieder und die Gelenke leicht in der Serviette bewegen und die drei Armteile fühlen können. Mit kurzem, leichtem Ruck drehen wir den Arm und die Scheren an den Gelenken ab. Nun haben wir drei Teile vor uns liegen. Die Schere selbst, den kurzen dicken Mittelarm und den dünneren langen Oberarm.

Die Hummerscheren werden vor dem Ausbrechen ausgepumpt, um späteres Spritzen zu vermeiden.

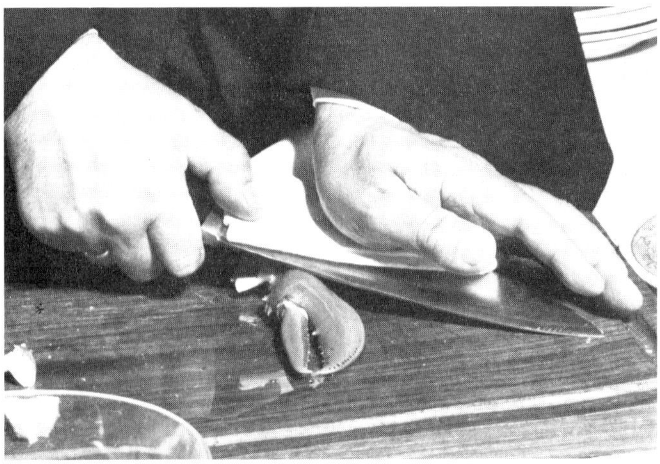

Um die Hummerscheren zu knacken, drückt man mit dem leicht verkanteten Messerrücken auf die Schere.

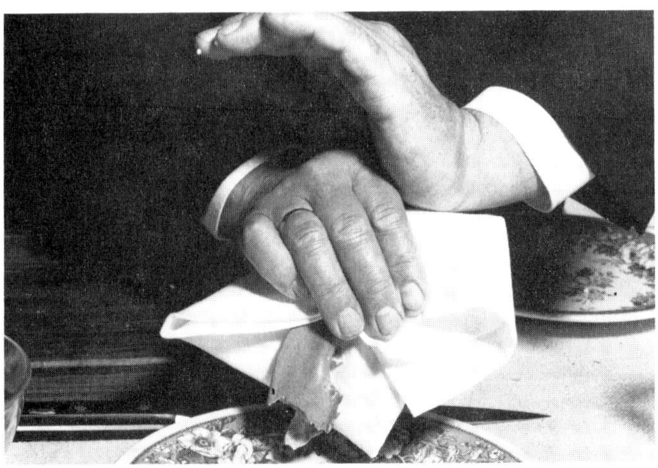

Nachdem die Schere angebrochen wurde, kann sie mit einem Schlag auf den Handrücken aus der Schale gleich auf den Teller gegeben werden.

Die Schere besteht aus dem großen und dem kleinen beweglichen Teil. Wir nehmen die Schere mit der Serviette und pumpen die Flüssigkeit heraus, indem wir die große Schere festhalten und die Scherenspitze hin und her bewegen. Wir müssen so lange pumpen, bis keine Flüssigkeit mehr herauskommt, um so ein Spritzen bei der weiteren Arbeit zu vermeiden.
Soll von dem Hummer ein Cocktail am Tisch zubereitet werden, so wird der ausgepumpte Saft keineswegs zu den Abfallschalen gegeben, sondern in einer Glasschüssel aufgefangen, zum Teil für die Marinade mit Zitronensaft vermischt und zum Teil unter die Cocktailsoße gezogen.
Beim Pumpen können wir jetzt gleich den kleinen Scherenteil auf zwei verschiedene Weisen lockern. Erstens: indem wir so abdrehen, daß der Knorpel, der in Form einer flachen Spelze im großen Handteller der Schere liegt, gleich mit herausgezogen werden kann. Dann bleibt aber das dünne Fleisch der kleinen Scherenspitze darin haften und muß später extra mit der Hummergabel herausgezogen werden. Diese Methode ist zu empfehlen bei kleineren Tieren oder auch, wenn man pro Gast einen halben Hummer vorlegt. Will man aber die Scheren nach dem Ausbrechen schön sauber der Länge nach spalten, um sie dann als Dekorstücke für Hummercocktail oder Hummersalat zu verwenden, dann zieht man die bewegliche Scherenspitze so ab, daß die Spelze in der Schere und das Fleisch der dünnen Schere am ganzen Stück haften bleibt. Nach dem Spalten kann man dann ganz leicht die Spelze herausheben. Besonders wichtig ist es so zu arbeiten, wenn man aus einem größeren Hummer einmal Cocktail für 4 Personen zubereiten soll. Dazu braucht man ja unbedingt 4 schöne Dekorstücke.
Jetzt legen wir die ausgepumpten Scheren mit der Oberseite nach unten auf das Tranchierbrett und setzen den Messerrücken des großen Messers leicht verkantet so an, daß die Messerspitze fest auf dem Brett aufliegt und das Ende der Schere so eingeklemmt ist, daß es nicht wegrutschen kann. Alles wird nun noch abgesichert durch Überdecken mit der Serviette mit der linken Hand, mit der man gleichzeitig gefühlvoll mit steigender Kraft die Seite des Messerrückens auf die Schere drückt, bis es leicht hörbar ein knackendes Geräusch gibt. Die rechte Hand muß dabei so den Messergriff führen, daß das Messer nicht verkantet, die Messerspitze immer auf dem Brett bleibt und der Messerrücken einen Keil bildet, der die Schere fest einklemmt. Dann nimmt man die Fischgabel und entfernt damit einen Teil des angeknickten Scherengehäuses. Durch leichtes Klopfen rings herum wird die Spitze des Scherenfleisches vom Panzer gelöst. Dann halten wir die Schere mit der Serviette in der rechten Hand über einen Teller und klopfen mit der linken Hand kurz ruckartig, aber nicht hörbar, auf den rechten Handrücken. Dadurch fällt das Scherenfleisch heraus.
Die Arme werden auf das Brett gelegt und mit der Messerschneide abgetastet, ob sie beim Druck nicht verkanten und wegspringen könnten. Erst wenn man die richtige Lage gefunden hat, setzt man das Messer fest an, gibt sicherheitshalber noch mit der linken Hand die Serviette darüber und drückt die Armteile mit kurzem, scharfem Schnitt genau in der Mitte durch. Das Armfleisch kann danach leicht mit der Fisch- oder Hummergabel ausgelöst und mit den Scheren zusammen serviert werden.

Hummercocktail, am Tisch zubereitet

Heute werden nur noch selten frische Hummer zu einem Cocktail verarbeitet. Meistens ist der Hummer Tiefkühlprodukt oder Konserve. Da der Preis ohnehin sehr hoch ist, entfällt bei Tiefkühl- und Konservenware wenigstens der hohe Risikofaktor. Außerdem kann der Gast wegen der Cocktailsoße nicht mehr herausschmecken, ob es frischer, gefrorener oder Dosenhummer war. Ganz anders ist es dagegen, wenn wir diese köstliche Vorspeise am Tisch zubereiten. Hier hat der Gast seine Show. Hier sieht der Gast die Qualität des Rohmaterials, seinen frischen Hummer.

Ein am Tisch zubereiteter Hummercocktail.

Cocktailsoßen

Cocktailsoßen sollten immer kühl serviert werden. Bereitet man sie am Tisch zu, so muß die Schüssel, in der die Soße zubereitet wird, in eine zweite Schüssel mit gestoßenem Eis gestellt werden.

1. Hummercocktail (6 Personen)
1 g Salz, 1 dl Mayonnaise (oder Joghurt), 1 Eßl. geriebener Meerrettich, 4 Eßl. Ketchup, 1 Eßl. Chilisoße, 2 Eßl. trockener Sherry, 1 Eßl. Cognac, 1 Eßl. Orangensaft, 1 Prise Dijonsenf, 1 Prise süßer Paprika, ½ Teelöffel gehackter Kerbel, ½ Teelöffel gehackte Kräuter (Dill, Petersilie), 1 ganz kleine Prise Cayennepfeffer, 2 Zitronen.

2. Krebsschwanzcocktail (6 Personen)
1 g Salz, 1 dl dicke Mayonnaise oder besser Magerjoghurt, 2 Eßl. Schlagsahne, 1 Teelöffel Meerrettich, 3 Spritzer Worchestersoße, 2 Eßl. Whisky, 1 Eßl. Cognac, 4 Eßl. Tomatenketchup, 1 Teelöffel Zitronensaft, 1 Teelöffel Chilisoße, Pfeffermühle, 1 g frische Dillspitzen und 2 Zitronenspalten.

3. Austerncocktail (6 Personen)
2 dl Ketchup, 2 dl Chilisoße, 2 dl trockener Sherry, 2 Eßl. Zitronensaft, 2 Eßl. fein gehackte Oliven, 6 Tropfen (Spritzer) Worchestersoße, 2 Spritzer Tabasco, 1 g Salz, 1 Prise Cayennepfeffer.

Languste
Die Arbeitstechnik ist gleich wie beim Hummer, nur daß hier eben keine Scheren ausgebrochen und serviert werden müssen, weil die Languste ja im Gegensatz zum Hummer keine Scheren hat oder besser gesagt, für uns keine erkennbaren Scheren besitzt. Sie hat an den zwei vorderen Füßen ganz kleine Greifscheren, die man eigentlich nur wahrnimmt, wenn man es weiß. Der Gast lutscht diese Scheren genau wie die Beine des Tieres aus. Mit der gewölbten Seite der Hummergabel schabt er das Mark, das im Vorderpanzer unter den Lamellen sitzt, heraus. Aus diesem Grunde deckt man auch bei einer Languste, wie beim Hummer, Fischbesteck und Hummergabel ein.

Königskrabbe
Diese kommt eigentlich selten zum Tranchieren ins Restaurant. Das Beinfleisch ist sehr schmackhaft, hat aber in der Mitte die breiten Spelzen. Es wird gerne zu Cocktails verarbeitet und meistens in Blöcken gefroren oder in Dosen geliefert.
Die Technik des Zerlegens soll aber hier nicht nur der Vollständigkeit halber erwähnt werden. Sehr häufig bilden diese hartschaligen Kurzschwanzkrebse mit einer Spannweite bis zu 150 cm den Mittelpunkt eines kalten Büfetts. Wenn sie von der Küche servierfertig hergerichtet werden, sind die Beine von unten mit einer starken Schere aufgeschnitten, das Beinfleisch herausgenommen, die Spelzen an den Gelenken gezogen, mit Fischaspik überglänzt und dann oben auf die Beine in der Form aufgesetzt, wie sie ursprünglich im Inneren sitzen. Sehr oft verlangen dann die Gäste noch etwas vom Körper des Tieres. Dieser besteht aber nur aus Kiemen, Lamellen und Magen sowie den Organen, die wegen der Haltbarkeit vor dem Transport zu uns herausgenommen wurden. Es befindet sich sonst nichts im verhältnismäßig großen Körper des Tieres, was eßbar wäre. Im Gegensatz zum Hummer sind hier aber die Mittelarme lang und die unteren Fangarme nochmals unterteilt, die Fangscheren nur schwach entwickelt. Die vorderen Greifarme sind fünfteilig und haben etwas ausgeprägtere Scheren, wovon die linke immer stärker entwickelt ist. Der Oberarm ist kurz, besonders dick und geht weit unter den Panzer hinunter. Man sollte nicht annehmen, daß hier nicht mehr viel Fleisch drinnen ist und daher das von oben nur klein aussehende Armstück am Körper belassen. Es befindet sich hierin ein fast daumengroßes schieres Fleischstück.
Die zuvor beschriebene Anrichteweise wird nicht immer praktiziert. Obwohl sie vom Service her vorteilhaft ist, sprechen auch Gründe dagegen. So ist einmal das Herrichten sehr zeitaufwendig und arbeitsintensiv. Außerdem ist das Fleisch nicht so saftig, wenn es schon länger vorher aufdressiert ist, und stattdessen erst unmittelbar vor dem Servieren ausgebrochen wird. Ein weiterer Grund aber ist, daß man dieses optisch sehr eindrucksvolle Schaustück auf dem Büfett so präsentieren möchte, wie es wirklich aussieht. In diesem Falle muß ein Restaurantfachmann hinter dem Büfett stehen und dem Gast das Fleisch ausbrechen.
Wir halten dabei den Panzer mit der Serviette in der linken Hand, fassen ebenfalls mit der Serviette die Fangarme mit der rechten Hand ganz oben am Körper an. Dabei halten wir mit der linken Hand etwas dagegen, um zu verhindern, daß beim Abdrehen eine Lamelle mit herausgezogen wird. Das ist in der Küche nicht schlimm, wirkt aber vor dem Gast unappetitlich. Die Fangarme lassen sich leicht abdrehen. Danach drehen wir den Arm, genau wie beim Hummer, an den Gelenken auseinander, wobei man mit etwas Geschick das ganze Fleisch aus dem dritten Armglied von unten mitsamt der Spelze herausziehen kann. Das dicke Armteil muß man wie beim Hummerarm spalten und das Fleisch mit der Gabel herausholen. Die unteren Armteile sind von der Unterseite ziemlich weich und lassen sich leicht schneiden. Wir stellen dabei den Arm so hin, daß die untere Zange mit der Beinspitze einen Winkel bildet und das Bein mit der Innenseite zu uns gekehrt ist. Dabei halten wir mit der Serviette ganz oben an der Beinoberseite fest und schneiden jetzt mit der sehr scharfen Messerspitze, nur die Schalenkante erfassend, in einer leichten glatten Schnittführung von oben nach unten bis zur Zangenspitze hin das ganze Armpanzerteil durch. Mit der Serviette drücken wir etwas

auseinander und nehmen so die Spannung, um dann mit der Gabel an die Spelze zu fassen und das Fleisch herausziehen zu können. Es läßt sich jetzt auch ohne Mühe die Spelze herausziehen, und wir können dem Gast ein schönes schieres Stück Beinfleisch vorlegen. Die Scheren der Greifarme lassen sich ähnlich wie die Hummerscheren auslösen, nur klappt hier das Herausklopfen über den Handrücken nicht. Man muß da schon mit der Hummergabel etwas nachhelfen. Die Zangenspitzen der Fangarme muß man ebenfalls mit der Hummergabel herausziehen.
Wie gesagt ist das Herrichten sehr arbeitsintensiv. Wenn es im Service gemacht werden soll, beansprucht es eine Arbeitskraft, die mit Sicherheit weiter nichts machen kann als eine Königskrabbe zu servieren.

Riesengarnelen
King Prawns – fälschlicherweise auch oft Hummerkrabben genannt – kommen meistens nur als Schwänze, in Blöcken gefroren, in den Handel. Aber auch hier ist es wie bei der Königskrabbe. Man verwendet sie gerne im Ganzen zu dekorativen Zwecken bei kalten Büfetts. Die Riesengarnelen oder Geiselgarnelen sind bedeutend billiger als Hummer, werden beim Abkochen wunderbar leuchtend rot und bilden so als ganze Tiere einen wirkungsvollen Blickfang für ein kaltes Büfett. Auch hier müßte dann, wie bei der Königskrabbe, ein Restaurantfachmann hinter dem Büfett stehen, um die Tiere mundgerecht herzurichten.
Es gibt Riesengarnelen als Weichpanzergarnelen und als Hartpanzergarnelen. Daher unterscheiden wir zwei Arbeitstechniken vor dem Gast:
Bei beiden Tieren wird das Schwanzteil vom vorderen Panzerteil so abgedreht, daß man mit der linken Hand den Vorderpanzer und mit der rechten Hand in einer Serviette den Schwanz hält. Zwischen Panzer und Schwanz drückt man mit Daumen und Zeigefinger soweit zusammen, daß keine Eingeweide mit herausgezogen werden können, während man mit der rechten Hand den Schwanz abdreht.
Bei den Weichpanzergarnelen legen wir den Schwanz auf das Brett, halten mit der Gabel durch Aufdrücken fest und spalten den Schwanz in der Mitte der Länge nach durch, indem wir unter dem Gabelrücken entlang das Messer führen. Die Schalen lassen sich leicht abnehmen. Dann drücken wir mit dem Löffel den Rand, wo der Darmkanal liegt, nach außen ab und entfernen den Darm. Der ganze Vorderteil wandert sofort nach dem Abdrehen zu den Abfällen, denn es befindet sich nichts Eßbares mehr daran.
Bei den Hartpanzergarnelen ist der erste Arbeitsgang, das Abdrehen, genau gleich. Dann legen wir den Schwanz auf das Brett, halten mit der Gabel oder auch mit der Hand und einer Serviette fest und schneiden mit einem sehr scharfen Messer nur mit der Spitze die Unterseite des Schwanzpanzers links und rechts vom Ansatz zur Schwanzspitze hin entlang, wobei ein gutes Anritzen genügt. Wir müssen die Unterseite des Schwanzpanzers nicht unbedingt ganz durchschneiden. Dann kann man mit der Gabel oder mit der Serviette den Schwanzunterpanzer anfassen und nach hinten einfach abziehen. Mit der Gabel läßt sich nun leicht der Schwanz herausnehmen. Entweder müssen wir jetzt den Schwanz der Länge nach spalten, wie zuvor beschrieben, oder ihn bis zum Darmkanal hin anschneiden, um vor dem Servieren den Darm zu entfernen.
Damit wären die wichtigsten Speisefische, die als Edelfische ins Restaurant zum Zerlegen kommen, und die Bearbeitung von Krustentieren ausführlich beschrieben. Bevor wir zum nächsten Thema übergehen, sollen nachfolgend noch einmal die korrespondierenden Getränke zu Fischgerichten zusammengefaßt werden.

Getränke zu Fischgerichten und zu Krustentieren
Zu Krustentieren passen Elsässer Riesling, Chablis, Pouilly-Fuissé, Franken-Rieslaner, kräftiger Rheingauer Riesling, Muscadet und trockener Mosel- oder Saarwein.
Zum warmen Lachs, gleich ob gegrillt, pochiert oder gebraten, paßt am besten ein guter

Weißherbst, obwohl die meisten Gäste bevorzugt Weißwein verlangen. Ein guter Restaurantfachmann sollte hier einmal die richtige Empfehlung wagen.
Zum gebackenen oder gebratenen Fisch passen am besten kräftige Rieslingweine aus dem Rheingau, vom Mittelrhein, von der Mosel oder aus Franken.
Getränke zu Forelle blau, Schleie blau, Zander pochiert, Hecht in Petersiliensoße und Lachsforelle (also alles Fische mit einer leichten Soße, mit zerlassener Butter oder mit holländischer Soße):
Hier schmecken leichte, fruchtige Rieslingweine am besten. Sie dürfen aber nicht lieblich sein. Auch passen ein kräftiger Silvaner, besonders aus Franken, und auch ein Gutedel dazu. Selbstverständlich liegt man auch mit einem Chablis oder Mâcon-Viré niemals falsch. Zu allen Mittelmeerfischen, die mit reichlich Knoblauch verarbeitet wurden, passen Burgunder Weine, unser Trollinger, Schwarzriesling oder Spätburgunder. Auch ein Weißherbst oder Rosé ist keine falsche Empfehlung. Wenn der Gast aber Weißwein wünscht, dann keine Spätlese oder Weine mit feinem Bukett, weil dieses durch den Knoblauch ohnehin nicht zur Geltung kommen kann.
Zum edelsten Meeresfisch, der Seezunge, sollen es immer frische, spritzige, auch getrost etwas jüngere Mosel-, Rheingauer- oder Mittelrhein-Rieslingweine sein. Mitentscheidend ist allerdings die Zubereitungsart des Fischgerichtes. So paßt zu einer Seezunge »Colbert« auch ohne weiteres ein kräftiger Weißburgunder oder ein trockener Mâcon. Zur Seezunge nach »Florentinerart« oder »Walewska« darf es ein etwas kräftiger, fruchtiger Wein sein, z. B. der trockene, rassige Meursault, ein trockener fruchtiger Wein aus Savoyen oder ein Elsässer Riesling.
Zum Steinbutt und Heilbutt ebenfalls fruchtige Rieslingweine vom Rheingau, von der Mosel oder aus der Pfalz. Auch ein Chablis, Mâcon oder ein trockener Sancerre aus dem Loiretal würden hierzu gut munden.

Zu Räucherfischen
Räucherlachs, Räucheraal, geräucherter Belugastör, Räucherfelchen, Bückling und Lachshering:
Oft herrscht hier die irrtümliche Meinung, daß es ein säurehaltiger Wein sein müßte. Säure verträgt sich aber gar nicht so gut mit dem öligen Fischfett der Räucherfische. Hier ist auf jeden Fall ein trockener Silvaner besser am Platze. Auch ein Weißburgunder oder ein trockener Côtes du jura sowie ein Muscadet aus dem Loiretal, ein Chasselas oder aus Baden ein Gutedel korrespondieren zum Räucherfisch.
Niemals jedoch ein Rosé oder Weißherbst, weil besonders Rotwein mit dem öligen Fisch überhaupt nicht korrespondiert. Diese Weine verleihen eher in Verbindung mit dem Räucherfisch dem ganzen Mahl einen leichten metalligen Geschmack.

Fischmarinaden
Essig ist einer der größten Feinde des Weines bei Tisch. Wenn zum Aal sauer oder zum Bismarckhering schon Wein getrunken werden muß, dann wählen wir einen einfachen süffigen Tafelwein mit kleiner Blume. Besser paßt jedoch Bier.

Tranchieren von Fleisch

Schweinefleisch

Obwohl Schweinefleisch als Bankettfleisch früher völlig abgelehnt wurde, kamen doch schon immer einige Stücke zum Tranchieren ins Restaurant. Heute hat sich das Schweinefleisch auch schon für Festessen seinen Platz erobert. Sicherlich in erster Linie vom Preis her, weil ja das Schwein als unentbehrlicher Fleischlieferant den größten Marktanteil unseres Fleisch-, Wurst-, Schinken-, Pasteten- und Fleischerzeugniskonsums deckt und preiswerter zu produzieren ist als Kalb- oder Rindfleisch.
Ein weiterer Grund für die Wertsteigerung des Schweinefleisches mag sein, daß man heute andere Rassen gezüchtet hat, die weniger Fett aufweisen, schnell gemästet werden können und dadurch jung geschlachtet ein zartes Fleisch haben. In raffinierten Zubereitungen wird es auch immer in einem Menü zu festlichen Anlässen unterzubringen sein, wenn man in der Beilagenzusammenstellung einmal nicht die Gemüse wählt, die eigentlich mehr zu Schwein passen, wie z. B. grobe Kohlsorten, Sauerkraut, gelbe Rüben und Hülsenfrüchte. Besonders wichtig ist es auf die Beilagen zu achten, wenn das Bankett aus Anlaß einer Arbeitstagung, eines Symposiums oder eines Kongresses gegeben wird, wo anschließend die Gäste wieder lange sitzen müssen.
Für kleinere Gesellschaften eignen sich zur Demonstration eines optisch eindrucksvollen Services bestimmte Stücke wie Schinken im Bock oder à la voiture, eine knusprig gebratene Jungschweinskeule, eine geschröpfte (vor dem Braten in gleichmäßig große Karos eingeschnittene Schwarte) Jungschweineschulter, eine Schweinskrone und selbstverständlich auch ein Spanferkel.
Außer Spanferkel eignen sich alle vorgenannten Gerichte auch für das à la carte-Service, wenn man eine Voiture (einen Wärmewagen) besitzt und somit in der Lage ist, dem Gast zu jeder Zeit des Service das Gericht heiß zu servieren. Schinken im Brotteig eignet sich für eine kleinere Gesellschaft auf Vorbestellung und ist auch ein beliebtes Gericht für ein kalt-warmes und rustikales Büfett.
Ähnlich wie man ein Entrecôte double für 2 Personen offeriert, finden wir auch im à la carte-Angebot ein ganzes Schweinelendchen für 2 Personen, das dann vor dem Gast tranchiert werden sollte.

Schinken im Bock

Parmaschinken, Ardenner Schinken, Katenschinken, Knochenschinken, Holsteiner oder Westfälischer Schinken wird kaum im Restaurant tranchiert. Man legt ihn aber angeschnitten oder im Bock eingespannt auf einen Schautisch ins Restaurant – besonders während der Spargelsaison, oder wenn man in der heißen Jahreszeit geeiste Melonen als Vorspeise anbietet. Geschnitten wird er dann allerdings hauchdünn in der Küche mit der Aufschnittmaschine. Je dünner ein Rauchschinken geschnitten ist, desto besser und milder schmeckt er. Auch der geübteste Trancheur schneidet mit dem Schinkenmesser keine so dünnen Scheiben, wie es in der Küche mit einer Maschine möglich ist.
Eine Pfeffermühle darf niemals zum rohen Schinken fehlen.
Schneidet man Rohschinken im Restaurant, so ist die Schneidetechnik die gleiche wie nachstehend beim Saftschinken geschildert, nur daß man warmen Schinken in ca. 4 mm starke Tranchen schneidet und auf Wunsch der Gäste meistens die Schwarte dran läßt, während beim Rohschinken immer vor jedem Anschnitt die Schwarte um 1 bis 1,5 cm entfernt werden muß. Das Haxenstück ist beim rohen Schinken meistens schon vor dem Einpökeln entfernt (außer beim italienischen Schinken).

Warmer Schinken ist meistens nicht gepökelt, sondern gespritzt. Am häufigsten wendet man die Adernspritzung an. Hier ist es notwendig, daß das Filet nicht normal ausgelöst wird, sondern so abgeschnitten, daß der Filetkopf am Schinken bleibt. Unterhalb des Filetkopfes befindet sich die Hauptader, in der sämtliche Nebenadern zusammenlaufen, die sich in der Keule befinden. Diese Hauptader ist so dick und fest, daß man sie bequem über die stricknadeldicke Kanüle der Pökelspritze stülpen kann, um dann die Pökellake einzuspritzen. Fast jeder Küchenchef oder Metzgermeister hat für die Herstellung der Lake seine eigene Rezeptur. Der Zusatz von etwas Zucker zum Pökelsalz ergibt eine schönere Rotfärbung des Schinkes. Das führt aber oft zu einem zu süßen Geschmack, den wir manchmal bei argentinischen und amerikanischen Schinken vorfinden.
Es gibt Rezepturen, bei denen man Honig oder Sahne und auch beides zusammen einspritzt. Bevorzugen sollte man eine einfache, milde Salzlake, in der ein Lorbeerblatt, 2 Gewürznelken, einige Pfefferkörner, Piment und ein wenig Kümmel mitgekocht werden. Wichtig ist beim Schinken, daß er nie kocht. Wenn man ihn in das vorher kochende Wasser gibt, sollte man immer ein Thermometer einsetzen und darauf achten, daß die Temperatur auf ca. 80°C abfällt und nicht mehr darüber ansteigt, bis der Schinken fertig ist. Man kann ihn auch ankochen und im Rohr mit starker Oberhitze garen. Besonders, wenn man die Schwarte mitservieren möchte, schröpft man diese und läßt sie knusprig werden. Hierzu gehört aber viel Erfahrung. Man muß stets dafür sorgen, daß im Backrohr auch genügend Luftfeuchtigkeit vorhanden ist; sonst wird der Schinken porös, sieht beim Anschneiden unappetitlich aus und schmeckt trocken.
Die Kochzeit läßt sich schwer angeben und richtet sich in erster Linie nach dem Gewicht des Schinkes. Es sollten Schinken von ca. 10 Pfund bevorzugt werden. Man rechnet pro Pfund etwa 25 Min. Kochzeit. Bei kleineren Schinken entsprechend weniger, etwa 20 Min., und bei schwereren über 5 kg rechnet man 30 Min. Kochzeit pro Pfund.
Der Schinken wird, bevor er ins Restaurant kommt, vom Schloßknochen befreit und oben rund zugeschnitten. Entweder kommt er auf einen extra dafür konstruierten Ständer, den sogenannten Schinkenbock, oder auf das Brett der Voiture, wo dann aber am Haxenknochen ein Schinkenhalter oder Knochenhalter angebracht wird. Im Notfall kann man sich auch behelfen, indem man am Haxenende eine Alufolie umwickelt und darüber eine Serviette legt, um den Schinken hochgestellt mit der linken Hand festhalten zu können, während man rechts tranchiert.
Zuerst schneidet man das Haxenstück bis auf den Knochen herunter. In diesem Einschnitt führt man die folgenden Schnitte bis an den Knochen heran und löst die Tranchen, indem man die quer zum Knochen geschnittenen Tranchen mit einem Längsschnitt zum Knochen hin löst. Das vorher entfernte Haxenendstück hält man bereit für Liebhaber. Gäste, die gerne Eisbein essen, nehmen meist auch ein Stück mit Fett und Schwarte von der Haxe. Es empfiehlt sich, den Schinken zu drehen und abwechselnd Scheiben von der Nuß und von der Oberschale zu schneiden.
Wird der Schinken im Bock geschnitten, so fängt man nicht an der Haxe, sondern am entgegengesetzten Ende an. Er steht mit der dicken Seite nach oben im Bock. Man führt zuerst einen senkrechten Schnitt bis zum Röhrenknochen hinunter und löst auch hier die Scheiben durch einen Schnitt längs des Knochens zur Haxe hin. Dabei muß man immer darauf achten, die Schnittführung so zu halten, daß Längs- und Querschnitt im rechten Winkel zueinander stehen. Ist die Nußseite aufgeschnitten, so wird der Schinken umgedreht, der Röhrenknochen gelockert und die Seite der Oberschale senkrecht zum Mittelknochen hin geschnitten.
Da man ja beim gekochten Schinken keine eigene Jus hat, wird eine Soße hergestellt, die von der Demiglace abgeleitet ist und speziell zum Schinken paßt. Am häufigsten reicht man Madeirasoße, Burgundersoße, Marsala- oder Trüffelsoße dazu. Sehr gut paßt aber auch eine Apfelmeerrettichsahne oder einfacher frisch geriebener Meerrettich dazu. Die Beilagen sollten sehr heiß serviert werden; und besser als Salat ist immer Gemüse, z.B. Rosenkohl,

Broccoli, Schwarzwurzel, Blumenkohl oder Leipziger Allerlei sowie jede Kartoffelzubereitung, die besonders heiß serviert werden kann und dazu noch zur Soße paßt, z. B. Herzoginkartoffeln, Brandteigkartoffeln, Macairekartoffeln oder Croquetten. Wie erwähnt, sollte der Schinken niemals kochen. Er ist daher in der Mitte auch nie ganz kochend heiß. Aus diesem Grunde müssen wir heiße Beilagen reichen, auf ganz heißen Tellern vorlegen. Und wenn wir warme Soßen servieren, diese ausnahmsweise ganz leicht über die Schinkentranche geben.

Jungschweinskeule

Die Keule wird vor dem Braten vom Schloßknochen befreit, die Schwarte schachbrettartig eingeritzt, gewürzt und ca. 2 bis 3 Stunden gebraten.

Es eignen sich die gleichen Beilagen, die zum warmen Schinken passen. Jedoch ziehen wir hier eine eigene Soße, die ganz klar sein soll. Tranchiert wird die Keule wie der Schinken à la voiture – also vom Brett, so wie vorher beschrieben ist, an der Haxe angefangen.

Der Unterschied liegt darin, daß wir die Soße niemals über das Fleisch geben. Die Schnittfläche des Fleisches soll hell und sauber sichtbar bleiben. Die knusprige Schwarte wird hier immer mitserviert.

Schweinelendchen

Kleinere Filets ohne den Filetkopf, sauber enthäutet (pariert), ergeben eine sehr reichliche Portion für 2 Personen. Das Fleisch kann auf dem Rost, auf dem Grill oder im Rohr zubereitet werden. Es kommt entweder mit Gemüsen garniert oder angerichtet mit Crèmechampignons, Morchelsoße, Sahnepfifferlingen, Paprikarahmsoße, Pfeffersoße mit Cognac und hausgemachten Nudeln oder Spätzle als Beilage zum Gast. Grundsätzlich sollen diese Soßen nur extra gegeben werden. Ein Stück Fleisch, das tranchiert werden soll, darf nicht aus der Soße geholt werden.

Wir präsentieren wie üblich, legen das Filet mit der Filetspitze nach rechts auf das Tranchierbrett und schneiden von der Spitze zum Kopf hin. Anfangs stark schräg, zum dicken Ende hin etwas senkrechter auslaufende ca. 8 mm starke Tranchen. Die Gabel halten wir dabei flach mit dem Gabelrücken auf dem Schneidegut und führen die Messerklinge unter dem Gabelrücken. Wir können dann direkt vom Brett aus vorlegen und den Nachservice auf die Platte zum Warmhalten geben. Man kann auch die Messerklinge des Tranchiermessers vom Kopf zur Filetspitze hin unter das Filet schieben, mit der Gabel leicht gegendrücken, um die Tranchen festzuhalten, und so das fertig tranchierte Stück auf die Platte zurücksetzen. Dann wird von der Platte aus vorgelegt.

Beim Vorlegen soll die Schnittfläche unbedeckt bleiben, die Soße darf also nicht über das Fleisch gegeben werden.

Schweineschulter

Ein an und für sich einfaches Essen kann in vollendeter Zubereitung, als Herrenessen gedacht, durch das Tranchieren am Tisch des Gastes in einen festlichen Rahmen gehoben werden. Was aufgeschnitten eben nur ein Schweinebraten ist, wird, als Stück präsentiert und gekonnt serviert, ein optisch und kulinarisch eindrucksvolles Hauptgericht, das dem bestimmten Anlaß des Essens voll entspricht, ohne hohen finanziellen Einsatz des Gastgebers.

Die passenden Beilagen hierfür sind Klöße in jeder Variation und fast alle Kohlsorten, auch feinere wie Broccoli, Rosenkohl, Champagner- und Wirsingkraut. Wenn man Kartoffelbeilagen wählt, wie Herzoginkartoffeln, Kartoffelpürée oder Schloßkartoffeln, dann paßt am besten ein Leipziger Allerlei dazu.

Wir erhalten die Schulter auf einem Brett angerichtet aus der Küche. Das optisch Wirkungsvolle an diesem Gericht ist die fein karoförmig eingeschnittene knusprige Schwarte, die mitserviert wird.

In der Küche wird die Schulter folgendermaßen vorbereitet: Man würzt zuerst nur die Fleisch- und Knochenseite. Der Schulterblattknochen wurde vorher vollkommen ausgelöst und der Röhrenknochen ganz vom Fleisch abgelöst, aber am Unterschenkelknochen gelassen. Nach dem Würzen wird der Blattknochen wieder hineingedrückt, damit die natürliche Spannung bleibt und die Schulter im fertigen Zustand ihre natürliche Form behält. Diese Vorbereitung ist wichtig, und der Trancheur muß darüber Bescheid wissen, denn er führt ja nur einen senkrechten Schnitt und kann jede Tranche einfach nur abheben, weil ja der Knochen vor dem Braten gelockert wurde. In eine Braisiére gibt man ca. 1 cm hoch Wasser und legt die Schulter mit der Schwarte nach unten ein. Während die Oberhitze schon die Fleischseite gart, wird die Schwarte von unten weich gedünstet. Nach ½ Std. ist die Schwarte weich und die Schulter wird herausgenommen, geschröpft und gewürzt. Dann gibt man die Schulter mit der Fleischseite nach unten in die Braisiére und brät unter öfterem Übergießen fertig. Kurz bevor das Fleisch fertiggebraten ist, kann man auch einige Male mit dunklem Bier übergießen, was der Schwarte eine besonders schöne Farbe und Kruste verleiht. Während man dann die Schulter bei schwacher Hitze im Ofen auf ein Blech setzt, damit sich das Fleisch entspannt, zieht man aus dem Bratensaft eine eigene Soße, die durchsichtig und klar sein soll.
Wir präsentieren dem Gast die Schulter. Mit der Fleischgabel nehmen wir dann den lose liegenden Blattknochen heraus und schneiden mit dem Messer mit breiter Klinge senkrecht ca. ½ cm dicke Tranchen, die wir immer direkt vorlegen, d. h. nach jedem Schnitt gleich von der Messerklinge herunter.

Spanferkel

Eigentlich ist es gar nicht so schwer, ein Spanferkel richtig zu zerlegen. Trotzdem findet man immer wieder in Fachbüchern unterschiedliche Versionen, die soweit reichen, daß sogar die Rede von einer Schere ist, mit der wir tranchieren. Eine Schere aber, außer der Traubenschere, hat im Restaurant überhaupt nichts verloren. Wir tranchieren nichts mit der Schere. Eine andere Tranchiertechnik besteht darauf, zuerst den Kopf zu entfernen, weil angeblich dem Gast beim Anblick dessen der Appetit vergehen könnte.
Wie bei allen Arbeiten soll nachfolgend eine Version dargestellt werden, die im Laufe langjähriger praktischer Berufserfahrung angenommen und mit vielen Kollegen als fachlich einwandfrei abgestimmt worden ist. Die Arbeitstechniken werden auch jeweils begründet.

Die zehn Gebote des Tranchierens eines Spanferkels

1. Das Spanferkelessen war immer, ist und bleibt eine Liebhaberei, bei der zumindest der Gastgeber davon ausgeht, daß es sich bei seinem Gästekreis um Kenner handelt. Genauso wie ein Fischkenner nicht vor dem Anblick des Kopfes erschrecken wird, ja der richtige Karpfenesser z. B. das Karpfenhirn auslutschen möchte, so will der Kenner unter den Spanferkelessern auch den Kopf haben. Er weiß den Rüssel, die Bäckchen und die knusprig gebratenen Ohren mit samt dem weichen Knorpel zu schätzen und hofft im stillen, auch vom Hirn oder der Zunge etwas abzubekommen.
2. Alles, was bei der Zubereitung mit viel Liebe und Sorgfalt umgeben wird, um es beim Servieren als besonderes Schaustück zu präsentieren, soll auch beim Tranchieren entsprechend gebührend behandelt werden. Dazu gehört das kleine Ringelschwänzchen, der Teller (Rüssel) und die Ohren. Wozu wird es mit Holzstäbchen, früher Spänen, (daher der Name Spanferkel) abgestützt und mit Alufolie umwickelt, wenn es nachher im Service zu allererst gleich abgeschnitten und vom eigentlichen Schaustück entfernt werden sollte?
3. Die dünnen Fleischteile kühlen am schnellsten aus und müssen deshalb immer zuerst serviert werden.
4. Die Qualität der vorgelegten Fleischstücke soll annähernd gleich sein.
5. Nur ganz heiße Teller zum Vorlegen verwenden.
6. Wenn es möglich ist, den Nachservice in der Küche warmhalten bzw. noch etwas nachbraten lassen.
7. Kein komplizierten Beilagenservice. Es muß schnell gehen, damit das Fleisch nicht auskühlen kann. Am besten die Beilagen nur einsetzen wie beim table d'hôte. Als Beilage sollten Semmelklöße, Kartoffelklöße und Krautsalat, Champagner-, Wein- oder Bayerisches Kraut gereicht werden. Niemals Kartoffelsalat oder gar in Fett gegarte Kartoffeln. Ist das Spanferkel auf russische Art gefüllt, also mit Majorankartoffeln, dann reicht man am besten nur Brot und Krautsalat dazu.
8. Ablageteller für die Knochen eindecken. Für die Gäste, die mit den Fingern essen, unaufgefordert eine Fingerschale reichen. Zum Nachservice nur frische heiße Teller verwenden.
9. Wenn ein gefülltes Spanferkel serviert wird, muß zuerst die Füllung aus dem Bauch genommen und diese auf Rechauds gut warmgehalten oder in die Küche geschickt und dort warmgehalten werden.
10. Ein einwandfreier Mise en place ist erste Voraussetzung für die saubere Tranchierarbeit. Vom Anfang bis zum Schluß ist die Arbeitsweise so auszuführen, daß Sauberkeit als oberstes Gebot zu betrachten ist. Der Gast darf nie ein Knochengerüst sehen, stets muß ihm ein ästhetischer Anblick geboten werden. Das Tranchierbrett muß immer sauber sein. Ein leerer, wie abgenagt aussehender Knochen, ist schon zuviel auf dem Tranchierbrett.

Nachdem wir nun die 10 wichtigsten Grundsätze kennen, folgt die Arbeitsgangbeschreibung.

Mise en place
Als Arbeitstisch benötigen wir einen normalen Restauranttisch, der mindestens die Größe eines Vierer-Tisches haben soll. Dieser wird gedeckt wie für ein kaltes Büfett also mit der Seite zum Gast hin mit bis 1 cm zum Fußboden herunterreichendem Tischtuch, das zur Seite des Trancheurs hin eingeschlagen wird und hier offen bleibt.
Unter den Tisch kommt eine Wanne oder eine sehr große Schüssel für die Ablage aller Knochen und evtl. anfallender Fettstücke, die nicht mitserviert werden und keinesfalls auf dem Brett liegenbleiben dürfen. Als Unterlage für das Tischtuch benutzt man zweckmäßig irgendein leicht waschbares Material und nicht ein neues Molton, weil meistens vom großen Brett soviel Saft abläuft, daß das Tischtuch durchtränkt ist.

Neben dem Brett, auf dem das Spanferkel zu uns ins Restaurant kommt, sollten noch ein oder besser zwei bis drei Arbeitsbretter mit Ablaufrinne bereitgestellt werden. Weiterhin benötigen wir: Ein Tranchiermesser, ein Messer mit langer Klinge ähnlich dem Schinkenmesser und ein normales Ausbeinmesser.
Weiterhin einige große Vorlegebestecke und die erforderliche Anzahl sehr heißer Teller, einen Stoß saugfähiger Papierservietten und einige Stoffservietten als Decken, also in gleicher Farbe wie die Tischdecke auf dem Arbeitstisch. Wenn wirklich einmal durch Ablaufen von Bratensaft die Tischdecke durchtränkt wird, so legt man sofort eine Papierserviette auf die nasse Stelle und deckt mit der Deckserviette ab. Der Gast muß einen sauberen, appetitlichen Tisch sehen. Außerdem einige Handservietten, um die besonders heißen Teller anzufassen.

Arbeitsgänge
Das Spanferkel kommt auf einem Brett angerichtet ins Restaurant und wird den Gästen präsentiert. Das Tier schaut mit dem Gesicht zu den Gästen, evtl. hält es zur Dekoration einen Petersiliensträuß und eine rote Paprikaschote in der Schnauze. Die Lauscher sind hochgestellt und für den Applaus der Gäste empfangsbereit. Wenigstens zwei Mann sollten das Brett tragen, damit die Gäste bequem darauf schauen können. Besonders effektvoll ist es, wenn Köche mit tadellos sauberer Kleidung und schön gestärkten Mützen das Spanferkel präsentieren.
Tranchieren sollte jedoch immer ein Restaurantfachmann. Von einem Koch erwarten die Gäste, daß er tranchieren kann, obwohl es die Köche nie so elegant können wie die perfekten Fachleute, denn in der Küche tranchiert man logischerweise ganz anders als im Restaurant. Wenn ein Restaurantfachmann dieses kleine Schweinchen in Stücke schneidet wie einen Kuchen, als wären Knochen, Knorpel und Gelenke gar nicht da, dann ist das für alle Gäste nicht nur eine Show, sondern eine Augenweide, ein unvergeßlicher Genuß. Voraussetzung ist jedoch, daß der Trancheur wirklich vollendete Perfektion demonstrieren kann.

Der erste Schnitt
Der erste Schnitt muß sitzen. Manchmal, wenn z. B. der Gastgeber oder ein Ehrengast diesen ersten Schnitt ausführen soll, müssen wir ihn schon vorschneiden. Der Gast hat dann praktisch nur das Messer in dem schon vorhandenen Einschnitt entlang zu führen.
Gleich hinter dem Ansatz der oberen Schulterblattseite zwischen dem 9. und 10. Rippenknochen beiderseits führen wir das Messer zuerst von unten nach oben, dann nachschneidend von oben nach unten und den Bauchlappen vollkommen durchtrennend bis zum Brett herunter. An dieser Stelle muß man mit der Fleischgabel nur leicht auf die Rückenwirbelsäule drücken und dabei die Gabel nach links und rechts bewegen. Damit wird die Rückenwirbelsäule bzw. das Spanferkel in den vorderen und hinteren Teil getrennt.
Jetzt muß man sich entscheiden zwischen zwei Arbeitsweisen:
a) Es wird zuerst der Kopf vom Vorderteil des Spanferkels getrennt. Sehr oft ist der besonders hohe Schweinenacken noch leicht rosa und muß in der Küche nachgebraten werden. Aber auch wenn es schon vorher abgesprochen ist, daß der Nachservice in der Küche warmgehalten werden soll, verfährt man so.
Mit dem Ausbeinmesser schneidet man beim Stich ansetzend von unten nach oben bis genau zum letzten kugelförmigen Knochen der Halswirbelsäule zum Kopfansatz hin. Jetzt kann man mit der Fleischgabel einstechen und zwei bis drei Halbdrehungen ausführen, um danach mit der Spitze des Ausbeinmessers genau an dieser Stelle den Kopf abzutrennen. Der Kopf wird vorgesetzt, um bei der weiteren Arbeit nicht zu behindern. Er schaut aber immer noch freundlich und appetitanregend zum Gästetisch und verdeckt leicht das Blickfeld zur hinteren Brettfläche.
b) Kommt das Vorderteil nicht in die Küche, so verbleibt der Kopf so lange am Vorderteil, bis das Hinterteil restlos fertig tranchiert und vorgelegt ist.

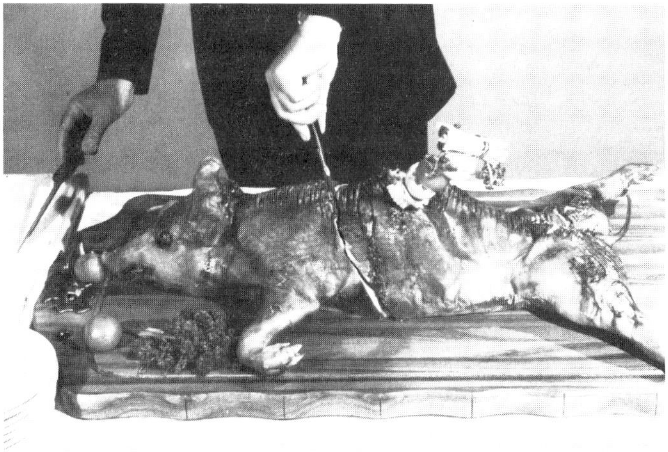

Das Spanferkel liegt auf dem Tranchierbrett mit dem Kopf zum Gast zeigend. An der siebten Rippe setzt der Trancheur zum Schnitt an. Er schneidet beiderseits von den Bauchlappen den Rippen entlang bis zur Wirbelsäule hin und drückt die Wirbelsäule durch eine kurze Drehung mit den eingestochenen Gabelzinken ab.

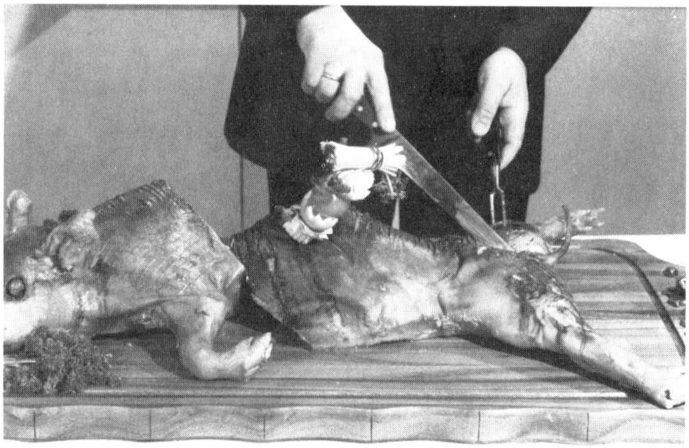

Das Abtrennen der Keulen geschieht, indem man mit dem Messer den Kugelschnitt markiert.

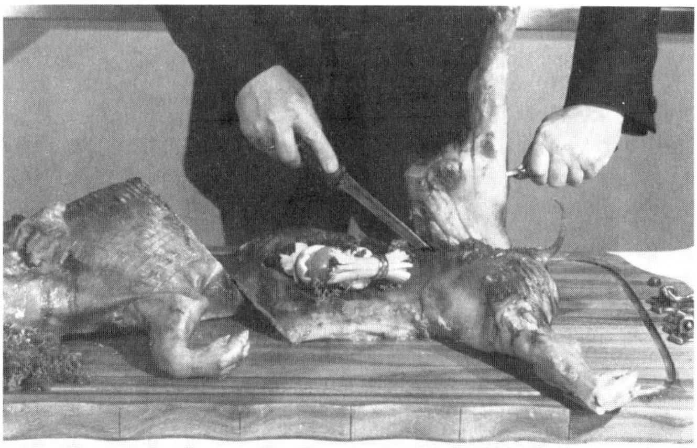

Die Gabel wird mit den Zinken unterhalb des Röhrenknochens eingestochen. Dann werden die Keulen, ähnlich wie beim Geflügeltranchieren, einfach abgezogen, wobei allerdings mit dem Messer nachgeschnitten werden muß.

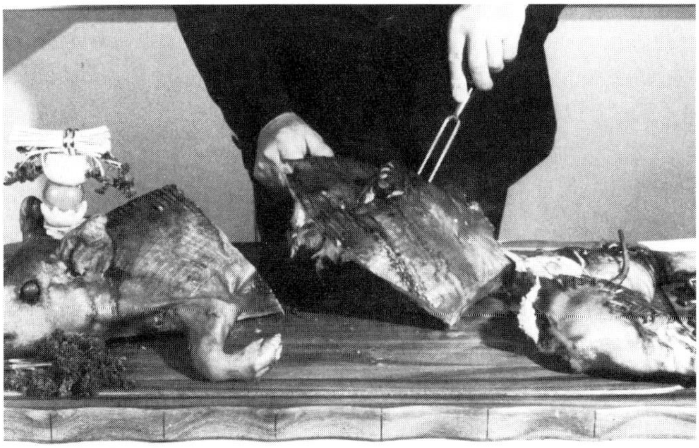

Zuerst wird das Mittelstück zum Tranchieren abgehoben, weil die dünnen Fleischteile, wie Rippen und Bauchlappen, am schnellsten auskühlen.

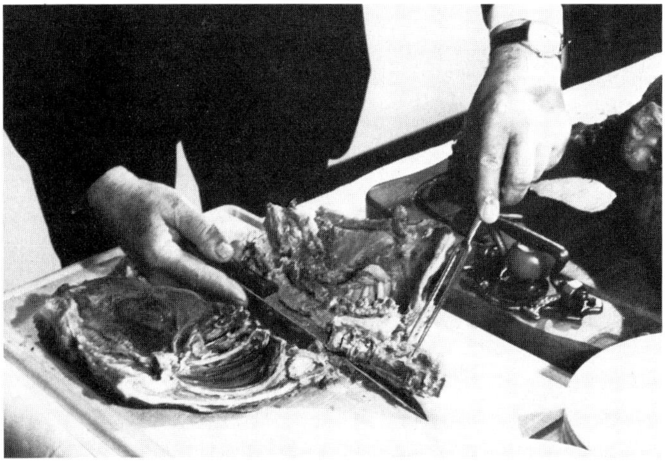

Die Wirbelsäule wird so ausgelöst, daß jeweils der halbe Rücken (Kotelettstück) und das Filet an den Rippen und an der Dünnung verbleiben.

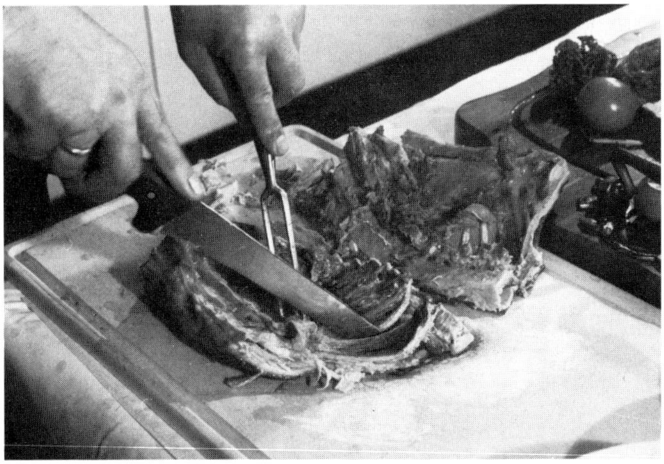

Längs der Rippen werden die Tranchen geschnitten. Es muß das Kotelettstück, und bei der flachen Rippe das Filet und das Rückenstück, an der Rippentranche verbleiben und so als eine Portion vorgelegt werden.

Besonders wenn ein Trancheur noch nicht so oft vor dem Gast gearbeitet hat, läßt er gerne das Vorderteil mit dem Kopf zum Gast hin stehen, weil so doch mancher noch etwas unsichere Handgriff verdeckt werden kann.

Der Hauptservice

Nachdem jetzt Vorderteil und Hinterteil getrennt sind, werden die Keulen durch einen Rundschnitt vom Hinterteil getrennt. Die Messerschneide wird an der Unterseite der Keulen so geführt, daß die Messerspitze das Kugelgelenk des Hüftknochens berührt. Dabei gelangt man mit dem hinteren Teil der Messerschneide nach oben zum Rückenknochen hin und läßt den Schnitt jetzt auslaufen, indem man von der Rückenseite nach unten zur Schwanzwurzel hin zwischen dem Kugelgelenk des Röhrenknochens und des Schloßknochens drückt. Beide Schloßknochen mit etwas Rückenfleisch, die Schwanzwurzel und das Schwänzchen werden schnell vom Hinterteil getrennt. Dazu muß mit dem Ausbeinmesser der letzte Wirbelknochen vor dem Schwanzansatz quer eingeritzt werden. Mit der Gabel wird der Wirbelknochen durch eine leichte Halbdrehung getrennt. Ist dieser Teil gut gebraten und das Schwänzchen schön geringelt, so kann man es repräsentativ vor zum Kopf setzen. Handelt es sich um eine besonders lustige Gesellschaft, Kegelklub, Stammtischrunde, Kommilitonentreffen u. ä., so kann man auch mit einem diskret verschmitzten Lächeln dem Vorstand oder Gastgeber diesen Teller einsetzen und fragen, ob er dieses besonders attraktive Stück vielleicht für einen bestimmten Gast vorgesehen hat. Sehr oft gibt das einen großen Spaß und überbrückt geschickt die Wartezeit der Gäste auf den Service. Natürlich kann so etwas nur ein erfahrener Restaurantfachmann machen, der genau weiß, wo so etwas angebracht ist und wo nicht.
Nun wird der ganze hintere Rumpf ohne die Keulen, die inzwischen auf dem Rechaud warmgehalten werden, so umgedreht, daß die Bauchöffnung zum Trancheur hin zeigt. Mit dem Messerrücken des großen Messers und der Fleischgabel werden beide Rippenseiten nach außen gedrückt und die Bauchlappen (Wammerln) ebenfalls nach außen geklappt. Nun kann man bequem mit dem Ausbeinmesser innen entlangfahren. Vorher wird noch auf beiden Seiten das Lendchen (Filet) von der flachen Rippe gelöst und nach außen geklappt. Dabei werden gleichzeitig die Knochen der flachen Rippe zur Wirbelsäule hin mit der Messerspitze gelockert.
Jetzt fährt man mit der Spitze des Tranchiermessers an den Gelenken der hohen Rippenknochen entlang und löst die Knochenhaut, was bei einwandfrei gebratenem Fleisch ganz leicht geht. Danach werden nochmals mit dem Messerrücken und der Gabelzinke beide Rippenseiten mit den Bauchlappen gleichmäßig nach außen weggedrückt. Nun liegt das ganze Hinterteil mit den Rippenseiten schmetterlingsartig aufgeklappt mit dem Schwanzteil, also den flachen Rippen, flach auf dem Brett. Mit einem Tranchiermesser, das eine lange schmale Klinge hat, fahren wir haarscharf genau an der Wirbelsäule entlang bis zum Gratknochen. Hier angekommen verkanten wir die Messerklinge senkrecht nach unten und führen den Schnitt am Rückgratknochen entlang bis zum Brett hinunter. Die Schwarte wird dabei mit durchgetrennt. Nachdem beiderseitig der gleiche Schnitt ausgeführt ist, liegt der ganze Knochen der Wirbelsäule frei und wird sofort mit dem Messer und der Tranchiergabel gefaßt und in die Ablageschüssel unter dem Tisch gelegt.
Hier lassen sich jetzt schöne gleichmäßige Tranchen schneiden, indem wir immer genau zwischen den Rippen entlang schneiden, vom Rücken angefangen bis zur Bauchmitte hin. So erhält jeder Gast als ersten Service eine Tranche, die einen Rippenknochen in der Mitte hat, unten die Dünnung, ein kleines Stückchen Bauchlappen und auch ein Kotelettstückchen, bei dem weiter nach hinten auch noch ein Stückchen vom Filet daran ist. Das Fleisch auf den Rippen ist wohl nicht das allerbeste. Nur knusperig gebraten und noch heiß ist es appetitlich und schmackhaft. Außerdem hat ja der Gast, der dieses Rippenstück erhält, auch gleichzeitig etwas vom Allerbesten, nämlich ein kleines Stückchen Filet und Rücken. Ein weiterer Grund, diese Reihenfolge strikt einzuhalten, ist, daß wir nur so tatsächlich die dünnen Fleischteile, die ja am schnellsten auskühlen, zuerst servieren können.

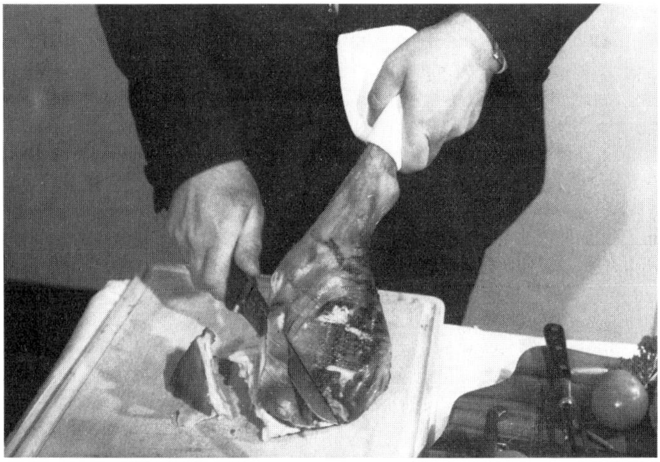

Das Tranchieren der Keulen im französischen Schnitt.

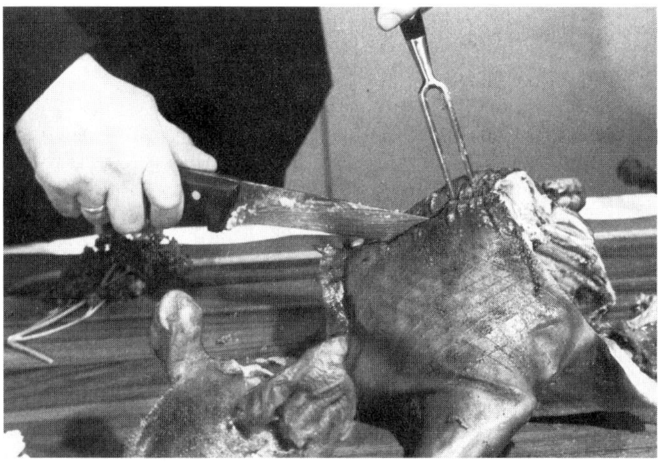

Der Kopf wird, wie zuvor das Mittelstück, durch Schnittführung zum Halswirbelknochen und durch Gabeldrehen abgetrennt.

Durch einen Längsschnitt entlang dem Kammstück werden die beiden Nackenhälften mit dem Bug von der Karkasse gelöst.

Wenn beide Bauchseiten mit den Kotelettstücken so wie geschildert serviert sind, kommen die Keulen an die Reihe. Der Schloßknochen ist ja schon weg, und wir schneiden vom Röhrenknochen beiderseits anfangs leicht, dann immer mehr schräg nach hinten zur Haxe auslaufende gleichmäßige Scheiben. Dabei sollte stets etwas Schwarte mitserviert werden. Man kann die Keule am Spitzfuß mit der Serviette halten, leicht hochstellen und beständig etwas drehen, um so von allen Seiten gleichmäßig abschneiden zu können.

Der Nachservice

Wenn beide Keulen serviert sind, geht man an das Vorderteil. Hat man dieses in die Küche zum Nachbraten oder Warmhalten gegeben, so schicken wir jetzt unser Dekorationsstück, den Kopf, in die Küche und lassen ihn, während wir das Vorderteil tranchieren, wieder schön heiß machen.

Haben wir das ganze Vorderteil draußen behalten, lösen wir nun den Kopf wie bereits geschildert. Die Schulterblätter heben wir von unten mit der Gabel leicht an und schneiden dabei der oberen Blattlinie entlang dem Gelenk zu, ohne dabei mehr Fleisch wegzunehmen als die Trennlinie der Achselhöhle zum Bug hin abzeichnet. Beide Blätter legen wir warm für den Nachservice. Anders als beim Hinterteil schneiden wir jetzt nicht von innen, sondern von oben, steil am Halsgratknochen hinunter bis zur Wirbelsäule. Dabei verkanten wir das Messer so, daß die Klinge haargenau auf dem Brustknochen entlangläuft bis zur Brustspitze hinunter. Danach können wir den ganzen Nacken mit der Brust zusammen vom Knochengerüst abheben und in Tranchen schneiden. Jeder Gast bekommt so ein Stück vom Nacken und von der Brust als eine Portion serviert. Das Knochengerüst wird, sobald es freigelegt ist, gleich in die Ablagewanne gegeben.
Neben allen vorher aufgezählten Vorteilen garantiert diese Tranchierweise als nicht zu unterschätzenden wichtigen Faktor die größtmögliche Ausbeute an Portionen von annähernd gleicher Qualität.
Als letztes tranchieren wir nun unser Schaustück mit den Delikatessen für die echten Kenner. Zuerst wird der Vorderteil des Rüssels abgeschnitten. Bevor wir weiterarbeiten, kann ein Commis oder Tranchierhelfer diese Rarität schon anbieten. Jetzt stellen wir den Kopf hoch, mit dem Anschnitt auf das Brett, und halten ihn mit der Fleischgabel in den Nasenlöchern fest. Links und rechts werden die Bäckchen abgelöst und dabei der größte Teil der Kopfschwarte von Stirn und Augenpartie mit abgezogen. Diese Bäckchen werden in der Mitte geteilt und ergeben so vier Nachservicestücke. Vom Halsansatz unten am Stich führen wir das Messer in der Mitte genau durch das Fleisch des Unterkiefers und drücken jetzt den gesamten Unterkieferknochen durch den Einschnitt hinaus, so daß das Fleisch am Kinnzungenmuskel hängen bleibt – ein Griff, der nach einiger Übung immer klappt und oftmals Bewunderung hervorruft, weil man dabei unwillkürlich an die Arbeit eines Chirurgen denken muß. Wir können jetzt leicht die ganze Zunge mit der Gabel herausnehmen. Dann entfernen wir das Zungenbein (den Knorpel) und schneiden die Zunge der Länge nach in ca. vier Streifen, die wir zusammen mit jeweils etwas Unterkieferschwarte und Muskelfleisch als Nachserviceportion für Liebhaber verwenden. Das Knochengerüst des Schädels liegt nun mit den Oberkieferknochen auf dem Brett. Mit den Zinken der großen Fleischgabel öffnen wir nun die ganze Schädeldecke. Das Hirn entnehmen wir mit dem Vorlegebesteck und teilen es auf, für zwei oder drei Gäste, die es gerne haben möchten.
Der Grund, weshalb ausgerechnet das Schweinefleisch und die gehobenen Servicemöglichkeiten hier besonders ausführlich behandelt wurde, ist die Küchenrendite. Meistens verkaufen wir lieber teure Essen, ein Rinderfilet oder einen Kalbsrücken. Jedoch ist es besser, ein im Endpreis niedriger liegendes Gericht anzubieten, bei dem die Kalkulation stimmt, als aus Konkurrenzgründen ein teures Gericht mit weniger Gewinn zu verkaufen.
Zwangsläufig müssen wir uns in der Gastronomie in Ausnahmefällen mit der Mischkalkulation befassen, und nicht immer liegt der größere Verdienst im höheren Umsatz. Nicht umsonst stehen auf vielen à la carte-Karten die Gerichte vom Schwein an erster Stelle.

Korrespondierende Getränke zu Schweinefleisch
Je nach Zubereitungsart verträgt das Schweinefleisch sowohl Weißwein, welcher eigentlich für helles Fleisch richtiger wäre, wie aber auch nicht zu schwere Rotweine, die wiederum besser mit den Gewürzen harmonieren. Intensive Gewürze wie Nelke, Piment, Thymian und vor allen Dingen Knoblauch bringt man nicht mit feinen, rieslingbetonten Bukettweinen zusammen. Wenn es ein Weißwein sein soll, dann Silvaner mit etwas breit ausgeprägtem Bukett, ein Müller-Thurgau aus Rheinhessen oder aus der Rheinpfalz, der hier auch ruhig etwas jung getrunken werden darf. Aber auch ein Weißburgunder aus Baden oder ein Gutedel vom Kaiserstuhl sind zu empfehlen. Württemberg bietet uns hierfür den Trollinger oder auch den Spätburgunder als besonders passend an, wenn mit Knoblauch bei der Zubereitung nicht so gespart wurde. Ebenfalls würde in diesem Falle ein Portugieser aus der Rheinpfalz oder

ein Lemberger korrespondieren. Für den zaghaften Gast, der sich zwischen weiß und rot nicht ganz zu entscheiden weiß, bleibt dem Restaurantfachmann noch die Empfehlung eines Weißherbstes aus Baden, von der Pfalz oder der Ahr. Auch der französische Landwein, Vin de Pays, z. B. ein Rosé Côtes de Provençe oder Meursault aus dem Burgund sowie ein Côte du Ventoux aus dem Rhônetal würden sich gut mit Gerichten vom Schwein vertragen.
Es muß aber nicht unbedingt ein Wein als korrespondierendes Getränk zu Schweinefleisch empfohlen werden. Zu einem deftigen Essen, wie z. B. Spanferkel, paßt auch ein frisch gezapftes Bier.

Kalbfleisch

Ein echtes Schaustück ist immer ein Kalbssattel oder Kalbsrücken. Doch auch ein Kalbskarrèe oder eine kleinere Kalbskeule von ganz jungen Milchmastkälbern kann im Restaurant tranchiert werden. Eines der beliebtesten Gerichte, die auch für den kleineren à la carte-Service immer wieder zum Tranchieren kommen, sind die Kalbshaxen.
Als Beilagen zum Kalb eignen sich fast alle Salate, Spätzle und alle Teigwaren, sämtliche Kartoffelarten, die aus der Pürréemasse hergestellt wurden, und alle Arten von Brandteigkartoffeln. Im Gegensatz zur klaren Schweinebratensoße wird zu Kalbfleisch eine gebundene Soße mit Rahm, teilweise auch mit Champignoneinlage, Trüffeln oder Morcheln bevorzugt. Wenn Gemüse zum Kalb gereicht werden, dann müssen es Edelgemüse sein.

Kalbsrücken

Der Rücken besteht aus dem Sattelstück und dem Rippenstück. Das Sattelstück reicht so weit wie die flache Rippe bis zur kurzen Rippe, ist praktisch das beiderseitige Nierenstück. Der Kalbsrücken ist das anschließende Stück ab den kurzen Rippen bis zur fünften langen Rippe hin, also dort, wo das Hinterviertel vom Vorderviertel beim Zerlegen getrennt wird.

Ganzer Rücken

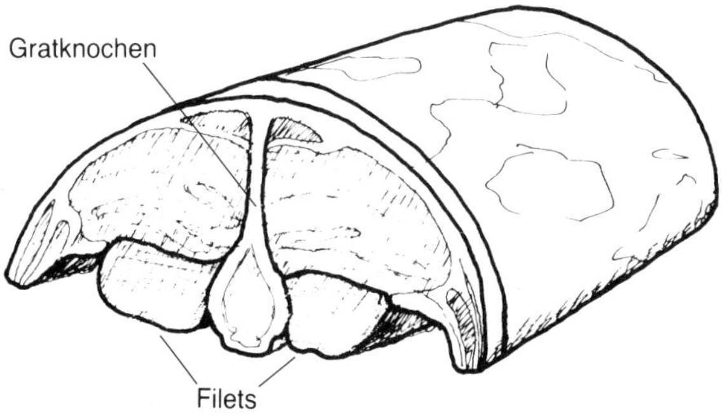

Kommt das Kotelettstück mit dem Sattelstück zusammen ins Restaurant, so spricht man auch vom Kalbsrücken. Zwischen dem Tranchieren des Sattelstückes und dem des Rückenstükkes besteht kein Unterschied. Nur wenn wir den ganzen Rücken haben, müssen wir darauf bedacht sein, daß die Fleischqualität gleichwertig verteilt wird. Das Fleisch vom Sattel, das gegenüber den Filets liegt, ist zarter als das ein klein wenig langfasrige eigentliche Rückenfleisch. Andererseits gibt es auch Kenner, die das Rückenfleisch bevorzugen, weil es saftiger ist und die grobe Faser nur außen liegt. Das Mittelstück ist aber ähnlich wie das Rib-Eye-Steak besonders schmackhaft. Auch ist beim ganzen Rücken meistens das Nierenstück etwas mehr durchgebraten als der höhere Teil des Rückens.

Es gibt drei verschiedene Arten, einen Kalbsrücken zu tranchieren. Gearbeitet wird immer auf dem Brett, obgleich man bei zwei der genannten Tranchierarten ohne weiteres auf der Platte arbeiten könnte, ohne diese dabei zu beschädigen. Es ist aber nicht üblich, und nachdem wir die Platte dem Gast präsentiert haben setzen wir stets zuerst den Rücken auf das Tranchierbrett um. Jeder Kalbsrücken muß vor dem Braten abgehäutet und am Gratknochen bis zur Wirbelsäule hinunter eingeschnitten werden, weil sonst das Fleisch am Knochen blutig bleiben würde. Daher ist es immer möglich, einen Rücken mit der Tranchier- oder einen besonders starken Rücken mit der Fleischgabel so festzuhalten, daß wir den Gratknochen zwischen die zwei Gabelzinken nehmen und die Spitzen unten fest an die Wirbelsäule stechen. Dabei sticht man aber keineswegs ins Fleisch hinein, auch wenn es beim oberflächlichen Hinschauen für den Laien so aussehen mag. So setzen wir also den Rücken um, indem wir das Messer unter den Rücken schieben und mit der Gabel, die in der beschriebenen Weise den Gratknochen hält, balancieren.

Erste Arbeitsweise
Wir halten den Rücken mit der Gabel am Gratknochen und fahren mit dem Tranchiermesser von vorn nach hinten am Grat entlang. Den gleichen Schnitt wiederholen wir noch einmal etwas tiefer an der Wirbelsäule entlang. Nun nehmen wir das Schinkenmesser oder ein Tranchiermesser mit einer langen dünnen Klinge und führen den Schnitt einmal vorne ansetzend und einmal in Gegenrichtung hinten ansetzend genau auf den Rippenknochen entlang in Richtung Bauchseite. Danach läßt sich leicht das ganze Rückenfilet vom Knochengerüst abheben und zum weiteren Tranchieren auf das Brett legen. Jetzt werden ca. 1 bis 1,5 cm dicke Tranchen geschnitten. Wir fangen dabei unten am Sattelstück an und schneiden anfangs mehr und zum Rücken hin etwas weniger schräg. Der Beginn am Sattelstück hat aber noch einen weiteren Grund. Obwohl das Fleisch in der Maserung feiner und zarter ist, ist es doch etwas trockener als das Rückenfleisch. Da jedes Fleisch beim Warmhalten noch etwas nachzieht und trockener wird, behalten wir das Rückenstück für den Nachservice. Außerdem könnte es einmal passieren, daß der Rückenteil noch ein wenig rosa ist, obgleich das Nierenstück den genau richtigen Bratengrat hat. In diesem Fall könnte man ganz schnell das stärkere Rückenfilet etwas nachbraten lassen, während man den ersten Service vom Sattelstück vornimmt.
Diese Tranchen können ohne Umweg sofort vom Brett aus vorgelegt oder auch wieder auf den Rücken gesetzt werden, indem man die Messerklinge unter die tranchierten Rückenfilets setzt und mit der Gabel durch leichten Gegendruck an den vordersten Tranchen das ganze Filet zusammenhält. Dieses so perfekte Zurücksetzen auf das Knochengerüst klappt aber nur bei richtiger Schnittführung. Diese ist bei allen Fleischgerichten die *gleiche*, nämlich von rechts nach links, den Gabelrücken leicht auf das Tranchiergut gedrückt und die Messerklinge unter den Gabelrücken zum Körper des Trancheurs hin durchgezogen. Man schneidet bis auf das Brett hinunter, ohne dabei zu drücken. Der Schnitt muß glatt und sauber sein. So ausgeführt fällt jede geschnittene Tranche wieder auf die vorher geschnittene, und das fertig tranchierte Stück hat seine ursprüngliche Form behalten. Ein anderer wichtiger Vorteil dieser Schneidetechnik ist, daß durch das Zusammenbleiben der Tranchen ein Auskühlen verhindert oder mindestens sehr verzögert wird. Es ist unbegreiflich, weshalb manche Kollegen genau in umgekehrter Richtung tranchieren und sogar in Fachbüchern diese so unlogische Schnittführung von links nach rechts mit der Schnittrichtung vom Trancheur weg vertreten wird.

Zweite Arbeitsweise
Der sogenannte »Englische Schnitt« unterscheidet sich vom Schrägschnitt durch zwei wesentliche Merkmale. Erstens tranchieren wir auf dem Knochengerüst und zweitens schneiden wir nicht quer, sondern längs zur Faser. Sehr beliebt ist diese Schnittführung für das Tranchieren von Lamm- und Hammelrücken, weil der Service insgesamt viel schneller geht und ein Auskühlen verzögert wird.

Beim »Englischen Schnitt« fangen wir ebenfalls unten am Sattelstück an. Zuerst führen wir das Messer so, daß wir die Klinge senkrecht, quer zum Rücken, so wie die Rippen laufen, etwa im Abstand von 5 cm (so groß wie nachher die Tranchen sein sollen) bis zum Knochen hinunter führen. Dieser Einschnitt ist praktisch gleichzeitig die Markierung der Tranchen, die wir nun längs zum Rücken aus dem angezeichneten Stück herausschneiden und sofort von der Messerklinge herunter auf den heißen Teller vorlegen. Das Brett wird dabei quer zum Trancheur gestellt und er arbeitet von der rechten Seite. Es geht leichter, wenn man zum Tranchieren der zweiten Seite das Brett einmal um die Achse dreht, so daß wieder der Trancheur von rechts arbeiten kann. Das Fleisch sieht längs zur Schnittfläche nicht so schön aus, wie wenn es quer zur Faser geschnitten wurde. Der unverkennbare Vorteil liegt in der schnellen Arbeitsmöglichkeit. Besonders kurzfaseriges Fleisch wie Rehrücken und Frischlingsrücken kann man ohne Bedenken immer auf diese Weise tranchieren.

Dritte Arbeitsweise
Diese Schnittart ist besonders dann zu empfehlen, wenn nur das Sattelstück tranchiert werden soll, und kommt der Arbeitsweise beim Tranchieren eines Karréestückes am nächsten. Genau wie bei der zuerst geschilderten Arbeitsweise fahren wir hier mit dem Tranchiermesser zuerst längs der Wirbelsäule entlang bis zur Wirbelsäule hinunter. Danach fahren wir in gleicher Richtung im Längsschnitt auf den Rippenknochen von der Wirbelsäule zur Flanke hin entlang, ohne das letzte Stück ganz durchzuschneiden. Es ist also das ganze Rückenfilet dreiviertel gelockert auf dem Knochengerüst. Mit einem kurzklingigen Messer schneiden wir jetzt senkrecht, quer zum Rücken, so wie die Rippen laufen, ca. 1 cm dicke Tranchen herunter. Wie bei der zweiten Arbeitsmethode legen wir diese sofort von der Messerklinge herunter auf den heißen Teller vor. Auch diese Methode ist schneller als die zuerst geschilderte, aber nicht so elegant. Auch bei Lammsattel, Hirschkalbssattel oder Wildschweinrücken ist diese Arbeitsweise zu empfehlen.

Kalbsfilet
Ein Kalbsfilet ist mindestens ausreichend für 4 Personen, von schweren Mastkälbern sogar bis zu 6 Personen. Es kommt seltener zum Tranchieren ins Restaurant, höchstens für kleinere Gesellschaften auf Vorbestellung. Aber auch in Verbindung mit dem Kalbsrücken wird es oft serviert als Nachservice oder als Ergänzung, wenn der Rücken für eine größere Anzahl ausreichen muß und evtl. etwas zu knapp sein sollte. Hier werden die Filets aber nicht mit dem Rücken zusammen gebraten, sondern extra, weil der Rücken eine längere Bratzeit benötigt und die Filets dann schnell zu trocken werden. Die Arbeitsmethode ist die gleiche wie beim Schweinelendchen.
Wenn allerdings das Kalbsfilet in Blätterteig mit einer Duxelles umgeben zubereitet wurde, ist die Arbeitsmethode anders. Dann müssen wir am besten mit einem Sägemesser arbeiten oder mit einem haarscharfen Messer mit einer etwas breiteren Klinge. Hierbei können wir nicht mit der Gabel einstechen, weil sonst die Teigkruste zerbröckeln könnte. Wir schneiden senkrecht herunter, indem wir zuerst behutsam vorsichtig den Teig einritzen, uns dann durch die Duxelles tasten und dann mit sehr geschicktem, geradem Schnitt die Tranche bis zum Brett hinunter schneiden. Dabei muß das Messer immer ohne großen Druck geführt werden, um ein Zerbröckeln der Teigkruste zu vermeiden. Die Tranchiergabel ist so frontal vor jede Schnittfläche gestellt, daß die abgeschnittene Tranche nicht umfallen kann, weil auch dabei der Teigrand auseinanderbrechen würde. Gleichzeitig dient die so vorgestellte Gabel als Stütze gegen die Tranche auf die Messerklinge als einheitlicher Vorlegegriff, was Geschicklichkeit und Übung erfordert.
Als Beilage für Filet in Blätterteig gibt man immer eine echte Soße. Meistens Sc. Choron, Mousseline oder Béarnaise, Edelgemüse oder Salate. Kartoffeln sind nicht unbedingt erforderlich, weil die Teigkruste schon eine Sättigungsbeilage darstellt. Wenn Kartoffeln, dann nur eine kleine Duchessekartoffel als Dekoration oder eine Tomate mit Herzoginmasse gefüllt.

Kalbskarrée
Der Gratknochen muß vor dem Braten in der Küche abgeschlagen werden, ähnlich wie bei einer Lamm- oder Kalbskrone. Das zu tranchierende Karréestück liegt praktisch nur auf den Rippenknochen auf. Kalbskarrée ist meistens mit Gemüsen umlegt. Wir präsentieren also dem Gast die Platte, legen das Karrée auf das Tranchierbrett längs zum Trancheur hin. Mit dem Gabelrücken halten wir das Stück und schneiden zuerst quer und so flach es geht auf den Rippen entlang zum Trancheur hin, jedoch nicht gleich das ganze Stück, sondern immer nur für einige Tranchen. Die Tranchen selbst schneiden wir ca. 1 bis 1,5 cm dick, gerade, senkrecht zu den Rippen hinunter und legen unmittelbar mit dem Messer und der Gabel vor. Durch den Querschnitt ist die Tranche ja unten gelöst und läßt sich einfach abheben.

Kalbshaxen
Ein beliebtes Gericht für 2 bis 3 Personen, das oft am Tisch tranchiert wird. An der Wadeninnenseite machen wir zuerst einen senkrechten Schnitt von unten nach oben zur Verdickung hin. Danach schneiden wir einmal um den Gelenkknochen herum, um das Fleisch ringsherum zu lösen. Jetzt können wir mit der Gabel festhalten und mit dem Löffel das ganze Stück sozusagen herausschälen. Den Knochen legen wir auf die Platte zurück und klappen das ausgelöste Haxenstück so auseinander, daß es flach auf dem Brett zu liegen kommt, um es nun in ca. 1 cm und weiter unten in 2 bis 3 cm dicke Scheiben zu schneiden. Wenn wir die Haxe so aufgeschnitten haben, fassen wir mit dem Rücken der Messerklinge unter die Tranchen, halten mit dem Gabelrücken fest und hängen praktisch die unten offenen Rundtranchen wieder über den Haxenknochen. Von der ganzen Haxe herunter wird dann sauber vorgelegt. Früher war es üblich und wird in manchen Häusern auch heute noch praktiziert, daß das Knochenmark von der offenen angesägten Seite her mit der Markgabel herausgeholt und dem Gast mit vorgelegt wird. Die meisten Gäste lehnen es heute aber als zu fett ab. Deshalb ist diese Methode auch fast aus der Mode gekommen. Nur ausgesprochene Kenner verlangen noch danach. Dann muß es der Trancheur selbstverständlich mitservieren.

Kalbskeule
Eine Kalbskeule kommt kaum beim gehobenen Service zum Tranchieren in das Restaurant. Sie ist aber für einen zügigen table d'hôte-Service geeignet. Gerade in einer Stoßzeit, wo ein starkes à la carte-Geschäft oder noch andere Extraessen laufen, ist dieser Service als eine große Entlastung für die Küche besonders zu empfehlen. Als Beilage geben wir ein Gemüse wie z. B. Leipziger Allerlei, Rosenkohl, junges Sommergemüse als Mischgemüse angerichtet, was nur eingesetzt werden muß. Kartoffeln oder Spätzle und Soße werden ebenfalls nur eingesetzt. So muß der Trancheur nur schneiden und zwei Mann setzen die Teller ein, während Hilfspersonal, evtl. auch Zimmermädchen oder Auszubildende, die Beilagen für Haupt- und Nachservice flott einsetzen.
Die Technik des Tranchierens ist gleich der, wie sie beim Schinken à la voiture erklärt wurde. Bei gleichem Serviceablauf lassen sich Extraessen abwickeln mit Schweinekeulen, Schinken, Rinderbrust, Kalbsbrust und Hochrippe.

Kalbsnuß
Diese wird meistens gespickt und kommt mit den üblichen Kalbfleischbeilagen ins Service. Die Spickstreifenführung ist längs zur Faser. Wir präsentieren dem Gast die Platte, legen die Nuß auf das Tranchierbrett und schneiden senkrechte Tranchen quer zur Faser von ca. 8 mm Dicke. Dabei halten wir mit der Gabel fest, ohne in das Fleisch hineinzustechen.

Kalbsbrust
Ein an sich sehr einfaches Gericht, welches aber oftmals in Speisefolgen gehobenen Rahmens als regionale Spezialität serviert wird. Am bekanntesten ist die gefüllte Kalbsbrust. Gefüllte Kalbsbrust läßt sich, wenn man nicht vom Guéridon aus arbeiten kann, also im

französischen oder table d'hôte-Service mit einer Hand vorlegen muß, sehr schlecht servieren. Auch wenn man den Schaufelgriff mit gespreizten Vorlegern beherrscht, fällt manchmal die Füllung durch das Vorlegebesteck, weil sie leicht herausbricht. Die ganze Tranche ist unansehnlich und kann dann kaum noch serviert werden. Aus diesem Grunde sollte man bei größeren Essen, wenn kein englischer Service möglich ist, die Kalbsbrust als Tellerservice anrichten.
Die Brust ist entbeint und der Brustknorpel bleibt in der Brust, um sie zusammenzuhalten. Zum Tranchieren nehmen wir ein breites Tranchelard oder auch Schlagmesser, wie wir es sonst eigentlich nicht im Restaurant verwenden. Die Kalbsbrust lassen wir in der Küche gleich auf das Tranchierbrett legen, weil diese Arbeit sehr behutsam geschehen muß, um nicht vor dem Schneiden schon Bruchstellen bei der Füllung hervorzurufen. Den ersten Anschnitt lassen wir leicht schräg nach links auslaufen, so daß jede danach abgeschnittene Tranche nicht auf das Brett abkippt, sondern sich immer ganz von selbst an das Schneidegut anlehnt. Im Gegensatz zu den meisten Stücken, die tranchiert werden, wird hier mit der Gabel hineingestochen, und zwar folgendermaßen: So stark wie die Scheiben werden sollen, etwa 2 cm, stechen wir die Gabel dem Schnittführungsverlauf nach in die Kalbsbrust ein. Die Gabelzinken sollen dabei ganz leicht schräg nach links gestellt werden. Sie bestimmen den Lauf der Messerklinge, denn wir schneiden genau an den Gabelzinken entlang bis zum Brett hinunter. Dann ziehen wir die Gabel vorsichtig heraus, drücken mit ihr längs auf die Tranche gegen die Messerklinge und legen so mit Messer und Gabel direkt auf den heißen Teller vor. Aus diesem Grunde ist es unbedingt erforderlich, ein Messer mit breiter Klinge zu verwenden.

Kalbsnierenbraten
Der Grund des Tranchierens vor dem Gast ist eigentlich gleich wie bei der Kalbsbrust. Beim Vorlegen im französischen Service kann einem nicht ganz perfekten Restaurantfachmann leicht die Niere und das Filetstück herausfallen.
Kalbsnierenbraten ist in Süddeutschland eine obligatorische Spezialität für Familienfeiern. Was ist aber eigentlich ein Kalbsnierenbraten? Fälschlicherweise oder etwas härter formuliert: unkorrekterweise bekommt man oftmals die Kalbsdünnung oder auch plattierte Schulter als Rollbraten mit einer eingerollten Niere serviert. Wird dieses Gericht als Kalbsrollbraten angeboten, so ist nichts dagegen einzuwenden. Als Kalbsnierenbraten bezeichnet, wäre es auch dann eine Warenunterschiebung, wenn wirklich eine Kalbsniere mit eingerollt wurde.
Ein Nierenbraten ist immer nur das Nierenstück, also die flache Rippe oder das Stück des Kalbssattels der Länge nach halbiert, das roh vom Knochen ausgelöst wurde. Die Fettflome wurde entfernt und die Niere so aufgeklappt, daß sie das ganze Stück füllt. Dann wurde dieses Rückenstück mit einem Teil noch daran befindlichen Bauchlappen, der Niere und dem Filet zusammen eingerollt, gebunden und gebraten. Sollte einmal bei einem großen Mastkalb die Niere nicht ausreichen, um den Braten ganz zu füllen, so ist es ohne weiteres erlaubt, hier ein Stück junge Rinderniere mit einzurollen. Wichtig ist nur, daß ein Nierenbraten auch immer tatsächlich vom ganzen Nierenstück mit dem Filet hergestellt wurde.
Ein qualifizierter Restaurantfachmann sollte in der Lage sein, dem Gast den Unterschied zwischen einem Nierenbraten und einem Rollbraten zu erklären, besonders bei Verkaufsgesprächen.
Die Technik des Tranchierens ist ähnlich wie bei der Kalbsbrust. Auch hier benötigen wir ein Messer mit einer breiten Klinge. Wir stechen mit der Gabel in das Fleisch hinein und führen den Schnitt entlang den Gabelzinken bis zum Brett hinunter. Damit verschieben und drücken wir kein Stückchen Niere beim Schneiden heraus. Die Messerklinge benutzen wir ähnlich wie eine Palette gleich zum Vorlegen. Es wird also direkt von der Messerklinge herunter, mit der Tranchiergabel gegenhaltend, auf den heißen Teller vorgelegt.
In mehreren Tranchierbüchern wird geraten, daß man mit der Palette vorlegen soll. Das ist aber bei einem Nierenbraten nicht zweckmäßig bzw. viel zu umständlich. Beim Tranchieren muß man nämlich jedes Mal das Messer aus der Hand legen und die Palette nehmen. Auch

legt es sich mit der festen Messerklinge weitaus besser vor als mit der biegsamen Palette, zumal ja auch die Palette viel schmaler ist als die breite Messerklinge.
Ein Kalbsnierenbraten eignet sich auch für den à la carte-Service zum Servieren vom Wärmewagen.

Kalbsfrikandeau
Wird genauso tranchiert wie die Kalbsnuß.

Korrespondierende Getränke zu Kalbfleisch
Nach dem Grundsatz, helles Fleisch = weiße Weine, passen fast alle Weißweine zu Kalbfleischgerichten. Bevorzugen sollte man jedoch nicht zu trockene Weine. Aber auch zu gehaltvolle Weine müssen es nicht unbedingt sein. Oft wundern wir uns, wenn gerade bei einer Festmenüzusammenstellung nur Gemüsebeilagen und kein Salat zu finden ist. Nach den heutigen ernährungswissenschaftlichen Erkenntnissen sollte ja gerade auf Salat nicht verzichtet werden. Salat ist aber, wenn er mit Essig angemacht wird, der größte Gegner vom Wein. Daher sollte man bei Kalbfleischgerichten, zu denen Salat mit einer Essig- und Ölmarinade angemacht wird, Weißweine nicht über der Prädikatsstufe »Kabinett« empfehlen. Es genügt sogar ein guter Q. b. A.-Wein, weil eine Spätlese in Verbindung mit der Salatdressing viel zu schade wäre.
Riesling, Silvaner, Müller-Thurgau, Gutedel aus nahezu allen Anbaugebieten Deutschlands kann man zum Kalbfleisch servieren, ohne einen Fehler zu begehen. Da man zu vielen Kalbfleischgerichten aber auch gerne Teigwaren, meistens Spätzle, serviert und Teigwaren mit Rotwein harmonieren, wäre zum Kalbsbraten mit Spätzle und Rahmsoße ein Trollinger oder Portugieser angebracht. Ganz hervorragend mundet dazu ein junger Beaujolais, *kalt* serviert. Auch andere französische Rotweine mit der Bezeichnung »Nouveau« sind durchaus geeignet. Es handelt sich dabei um junge, frische Rotweine, die kurz nach Abschluß einer schnellen Gärung abgefüllt und schon wenige Monate später getrunken sein sollten. Diese Weine sollen stets gekühlt serviert werden.
Deutsche Rosé-Weine oder Weißherbste passen besonders zu den Kalbfleischgerichten, die etwas intensiver gewürzt sind, z. B. Saltim bocca, Piccata, Osso Buco, Paprikaschnitzel, Kalbsragout »Marengo« und zu allen mit Käse überbackenen Gerichten.
Auch französische Rosé-Weine wie ein Rosé-Tavel aus dem Rhônetal, ein Anjou oder ein Côtes de Provençe sind genauso passend wie der Bergerac aus dem Südwesten Frankreichs oder ein Meursault aus Burgund.
Aber auch ein süffiger Kalterer See oder St. Magdalener aus Südtirol korrespondieren hier ganz ausgezeichnet.
Will man aus besonders festlichen Anlässen gehaltvollere deutsche Weißweine, wie Spätlesen oder gar Auslesen servieren, so sollten entweder die Salate mit einer Joghurt- oder Sahnedressing angemacht werden oder man serviert einen Salatteller als separaten Zwischengang vor dem Sorbet. In diesem Fall wechselt man dazwischen den Wein, also bis zum Salat einen leichteren Qualitäts- oder Kabinettwein, zum Sorbet überhaupt keinen Wein und danach die Spätlese. Es sollte aber kein Sorbet mit zu intensiver Fruchtsäure gewählt werden, z. B. kein Zitronensorbet, um den Genuß des folgenden Weines nicht zu beeinträchtigen.

Rindfleisch

Die häufigsten Gerichte, die vom Rind zum Tranchieren ins Restaurant gelangen, sind für 2 Personen. Chateaubriand, Entrecôte double, Côte de bœuf (Rinderkotelette), T-Bone-Steak und Porter House Steak. Die drei letzteren werden auch oft für 3 bis 4 Personen gewählt. Diese Gerichte sind meistens vom Rost, vom Infragrill oder in der Pfanne zubereitet – also kurzgebratene à la minute-Gerichte. Da wir zu diesen Gerichten niemals eine gezogene Soße haben, wird immer eine echte Soße oder eine Buttermischung dazu gereicht. Als Beilage wird meistens nur Gemüse als dekorative Umlage bzw. Garnitur verwendet. In manchen Fällen auch nur Prinzeßbohnen oder ausgewählte junge Edelgemüse. Als Kartoffelbeilagen eignen sich Pommes frites, Pommes chips, Kroquetten in allen Variationen, Brandteigkartoffeln und Herzoginkartoffeln sowie auch alle sautierten Kartoffelzubereitungsarten.

Grundbedingung ist es, daß bei der Bestellungsaufnahme der Chef de rang oder der Restaurantfachmann nach dem vom Gast gewünschten Bratengrad fragen muß und dann der Gast auch tatsächlich diese Bratstufe bekommt.

Nachfolgend wird eine Arbeitsweise geschildert, die zu empfehlen ist.

Man schneidet kleinere rosé oder blutig gebratene Fleischstücke nicht auf einem Brett, sondern immer auf einem vorgewärmten Teller. Wenn man dann vom Teller den beim Tranchieren ausgelaufenen Fleischsaft über die Tranchen gießt, ist er erstens noch warm und zweitens sieht es bedeutend appetitlicher aus, wenn kein roter Streifen langsam am Holzbrett herunterrinnt. Außerdem müßte man das große Brett über die Platte heben, um den Fleischsaft abzugießen. Es wird zwar in manchen Fachbüchern das Vorwärmen der Tranchierbretter empfohlen. Es wird in der Praxis aber doch nie gemacht, weil dadurch die Lebensdauer der Bretter ganz wesentlich verringert wird. Sie verziehen sich zuerst, verbiegen sich dann und reißen schließlich längs der Holzfaser an einer oder an mehreren Stellen.

Noch etwas! Früher war es üblich und in vereinzelten Fällen wird es auch heute noch praktiziert, daß man die beiden Endstücke, manchmal sogar alle Tranchen, leicht ausdrückt und so mehr Saft erhält, als nur beim Schneiden herauslaufen würde. Diesen Saft fängt man in einem Teller auf und macht ihn an mit englischem Senf, Worchestersoße, Herbadox, Pfeffermühle und manchmal sogar noch mit Tabasco oder Ketchup. Unerklärlich ist es, woher diese Unsitte stammt. Auch ist es unbegreiflich, daß tatsächlich noch heute hin und wieder diese Arbeitsmethode anzutreffen ist!

Wir übertönen damit doch den herrlichen Eigengeschmack mit allerlei scharfen Gewürzen und entziehen dem Fleisch mehr Saft als notwendig ist, wodurch es trocken wird. Die mit viel Liebe und Sorgfalt in der Küche hergestellte Sc. béarnaise oder Kräuterbutter kommt gar nicht zur Geltung, weil sie von den scharfen Gewürzen geschmacklich übertönt wird. Außerdem besteht dadurch keine geschmackliche Harmonie mehr zu dem Wein, der mit dem Gericht korrespondieren soll. Deshalb reicht man auch meistens zum Chateaubriand oder zum Entrecôte double nur Gemüse und keine Salate. Das feine Bukett der hierzu passenden großen Rotweine würde durch die Salatsoße beeinträchtigt.

Chateaubriand

Wir präsentieren die Platte dem Gast, stellen sie auf das Rechaud und legen das Fleischstück auf einen großen, vorgewärmten Teller zum Tranchieren. Den Gabelrücken legen wir auf das Fleisch und halten es damit. Dann schneiden wir mit dem Messer von rechts nach links in leichter Schrägstellung unter dem Gabelrücken durch. Die beiden Anschnitte (Endstücke) halten wir so klein wie möglich. Die Tranchen sollen ca. 15 mm stark sein. Das ergibt 4 Tranchen und die Anschnitte.

Entrecôte double

Es wird wie das Chateaubriand tranchiert, nur schneidet man die Tranchen etwas schräger. Bei richtiger Schnittführung bleibt das Fleischstück nach dem Tranchieren in seiner ursprünglichen Form. Man kann jetzt leicht die Messerklinge unterschieben, mit der Gabel abstützen und das Stück so auf die Platte zurücksetzen. Den im Teller befindlichen Fleischsaft gießen wir gleichmäßig über die Fleischtranchen und legen dann von der Platte aus vor. Beim Entrecôte double bekommen wir zwei Tranchen mehr heraus als beim Chateaubriand, weil es nicht ganz so hoch, aber etwas länger ist. Deshalb sollte auch die Schnittführung schräger sein.

Rinderkotelett (Côte de bœuf)
Das Rinderkotelett sollte in der Küche so vorbereitet werden, daß der Knochen oben freigelegt und sauber ist. Von einer Seite sollte das Fleisch dem Knochen entlang bis zur Hälfte eingeschnitten werden. Dadurch wird auf jeden Fall vermieden, daß das Kotelett beim Tranchieren am Knochen noch blutig ist und eine andere Bratstufe aufweist wie das übrige Fleisch. Selbstverständlich wird das Kotelett so angerichtet, daß die eingeschnittene Seite auf der Platte nach unten zu liegen kommt und der Gast vom Einschnitt nichts sieht.
Wir präsentieren die Platte wie üblich, legen das Kotelett auf ein Brett, stellen es hoch und halten es dabei an dem freien Ende des Knochens mit einer Serviette fest. Die eingeschnittene Seite muß dabei dem Trancheur zugekehrt sein. Wir schneiden dem Knochen entlang senkrecht zum Brett hinunter und legen das ausgelöste Fleisch auf einen großen warmen Teller, wo wir es dann genau wie ein Entrecôte double tranchieren.

Porterhouse Steak
Ähnlich wie das Rinderkotelett ist auch hier das Steak von einer Seite fast zwei Drittel am Knochen entlang eingeschnitten. Das Porterhouse Steak wird aber von der flachen Rippe geschnitten. Dabei befindet sich das Filet auf der Innenseite und das Roastbeef (Entrecôte) auf der Außenseite. Beide laufen über den kurzen flachen Rippenknochen zusammen. Daher kann in der Küche nicht, wie es bei der hohen Rippe des Côte de bœuf möglich ist, der Knochen soweit freigelegt werden, daß man mit der Serviette festhalten kann.
Wir präsentieren die Platte und stellen sie auf das Rechaud zurück. Die Garnituren des Porterhouse Steak legen wir sauber auf die Seite. Meistens kommt es, da es eine englische Spezialität ist, auch mit der entsprechenden Garnitur zum Gast, nämlich à la londonienne, auch London House oder London Style bezeichnet. Das Steak ist belegt mit knusprig gebratenen Speckscheiben und gegrillten Hammelnieren. Grilltomaten, mit Kräutern gefüllte große Champignonköpfe und Strohkartoffeln oder statt Kartoffeln auch Yorkshirepudding sind die eigentlichen Originalbeilagen zum Porterhouse Steak. Bei uns wird es meistens mit Pommes frites oder Chips, Prinzeßbohnenbündel und Grilltomaten sowie mit einer Kräuterbutter oder Sc. béarnaise serviert.
Das Steak wird von der Platte genommen und flach auf das Tranchierbrett gelegt, selbstverständlich ohne es dabei umzudrehen. Die vor dem Braten angeschnittene Seite muß dem Brett zugekehrt sein, also für den Gast unsichtbar bleiben. Mit je einem Längsschnitt links und rechts des flachen Rippenknochens entlang legen wir zuerst den Knochen frei. Dann stellen wir das Steak hochkant vor uns und halten den freigelegten Knochen dadurch fest, daß wir ihn zwischen die zwei Zinken der Tranchiergabel einklemmen. Das Porterhouse Steak steht ja schon von selbst besser auf dem Brett als ein Rinderkotelett, weil der T-Knochen gut aufliegt. Wie beim Rinderkotelett schneiden wir jetzt senkrecht auf beiden Seiten am Knochen herunter und legen das ausgelöste Fleisch auf einen warmen Teller. Dort tranchieren wir das Stück vom Filet wie ein Chateaubriand und das Stück vom Roastbeef wie ein Entrecôte double. Den Knochen legen wir auf die Platte zurück. Dann schieben wir die flache Messerklinge unter die Filettranchen, danach unter die Entrecôtetranchen und legen so die Fleischteile auf die Platte zurück. Wenn das Porterhouse Steak in seiner ursprünglichen Form wieder zusammengesetzt ist, übergießen wir gleichmäßig alle Tranchen mit dem Fleischsaft, der sich beim Tranchieren im Teller angesammelt hat. Wir legen jetzt von der Platte aus so vor, daß jeder Gast gleichmäßig ein Stück vom Filet und ein Stück von der Zwischenrippe erhält.

Das Steak wird von der Platte genommen ohne dabei hineinzustechen.

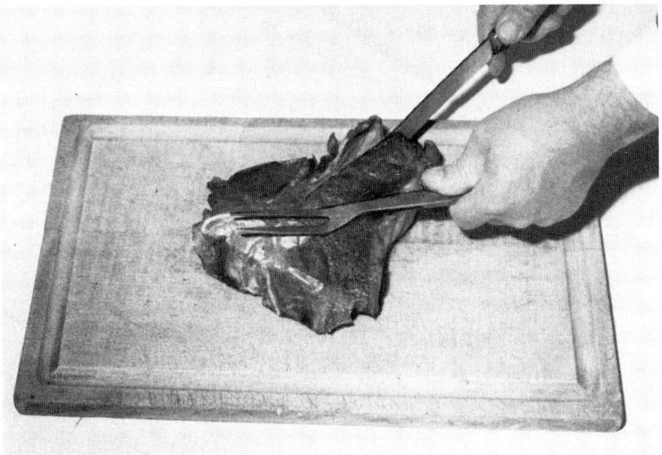

Zuerst wird der Knochen freigelegt.

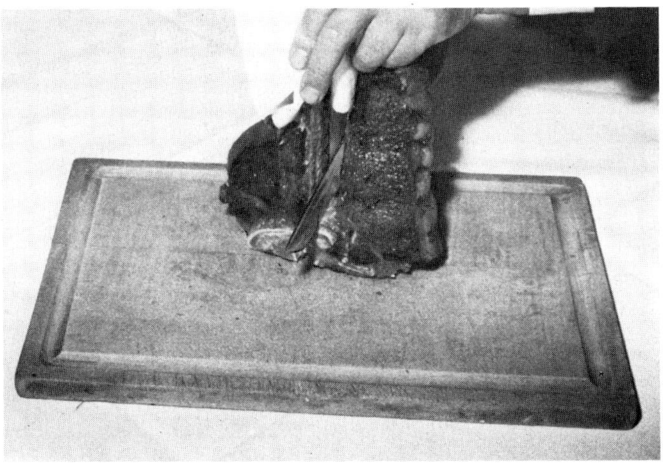

Jetzt wird das Steak hochgestellt.

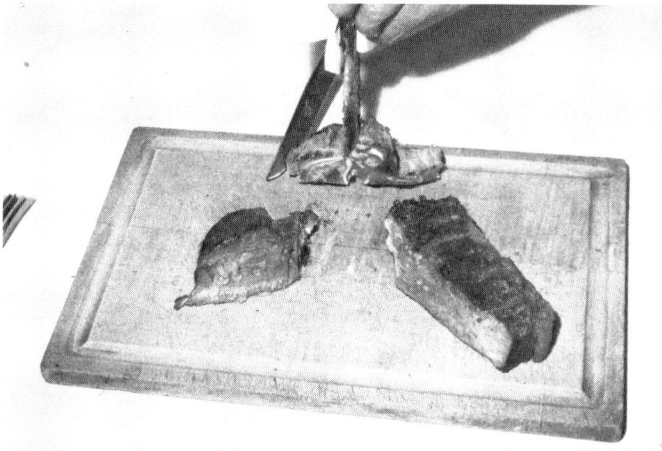

Mit dem Tranchiermesser wird senkrecht am Knochen hinunterschneidend das Fleisch abgelöst.

Im Schrägschnitt wird das Fleisch von rechts nach links in 1 bis 1 ½ cm dicke Tranchen geschnitten.

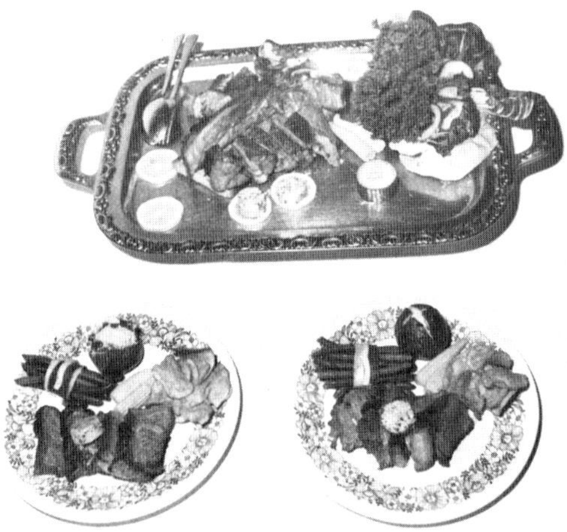

Zuerst wird das Filet und eine Tranche von der Zwischenrippe (vom Entrecôte) vorgelegt.

T-Bone-Steak
Es wird genau wie das Porterhouse Steak tranchiert. In der amerikanischen Küche sind Porterhouse Steak und T-Bone-Steak gleichbedeutend. In der internationalen und europäischen Küche erwartet der Gast selbstverständlich immer, daß er beim Porterhouse Steak auch das entsprechende Stück Rinderfilet dabei hat, was beim T-Bone-Steak nicht ständig der Fall sein muß. Das Wort T-Bone, übersetzt T-Knochen, besagt lediglich, daß das Steak aus dem Bereich der flachen Rippe geschnitten sein muß, also aus dem Teil, wo der Gratknochen mit dem halben Knochen der Wirbelsäule und dem Knochen der flachen Rippe noch ein »T« bildet. Das ist auch noch zur auslaufenden Filetspitze hin der Fall, also bei der Stelle, wo die Niere liegt, und auf der Gegenseite des Roastbeefs. Dort, wo beim Porterhouse Steak das Filet liegt und nur ein fingerdickes Stück der Filetspitze vorhanden ist. Korrekt geht es darum, daß eben das Fleisch der flachen Rippe im Knochen angeboten wird und nicht, wie beim Rinderkotelett, das Fleisch der hohen Rippe im Knochen. Bitte betrachten Sie dazu auch die Skizze »Einteilung des Rindernierenstücks«.

Roastbeef ohne Knochen
Ein Roastbeef ohne Knochen wird mit dem Messer in dünne, gerade Scheiben von rechts nach links geschnitten. Es kommt eigentlich nur ins Restaurant, wenn man einen Wärmewagen hat. Als Soße wird eine Bordelaise-, Madeira-, Burgunder- oder Marsalasoße gereicht. Da das rosa gebratene Roastbeef nicht zu heiß gehalten werden kann, geben wir hier ausnahmsweise die heiße Soße hauchdünn und gleichmäßig *über* die Tranche.

Roastbeef mit Knochen – Rinderhochrippe
Man bezeichnet dies auch als Roastbeef »englisch«. Hier ist nicht die Bratstufe gemeint, sondern die Art der Zubereitung. Der Engländer brät es mit dem Knochen, weil es dadurch schmackhafter und saftiger sein soll. Der Gratknochen muß aber vorher entfernt werden, so daß wir beim Tranchieren nur das große Fleischstück auf den eingewachsenen Rippen zu liegen haben. Wir stellen das Stück am besten senkrecht hoch und halten mit der Gabel innen am Rippenknochen fest. Dabei können wir ruhig ganz leicht, soweit das Fleisch zwischen den Knochen reicht, mit der Gabelspitze einstechen, um einen besseren Halt zu haben. Dann schneiden wir waagerecht zum Knochen bzw. zum Trancheur hin nicht zu starke Tranchen (ca. 6 mm stark). Mit einem senkrechten Schnitt, so dicht wie nur möglich am Knochen entlang, werden die Tranchen von der Rippe gelöst und auf einen heißen Teller direkt vom Messer herunter vorgelegt. Auch hier gibt man etwas heiße Jus über die Tranchen.

Rinderfilet Wellington
Ein Rinderfilet Wellington wird genauso wie Kalbsfilet im Blätterteig tranchiert.

Tafelspitz geschmort
Pointe de bœuf braisée ist eine wahre Delikatesse, die leider bei uns zu wenig bekannt ist. Sie wird am besten vom Wagen serviert. Die vorderste Spitze schneidet man ab und dann Tranchen von ca. 8 bis 10 mm Stärke im leichten Schrägschnitt zum Trancheur von rechts nach links, immer sauber gegen die Faser.
Als Beilage für die vom Schmoren gezogene köstliche Soße eignen sich am besten Knödel, frischer grüner Salat und junges Sommergemüse.

Gekochter Tafelspitz
Dieser kann ebenfalls à la voiture (vom Rinderbrustwagen) serviert werden. Es ist eine typisch österreichische Spezialität. Dort reicht man allerdings nicht wie bei uns Bouillonkartoffeln zum gekochten Rindfleisch, sondern Rösti mit Apfelkren (Apfelsahnemeerrettich).

Rinderbrust (Poitrine de bœuf)
Obwohl es sich hier um ein ausgesprochen bürgerliches Essen handelt, ist es in allen erstklassigen Restaurants ein obligatorisches Samstag-Mittag-Menü. Viele gute Häuser scheuen nicht die hohen Anschaffungskosten für einen Rinderbrustwagen, um durch exakten und auch optisch eindrucksvollen Service das Gericht besser zu verkaufen. Der Grund dafür ist, daß man bei starkem Geschäftsgang zum Wochenende stets kräftige klare Brühen und Rindsfond benötigt. Außerdem ist es für die Küche gerade an diesem Tag, an dem Samstagabend für größere Diners oder für Sonntag vorgearbeitet werden muß, eine nicht zu unterschätzende Arbeitsentlastung.
Ausgesprochen im Druck ist allerdings der Service, wenn es mittags Rinderbrust im Menü gibt. Kaum ein Gericht ist so arbeitsaufwendig und erfordert soviel Handgriffe wie eine Rinderbrust, wenn sie richtig serviert werden soll.
Das Tranchieren ist dabei die wenigste Arbeit. Man schneidet von rechts nach links Tranchen von ca. 1 bis 1,5 cm Dicke. Dabei darf man ruhig mit der Gabel ins Fleisch hineinstechen. Viele Gäste mögen, wenn sie Rinderbrust essen, auch etwas Fett. Deshalb sollten wir das Fett nicht einfach wegschneiden, sondern den Gast fragen. Die Teller müssen sehr heiß sein. Über die Tranchen gibt man mit einem kleinen Löffel ganz gleichmäßig etwas Selleriesalz und übergießt dann die Scheiben leicht mit dem Rindsfond, in dem die Brust gekocht wurde. Das geschieht mit einem Suppen- oder Vorlegelöffel in der Weise, daß das vorher heraufgestreute Salz praktisch wieder abgeschwemmt wird, ohne dabei zuviel Flüssigkeit auf den Teller zu bringen. Nur der Hauch des gemahlenen Selleriesamenkornes soll nachher den Eigengeschmack des gekochten Rindfleisches vollenden und heben.

Rinderbrustwagen – Werkfoto Gebr. Hepp

Die Meerrettichsoße wird niemals über das Fleisch gegeben, wie man es leider häufig sogar in guten Restaurants sieht. Wie zuvor erwähnt reichen wir immer Bouillonkartoffeln zur Rinderbrust, die ebenfalls mit vorgelegt werden.
Jetzt kommt das, was als besonders arbeitsintensiv hervorgehoben wurde. Während der Trancheur das Fleisch serviert, muß ein zweiter Mann vom Service die Beilagen anbieten. Zum gekochten Rindfleisch reichen wir kalte Beilagen nach Wahl. Besser ist es sogar, wenn vor dem Tranchieren schon mit dem Offerieren der Beilagen begonnen wird. Einmal dauert das Anrichten an und für sich schon lange, und dann muß man auch die Zeit einkalkulieren, die der Gast benötigt, bis er seine Wahl getroffen hat. Auf einer großen Platte befinden sich Glasschalen mit diversen kalten Beilagen, wie z. B. Rote Bete, süßsaure Zwiebelchen, Cornichons, Mixed Pickles, süßsaure Kürbisstückchen, Selleriescheiben in Vinaigrettesoße, marinierte Brüsseler Sprossen, Blumenkohlröschen mariniert, Paprikastreifen, Preiselbeeren. Nach den Wünschen der Gäste stellen wir individuell für jeden Gast den Teller der kalten Beilagen zusammen. Dabei legen wir auf einen kalten Mittelteller vor, der dann wie der Salat links oberhalb der Gabelseite eingesetzt wird. Verlangt der Gast auch Preiselbeeren, so muß man diese extra auf einem kleinen Glasschälchen vorlegen und einsetzen. Alles in allem eine Arbeit, die viel Zeit erfordert, wenn man fachlich einwandfrei servieren will und nicht alles einfach auf den Teller klatscht. Auch sollte das Beilagentablett immer wieder frisch und sauber hergerichtet werden, bevor man es für den nächsten Tisch verwenden kann.

Korrespondierende Getränke zum Rindfleisch
Auch hier ist die Meinung falsch, daß man nur rote Weine zum Rindfleisch servieren kann. Zu einem geschmorten Gericht vom Rind, zur gekochten Ochsenbrust oder gar zur Rinderzunge kann man auch einen vollen, wuchtigen, auch etwas bukettbetonten und feurigen Weißwein reichen. Ein Silvaner aus Franken, eine Huxel-, Sieger- oder Scheurebe aus der Pfalz oder ein Ruländer aus Baden passen sehr gut zu diesen Gerichten. Zum Rheinischen Sauerbraten sollte immer ein leichter Qualitätswein serviert werden, weil sich die Essigsäure der Sauerbratensoße nicht so gut mit dem Wein verträgt. Hier würde sich ein Portugieser aus Rheinhessen, aus der Pfalz oder von der Ahr gut eignen. Auch muß man hier keineswegs über die Güteklasse Q. b. A. hinausgehen, weil der Geschmack des Weines nicht zur Geltung kommt. Für einen deftigen Burgunderbraten bietet sich der Wein an, mit dem auch die Soße vollendet wurde. Ein Frühburgunder oder Spätburgunder von der Ahr bzw. aus der Pfalz, aber auch ein Lemberger oder Trollinger aus Württemberg kann empfohlen werden.
Zu den kurzgebratenen Gerichten vom Rind, wie Chateaubriand, Entrecôte double, Rinderkotelett, Porterhouse Steak, Hochrippe usw. sollte es schon ein voller, wuchtiger Rotwein sein, also z. B. ein Assmannshäuser Spätburgunder, ein Schwarzriesling aus Württemberg, eine Heroldrebe aus der Pfalz oder feuriger badischer Spätburgunder wie der Ihringer Vulkanfelsen.
Keine falsche Empfehlung macht man mit den französischen Spitzenweinen aus dem Bordeaux, wie Pomerol, Médoc, St.-Emilion, ein Château-Lafite-Rothschild und andere bekannte Château-Weine. Aber auch ein Côte de Beaune oder ein roter Côtes de Provence korrespondieren bestens mit diesen Gerichten.
Auch die wuchtigen Weine Italiens lassen sich hierzu gut trinken, wie z. B. ein Merlot aus dem Friaul, ein roter Bardolino aus Venetien, ein Barolo aus Piemont oder ein Lacrimae Christi vom Vulkanfelsen Campaniens.
Zu besonders pikanten Gerichten vom Rind, wie Pfeffersteak, Curried Beef Madras Style, Chiligerichten etc., empfiehlt sich ein herzhafter Wein mit ausgeprägtem Bukett. So z. B. eine Scheurebe aus Franken, eine Siegerrebe aus der Pfalz, ein Gutedel vom Kaiserstuhl, ein Edelzwicker aus dem Elsaß, ein Morio Muskat aus der Pfalz oder aus Rheinhessen. Aber auch süffige leichtere Rotweine eignen sich hierzu, wenn der Gast unbedingt nach Rotwein verlangt. Ein großer Bordeaux wie ein Château-Latour, Château Haut-Brion oder Burgunderwein wie der Nuits-St-Georges wären zu schade für derartige scharfe Gerichte.

Hammel- und Lammfleisch

Hammelkeule – Lammkeule (Gigot de mouton)
In der Küche wurde die Keule vom Schloßknochen befreit und der Haxenknochen soweit freigelegt, daß man ihn mit der Serviette halten oder einen anschraubbaren Knochenhalter anbringen kann.
Es gibt 4 Methoden, die Keule zu tranchieren:

Methode 1
Man erfaßt die Keule am Haxenknochen und stellt sie senkrecht auf das Tranchierbrett. Zuerst macht man hinter der Haxe einen Einschnitt und hebt die ersten kleinen Scheiben ab, um die große Nuß in schöne, gleichmäßige Tranchen schneiden zu können. Der Einschnitt an der Haxe bietet eine Absicherung für das Schneiden zum Trancheur hin und bildet eine Basis für das gleichmäßige Auslaufen der Schnittführung. Dann schneidet man in Richtung zum Trancheur hin waagerechte Tranchen, bis man am Knochen angelangt ist. Nun dreht man die Keule und schneidet die Körperseite auf die gleiche Weise. Die dabei links und rechts haften gebliebenen Fleischteile schneidet man zum Schluß für den Nachservice auf.

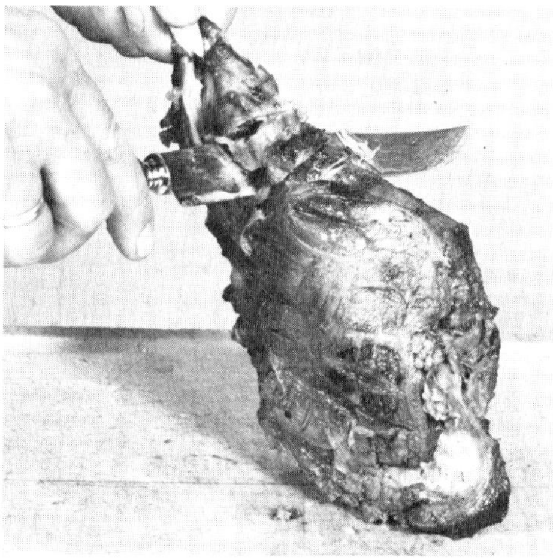
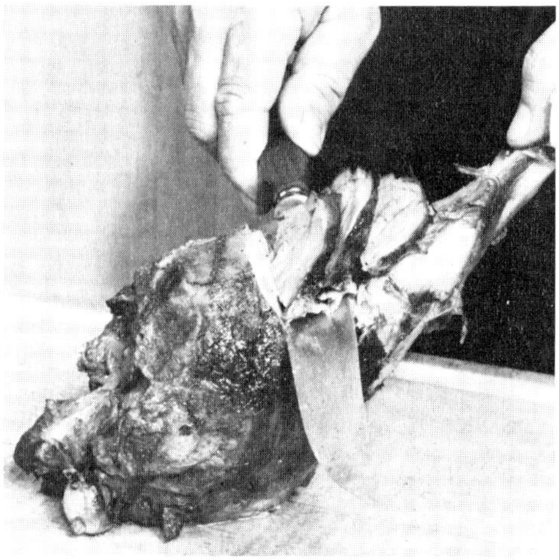
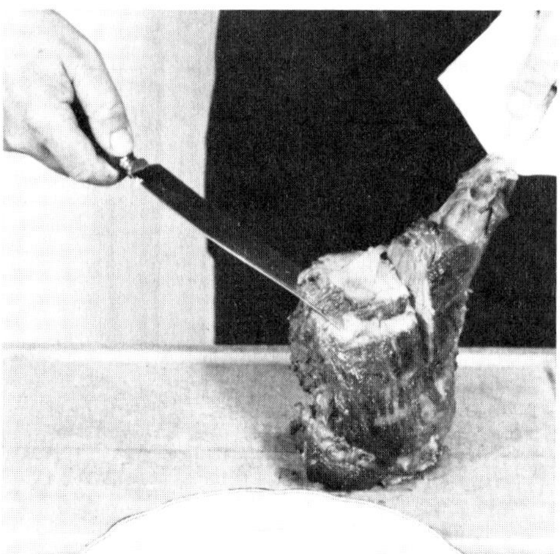
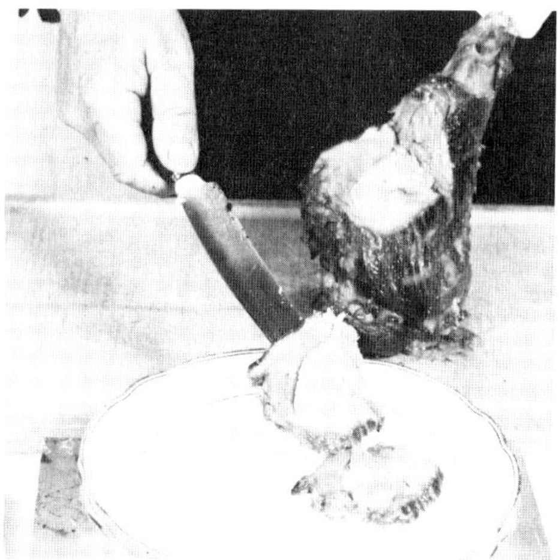

Methode 2

Die Keule wird flach auf ein Brett gelegt und 3 bis 4 Tranchen von der Oberschale abgeschnitten. Dadurch erhält man eine glatte Auflage. Dann dreht man die Keule um und stellt sie auf die glatt geschnittene Fläche. Nun schneidet man senkrecht bis zum Knochen herunter gleichmäßige Tranchen. Durch einen waagerechten Einschnitt parallel zum Knochen werden die Tranchen gelöst und abgehoben. Dann wird die Keule umgedreht und die Gegenseite auf die gleiche Weise tranchiert.

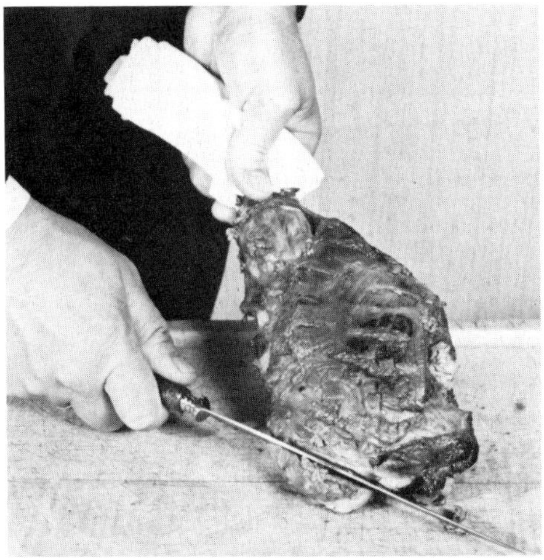

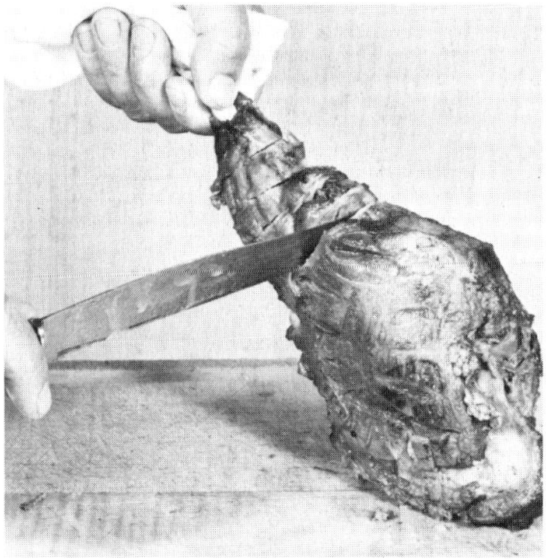

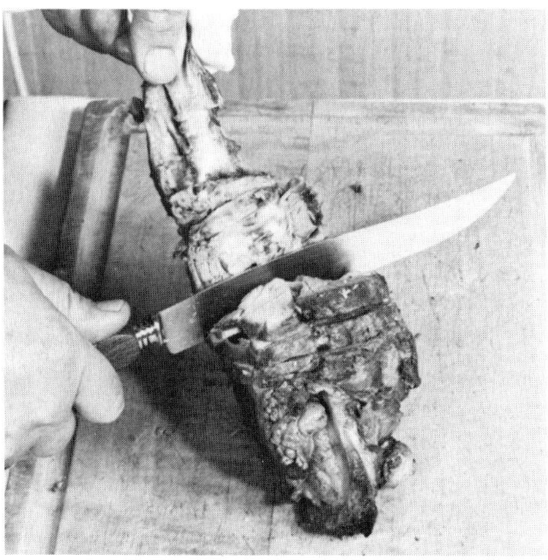

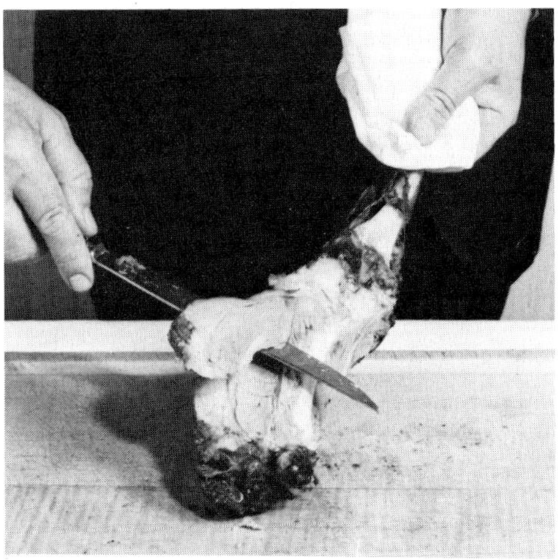

Methode 3
Diese Methode ist nur dann geeignet, wenn für eine Gesellschaft die ganze Keule serviert werden soll, also nicht für ein à la carte-Service vom Wärmewagen.
Wir stellen die Keule mit dem dicken Teil nach unten auf das Tranchierbrett. Von der Haxe angefangen und den Knochen entlangfahrend trennen wir mit einem Schnitt die obere Nuß von der Keule ab. Mit der Messerspitze lösen wir jetzt das übrige Fleisch vom Knochen und drehen die Keule um, wobei diese immer noch in der hochgestellten Lage verbleibt. Nochmals am Knochen entlangfahrend wird jetzt der untere Teil vom Knochen abgelöst. Nun liegen beide Teile ausgelöst auf dem Brett. Quer zur Faser schneiden wir danach gleichmäßige Tranchen in senkrechter Schnittführung.

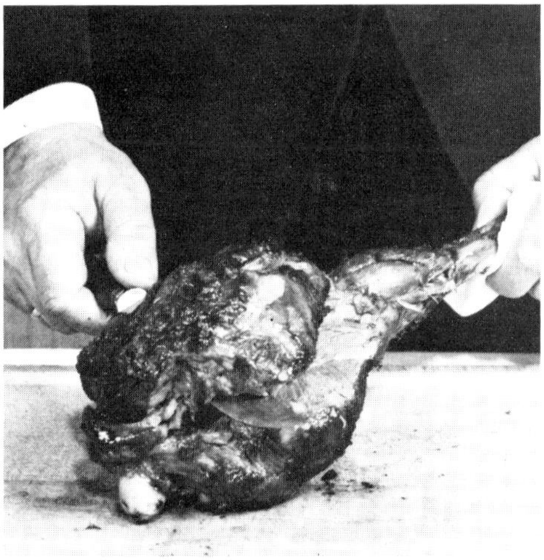
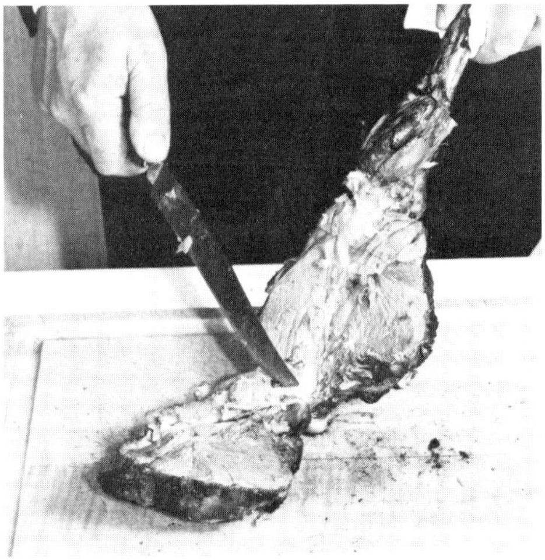
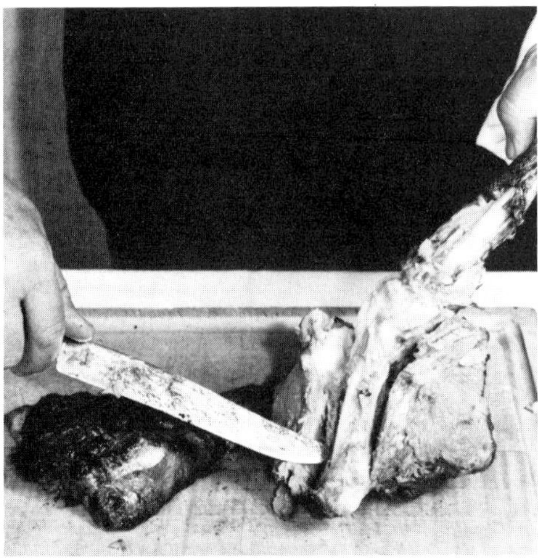
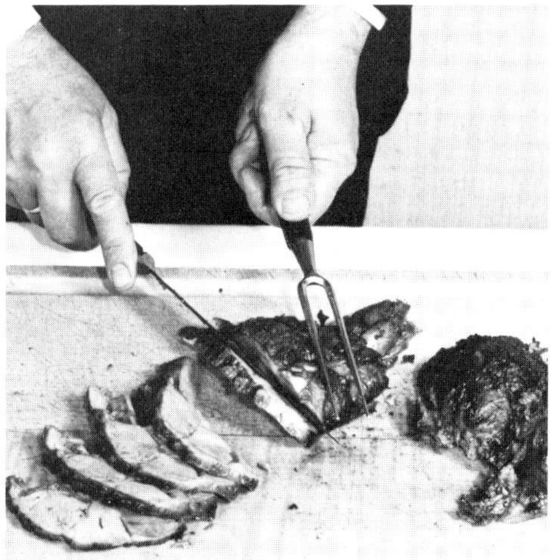

Methode 4

Nach der französischen Methode wird die Keule hochgestellt und vom Körper weg in schräge, lange Tranchen geschnitten. Dabei wird am Schloßknochen begonnen. Das Messer wird von links nach rechts geführt. Man dreht die Keule nach dem Aufschneiden der einen Seite, um dann die andere Seite genauso aufzuschneiden.

Welche Methode die vorteilhafteste ist, läßt sich schwer sagen. Das sollte jeder für sich herausfinden.

Lammkrone
Meistens sind bei der Lammkrone über die Rippenknochen Kotelettmanschetten gesteckt. Wir können dann mit den Fingern festhalten und schneiden immer zwischen den Rippen senkrecht herunter. Sind die Knochen nicht mit Manschetten versehen, so halten wir die Rippenknochen zwischen den zwei Zinken der Tranchiergabel eingeklemmt.

Lammrücken und Lammsattel
Diese werden genauso tranchiert wie es beim Kalbsrücken bzw. Kalbssattel beschrieben ist, nur daß man beim Lammrücken bevorzugt den englischen Schnitt anwendet.

Lammkarrée
Es wird genau wie ein Kalbskarrée tranchiert.

Lammfilet
Es wird genauso tranchiert wie ein Schweinefilet.

Korrespondierende Getränke zu Lamm- und Hammelfleisch
Allgemein serviert man zu Lamm- und Hammelfleisch Rotweine. Bei der Getränkeempfehlung zum Lamm ist es entscheidend, ob es sich um ein Milchlamm (l'agneau de lait), ein Weidelamm (l'agneau) oder um ein Mastlamm handelt. Unter Milchlamm versteht man das Jungtier, das nur von Muttermilch ernährt und geschlachtet wurde, bevor es zu fressen anfängt. Sobald die Tiere anfangen zu grasen, nennt man sie bis zu einem Jahr Lamm, das kastrierte männliche Tier ist der Hammel. Ältere Mutterschafe kommen für die Restaurantküche kaum, Zuchtböcke überhaupt nicht in Frage.
Zum Milchlamm, das zu den hellen Fleischsorten zählt, empfehlen wir blumigen Wein vom Typ Müller-Thurgau, einen Ruländer aus Baden oder Weißburgunder aus der Rheinpfalz, aus Franken oder vom Kaiserstuhl. Im Zweifelsfall liegt man immer richtig mit einem Weißherbst vom Bodensee oder einem Trollinger aus Württemberg. Aus Frankreich bietet sich der Côtes de Provence an.
Zu zart rosa gebratenem und mit Knoblauch gewürztem Lamm- oder Hammelfleisch passen etwas volle Rotweine besser. Aus Württemberg ein Lemberger oder Spätburgunder, der aber auch von der Ahr oder von Assmannshausen sein darf. Auch die Heroldrebe aus Württemberg oder aus der Rheinpfalz, oder der Dôle aus der Schweiz vertragen sich gut mit Hammelgerichten. Aus Frankreich empfiehlt sich hierzu ein Pomerol, Médoc oder St-Emilion sowie überhaupt alle Bordeaux-Weine.

Wildfleisch

Rehrücken

Wir präsentieren die Platte und legen den Rücken mit dem Sattelstück nach oben auf das Tranchierbrett. In den Einschnitt am Gratknochen, der immer in der Küche vor dem Braten gemacht wird, fahren wir beiderseits mit einem Tranchiermesser, das eine längere schmale Klinge hat, entlang. Bei dieser Schnittführung verkanten wir das Messer leicht nach außen, immer unmittelbar am Knochen entlangführend. Dabei halten wir den Rücken mit der Gabel so, daß wir den Grat zwischen die Zinken nehmen und nicht in das Fleisch stechen müssen. Mit dem Vorlegelöffel drücken wir dann die Rückenfilets heraus. Ebenfalls werden die zwei unteren Filets (Filets mignons) ausgelöst, mit 3 Schrägschnitten geteilt und auf die Platte zurückgelegt. Die ausgelösten Rückenfilets schneiden wir nun vom Halsende her in ca. 1,5 bis 2 cm dicke Schrägtranchen. Haben wir einen gespickten Rehrücken zu tranchieren, so muß man die Spickführung beachten und die Tranchen so schneiden, daß die Spickstreifen nicht beim Tranchieren herausfallen können. Wir setzen die Tranchen wieder auf das Knochengerüst zurück, indem wir mit der Breitseite der Messerklinge von der Halsseite nach hinten unterfassen, mit der Gabel abstützen und das Fleisch geschickt vom Brett auf die Platte herübersetzen. Vorgelegt wird dann von der Platte aus.
Wir können Rehrücken aber auch nach den zwei anderen, wie beim Lammrücken beschriebenen Methoden, tranchieren.

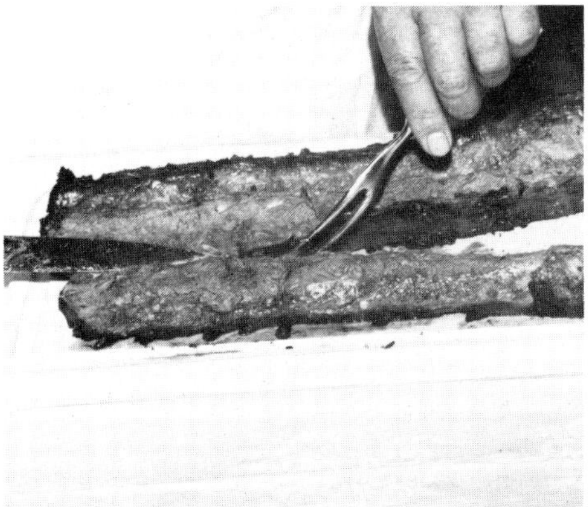

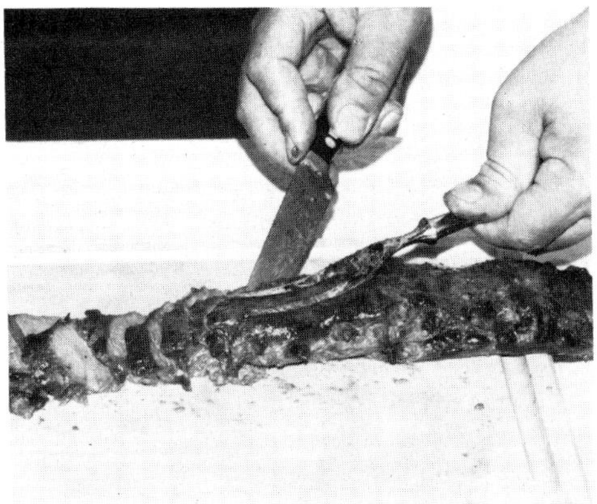

Rehkeule
Wird wie eine Lammkeule tranchiert.

Hirschrücken
Wird wie Kalbsrücken tranchiert.

Porterhouse Steak vom Elch
Wird wie Porterhouse Steak vom Rind tranchiert.

Frischlingskeule
Wird wie Lammkeule tranchiert.

Wildschweinkeule
Wird wie Schinken tranchiert.

Ganzer Frischling
Eine echte Rarität, die man sehr selten und nur mit guten Beziehungen zum Jagdpächter bekommt. Das Tier wird nicht abgeschwartet wie ein Wildschwein, sondern abgebrannt, damit es mit der Schwarte gebraten werden kann. Es wird dann tranchiert wie ein Spanferkel.

Hasenrücken
Einen rosa gebratenen jungen Hasenrücken muß man immer mit dem Vorlegebesteck auslösen können. Die Filets werden nicht mit dem Messer herausgeschnitten.
Wir halten den Rücken mit der Gabel ohne hineinzustechen und drücken mit dem Löffel beide Rückenfilets heraus. Dann drehen wir den Rücken um und drücken die Filets mignons ebenfalls mit dem Löffel heraus. Wir schneiden die Rückenfilets in ca. 1 cm starke, schräge Tranchen, ähnlich wie beim Rehrücken. Da auch der Hasenrücken meistens gespickt ist, muß auch hier das Tranchieren entsprechend dem Verlauf der Spickstreifen ausgeführt werden.

Korrespondierende Getränke zu Wildfleisch
Zum Wildfleisch (Haarwild) passen immer volle, wuchtige Spätburgunderweine aus allen Weinanbaugebieten Deutschlands mit mindestens der Qualitätsstufe Kabinett, aber eher tendierend auf Spätlese und Auslese hin. Aus Frankreich bieten sich alle Bordeaux-Weine an, aber auch aus der Bourgogne eignen sich alle Weine zu Wildgerichten. Ebenfalls kommen aus dem Rhônetal Weine, die hervorragend mit Wildgerichten korrespondieren, wie z. B. der Wein der Päpste »Château-neuf-du-Pape«, Grozes-Hermitage oder der große, körperreiche bei uns weniger bekannte Gigondas.
Als Ausnahme beim Haarwild gilt das innerhalb dieser Kategorie zum Tatzenwild gehörige Wildkaninchen. Hierzu passen am besten ein halbtrockener Riesling aus dem Rheingau oder ein kräftiger Silvaner aus Franken. Zum Hasen dagegen wird Rotwein serviert wie zuvor beschrieben. Zum Hasenpfeffer sollten es allerdings leichtere Rotweine sein, weil die sehr pikante Zubereitung, vor allen Dingen die Marinade, zu schade wäre, mit einem großen Rotwein, wie z. B. dem Assmannshäuser Spätburgunder oder einem Pomerol in Verbindung gebracht zu werden. Hier bieten sich Weine wie ein Portugieser aus Rheinhessen oder aus der Pfalz, aber auch ein Trollinger aus Württemberg als vorzüglicher Speisenbegleiter an. Aus Frankreich können wir einen Corbières aus dem Languedoc-Roussillon, einen Côtes du Languedoc oder einen Côtes Provence empfehlen.

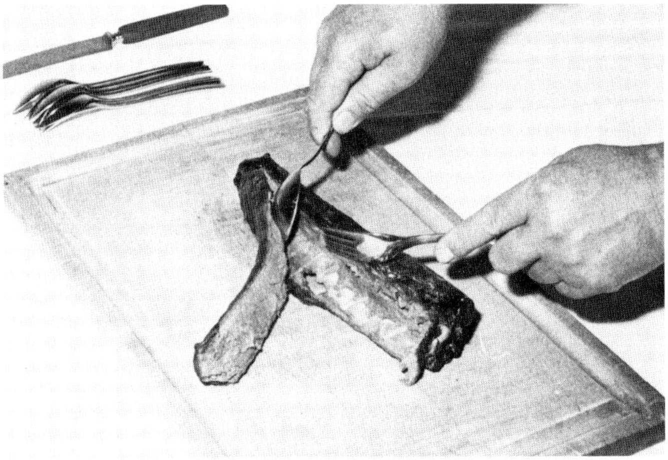

Beim Hasenrücken werden die Rückenfilets niemals herausgeschnitten, sondern immer mit der Laffe des Löffels herausgedrückt. Der Rücken wird mit der Gabel gehalten, ohne dabei in das Fleisch zu stechen.

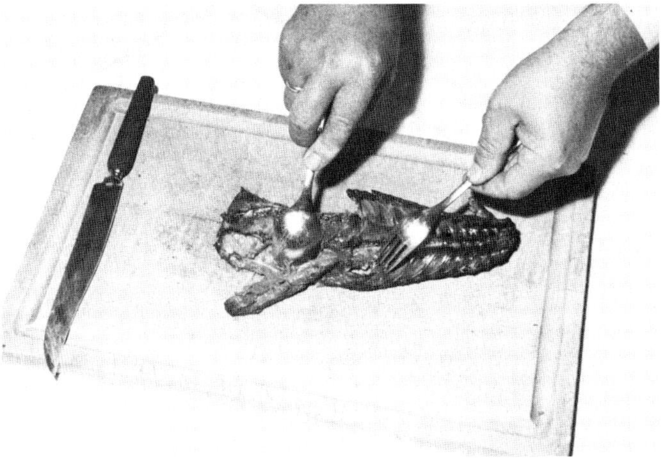

Die Filets werden ebenfalls mit dem Löffel herausgedrückt.

Die ausgelösten Filets werden in gleicher Schnittführung wie beim Rehrücken tranchiert.
Auf die Spickstreifen muß der Trancheur achten. Um ein Herausfallen zu vermeiden, müssen sie immer quer geschnitten werden.

Schlachtgeflügel (Hausgeflügel)

Hierzu zählen Hühner, Enten, Gänse, Truthühner, Perlhühner und Tauben.
Bei den Hühnern haben wir nach Alter, Geschlecht, Gewicht und Mast noch folgende Unterschiede:

Küken (Poussin)
4 bis 6 Wochen alt. Die Tiere haben noch den Pflaum, also ihr erstes Federkleid, und wurden überwiegend mit Weichfutter gemästet. Das Knochengerüst ist noch weich und läßt sich mühelos beim Tranchieren durchschneiden. Damit es nicht zu klein wirkt, schneiden wir nur die Wirbelsäule heraus und drücken die Keule am Kugelgelenk durch, um dann das halbe Küken vorzulegen.

Hamburger Stubenküken
Es handelt sich hier um eine ganz spezielle Mast von der Rasse der Silberbrackeln und Goldbrackeln. Es ist 2 bis 4 Wochen alt, wenn es geschlachtet wird. Das Geheimnis liegt in der Futterzusammenstellung. Das Küken wird mit einem ganz speziellen Weichfutter ernährt und dabei in dunklen Räumen gehalten. Das Dämmerlicht veranlaßt die Tiere zum dauernden Fressen, und so ist es möglich, daß in der kurzen Mastzeit ein Schlachtgewicht von 250 bis 300 g erreicht wird. Früher wurden die Tiere auf diese Weise in verdunkelten Käfigen in den Bauernstuben gemästet. Daher stammt der Name Stubenküken. Hamburger Stubenküken sind als einzige Geflügelart nicht der Handelsklassenverordnung unterworfen.
Auch Stubenküken werden nur halbiert, wobei man, wie zuvor beschrieben, jeweils einen Schnitt links und rechts macht und dadurch die Wirbelsäule mit dem Brustknochen entfernt. Stubenküken werden aber auch oft gefüllt und dann nur halbiert.

Masthühnchen – Brathähnchen (Poulet – Poulet de grain)
Man versteht darunter ein 6 bis 7 Wochen altes Masthähnchen oder Masthühnchen von der Rasse der Fleischhühner, das ein Gewicht von 700 bis 1100 g erreicht hat. Auch hier ist das Tranchieren ähnlich wie beim Küken, eigentlich mehr ein Halbieren. Wir heben das Tier mit dem Messer hoch, halten es einen Moment über die Platte, damit der Bratensaft herauslaufen kann. Nun legen wir das Hühnchen mit der Brust zum Trancheur auf das Schneidebrett. Zwischen Keule und Brust drückt man mit der Gabel in die linke Seite, um so das Hühnchen festzuhalten. Jetzt schneidet man von hinten nach vorn über die Brust in Richtung des rechten Flügelgelenkes, zieht die Messerklinge vor und durchdrückt mit der Spitze das Gelenk, um es dann mit einem Schnitt zu lösen. Dasselbe geschieht auch mit der anderen Brusthälfte. Jetzt legt man das Hühnchen auf die rechte Seite und führt die Messerklinge in den vorher entstandenen Einschnitt flach auf den Flügel, um nun mit der Gabel das Hühnchen schräg nach hinten wegzuziehen und von der Karkasse zu lösen. Dann legt man es auf die andere Seite, sticht mit der Gabel an der Oberseite in das Knochengerüst und zieht so die ganze Karkasse schräg nach hinten weg, um so auch die andere Hälfte zu lösen. Mitten auf dem Brustbein befindet sich noch ein Streifen Fleisch, den wir dadurch ablösen, daß wir an der breiten Seite des Brustknochens mit dem Messer durchdrücken und dabei den Streifen mit dem Messer vom Brustbein schieben. Die Keule sitzt noch am Brustfleisch. Man durchschneidet nun noch quer die Gelenke der Unterkeule und legt den Brustteil mit der Oberkeule als ersten Service vor. Auf dem Rücken der Karkasse befinden sich noch die zwei Nüsse, die Filets des Hühnchens – auch Oysters genannt. Diese werden jetzt ausgelöst und mit den Unterkeulen als Nachservice gereicht.

Brathuhn (Poulet rôti)
Wir nehmen das Huhn auf den Rücken des Tranchiermessers und halten es einen Augenblick über die Platte, damit der Bratenfond ausläuft. Dann legen wir es auf das Tranchierbrett mit dem Rücken zum Trancheur und der Brust nach rechts. Mit der Gabel stechen wir von unten die Keule an, heben dabei leicht an und markieren mit dem Messer im Rundschnitt die Trennlinie der Keule. Es genügt vollkommen, wenn wir dabei nur die Haut einschneiden. Dann drücken wir mit der breitgehaltenen Messerklinge seitlich unterhalb der Keule auf das Huhn, um es zu sichern bzw. festzuhalten. Jetzt kann man die Keule leicht und ohne Mühe einfach vom Körper abziehen. Wir drehen nun das Huhn um und ziehen die andere Keule auf die gleiche Weise ab. Die Keulen werden an den Gelenken einmal durchgeschnitten und zum Nachservice auf die warmgehaltene Platte zurückgelegt. Nun legt man das Hühnchen auf den Rücken mit der Kopfseite zum Trancheur und hält es mit der Gabel fest, indem man dort einsticht, wo die Keulen waren.
Die Messerspitze setzt man etwas oberhalb der Flügelgelenke an und schneidet mit dem vorderen Teil der Messerklinge waagerecht bis an das Knochengerüst. Jetzt zieht man das Messer soweit zurück, daß nur noch die Spitze im Einschnitt ist. Den Messergriff dreht man nun so, daß die Schneide im rechten Winkel nach unten geführt wird. Nun schneidet man, das Flügelgelenk durchtrennend, den Flügel mit einem guten Stück Brustfleisch ab und legt es auf die warme Platte zurück. Jetzt schneiden wir das Brustbein, den sogenannten Wünscheknochen, quer durch und deuten hinten bei der Bauchöffnung einen leichten Querschnitt an. Dann fahren wir mit dem Messer links und rechts des Brustknochens entlang und drücken mit der Klinge leicht seitlich weg, wobei wir die Karkasse mit der Gabel etwas anheben. Bei diesem Vorgang werden die beiden Brusthälften abgehoben. Wir teilen diese einmal der Länge nach durch und legen als ersten Service eine Brusttranche und einen Flügelknochen mit etwas Brustfleisch vor. Sollte die Flügelspitze sich noch am Knochen befinden, so wird sie durch einen Gelenkquerschnitt abgetrennt. Meistens sind die Spitzen jedoch schon in der Küche abgetrennt worden.
Während der Gast jetzt den ersten Service verspeist, lösen wir noch die Oysters aus dem Rücken und das an der Karkasse haftende Fleisch, indem wir mit der Gabel festhalten und mit dem Löffel das Fleisch abschaben. Zum Nachservice sollten selbstverständlich frische heiße Teller verwendet werden.

Masthuhn (Poularde)
Der Ausdruck Masthuhn ist nach der Handelsklassenverordnung nicht mehr richtig, sondern es heißt Junghuhn, weil ja eigentlich alle Geflügelarten auf irgendeine Art speziell gemästet werden. Wir wollen aber gerade für das Tranchieren noch diesen Ausdruck gelten lassen, weil hier die Arbeitstechnik etwas anders ist. Es handelt sich um ca. 8–9 Wochen alte Fleischrassenhühner, die nach der Handelsklassenverordnung mindestens 1150 g haben müssen.
Wenn wir aber eine Poularde ins Restaurant bekommen, so ist sie meistens schwerer. Französische Poularden aus der Bresse, aber auch aus der Gegend von Châlons und aus dem Périgord, haben oft das Gewicht um 2000 bis 2100 g und sind in der Qualität unseren heimischen Tieren weit überlegen.
Die Poularde wird tranchiert, wie zuvor beim Brathuhn beschrieben ist. Die Brusthälften werden jedoch, nachdem sie ausgelöst sind, quer in 4 bis 5 schön gleichmäßige Tranchen geschnitten. Der Schnitt wird leicht schräg geführt und die Brusthälften lassen sich fächerförmig angedeutet zusammensetzen. Wenn zwei Tranchen der Brust für den ersten Service (Hauptservice) vorgelegt sind, werden die Rückenfilets (Oysters) ausgelöst, die Keulen einmal am Gelenk quer durchgetrennt und dann die Oberkeule noch einmal durch einen Längsschnitt in zwei Teile zerlegt. Alles wird bis zum Nachservice wieder sauber auf der Platte zusammengesetzt. Auch ohne die Karkasse soll das Huhn fast komplett aussehen. Das Nachservice vollzieht sich in der gleichen Weise wie beim Brathuhn.

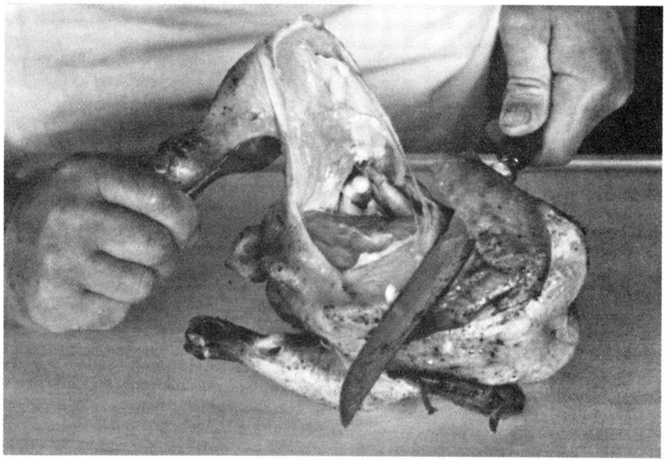

Bei der Poularde wird durch leichtes Einritzen der Haut der Markierungsschnitt an der Keule vorgenommen. Die Keulen werden dann mit der Gabel abgezogen.

Der Messeransatz beim Flügelschnitt. Die Messerklinge wird waagerecht gehalten, bis zur Messerspitze durchgezogen, mit der Spitze das Gelenk erfaßt, und dann die Klinge senkrecht gedreht um mit einem Druckschnitt nach vorne das Brust-Flügelstück abzulösen.

Der Flügel wird mit einem Stück Brustfleisch abgelöst.

Die ausgelösten Brustfilets werden fächerförmig, quer zur Faser tranchiert und als erster Service vorgelegt.

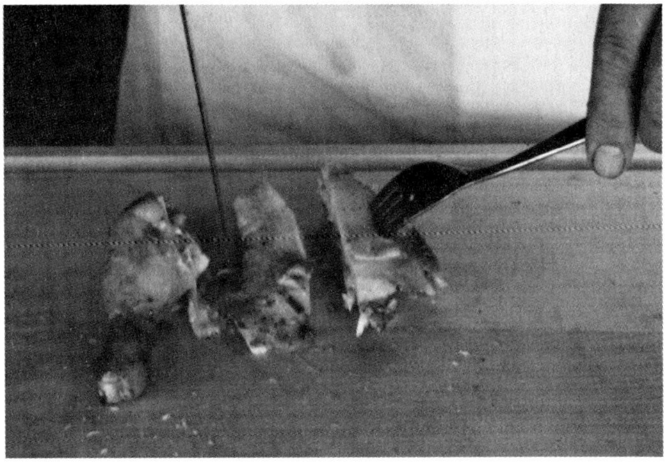

Die Keulen werden noch einmal im Gelenk quer und am Oberschenkel längs durchgeschnitten und für den Nachservice warmgehalten.

Gefüllte Poularde

Die Poularde wird zuerst präsentiert. Dann öffnet man am Steißbein und sticht mit einem Löffel die Füllung heraus, gibt sie auf die Mitte der Platte zum Warmhalten und tranchiert die Poularde wie zuvor beschrieben. Jetzt setzt man die Poularde auf der Füllung ohne die Karkasse wieder zusammen, präsentiert nochmals und legt von der Platte aus vor.

Kapaun – Jungmasthahn (Chapon)

Ursprünglich handelte es sich um junge, kastrierte Hähne, die bratfertig ein Gewicht von ca. 1750 g haben. Durch die Kastration und eine spezielle Fütterung erzielte man ein besonders schmackhaftes Fleisch. Heute werden die Hähne nicht mehr kastriert, sondern durch neuzeitliche Zucht- und Mastmethoden auf das gewünschte Gewicht gebracht und vor der Geschlechtsreife geschlachtet. Tranchiert wird der Kapaun wie die Poularde.

Suppenhuhn

Ein Suppenhuhn gelangt niemals zum Tranchieren ins Restaurant und ist wirklich nur für Suppen, evtl. Suppeneintöpfe und Ragouts in der Küche verwertbar.

Truthahn – Pute (Dinde)
Die ersten Griffe bis zum Abziehen der Keulen sind gleich wie jene bei der Poularde. Im Kniegelenk teilt man dann die Unter- und Oberkeule und schneidet längs des Knochens 1,5 bis 2 cm dicke Streifen aus den Keulen. Dabei trennt man die Röhrenknochen heraus und legt das Fleisch zum Warmhalten auf die Platte zurück.
Jetzt legt man den Vogel auf den Rücken, die Brustseite dem Trancheur zugekehrt. Mit der Gabel sticht man dort in das Gerippe hinein, wo sich die Keulen befanden. Die Spitzen der Tranchiergabel sollten dabei am Brett anstechen und so einen unbedingt festen Halt geben. Die Flügelknochen löst man mit etwas Brustfleisch in der gleichen Schnittweise wie bei der Poularde ab. Die Brust wird nicht abgelöst, sondern auf der Karkasse in lange schräge Tranchen geschnitten. Man legt immer eine schöne Brusttranche und ein Stück von der Keule vor, so daß der Gast helles und dunkles Fleisch zugleich auf dem Teller hat. Man kann auch, wenn die Keulen abgelöst sind, die Pute auf die Platte zurücksetzen, dann die Brust auf der Karkasse tranchieren und vorlegen. Serviert man eine Pute im à la carte-Service vom Wärmewagen, so löst man vorerst nur eine Keule ab und schneidet stets nur soviel vor, wie man zum Vorlegen benötigt. Zum Schluß wird wie bei der Poularde das Fleisch von der Karkasse mit dem Löffel abgedrückt und auf dem Rücken die runden Nußstücke (Filets) ausgelöst.

Junge Pute (Dindonneau)
Sogenannte Baby-Turkeys, die ein Gewicht von ca. 2,5 kg haben, werden genau wie eine Poularde tranchiert.

Tauben (Pigeon, Pigeonneau)
Tauben werden nur einmal der Länge nach durchgeschnitten und eine Hälfte als Hauptservice, die andere als Nachservice vorgelegt.

Perlhuhn (Pintade)
Ein Perlhuhn wird tranchiert wie ein Brathuhn. Das Fleisch ist sehr kurzfaserig und bröckelt leicht, wenn die Brust nicht saftig bzw. ganz leicht rosa gebraten ist. Die Unterschenkel der Keulen sind wie beim Fasan stark sehnig und können entweder nicht mitserviert werden oder wir müssen, vorausgesetzt die Füße sind noch dran, die Sehnen ziehen. Dazu lockern wir mit der Messerspitze durch einige Längsschnitte im Unterschenkel vorsichtig die Sehnen vom Muskelfleisch, ohne die Sehnen dabei zu zerschneiden. Dann fassen wir den Fuß mit der Serviette an und halten mit dem Messerrücken das Keulenfleisch unterhalb des Röhrenknochens fest. Über die Kante des Tranchierbrettes ziehen wir nun das ganze Sehnenbündel aus dem Muskelfleisch des Unterschenkels heraus, was mit einiger Übung ganz gut geht.

Ente (Canard, Canneton)
Von allen Geflügelarten, ja man kann sagen von allen Tranchiergütern überhaupt, ist die Ente am schwierigsten zu zerlegen. Einerseits lassen sich die Keulen und Flügel nicht so leicht wie bei anderen Geflügelarten ablösen. Außerdem ist folgendes zu bedenken: Eine Ente muß, um ihren vollen Geschmack entwickeln zu können, immer rosa gebraten werden. Wenn aber die Brust rosa ist, sind die Keulen noch blutig und an den Gelenken halb roh. Das erschwert die Arbeit nochmals. Die Keulen müssen also zuerst abgelöst und in die Küche zum Nachbraten geschickt werden. Bei einer geschmorten oder völlig durchgebratenen Ente (das gibt es sowieso nur auf ausdrücklichen Wunsch des Gastes und wird ganz selten verlangt) lassen sich die Keulen leichter tranchieren. Dafür zerbröckeln dann aber die Bruststreifen und sind so dünn zusammengebrutzelt, daß es eine Kunst ist, überhaupt etwas von der Karkasse herunterzuschneiden.
Wie beim Brathuhn werden zuerst die Keulen abgetrennt. Dann werden die Flügel mit einem Stück Brustfleisch wie bei der Poularde abgeschnitten. Das Brustbein wird nun am Wünsche-

knochen mit einem Kreuzschnitt durchgetrennt. Am Steißbein zu den Flanken hin macht man einen Querschnitt, der praktisch nur die Haut zur Brust hin trennt. Auf der Karkasse wird dann die Brust der Länge nach in dünne Streifen (Aiguilettes) geschnitten, die man vorne an der Brust ganz leicht an der Haut hängen läßt. Die herunterhängenden Tranchen bilden so einen Fächer. Dann löst man mit der Messerspitze die Bruststreifen von der Karkasse und legt den ganzen Fächer direkt vom Messer herunter auf den heißen Teller vor. Es ist aber auch richtig, wenn man jeden Bruststreifen für sich der Länge nach herunterschneidet und einzeln vorlegt. Die erste Methode erfordert etwas mehr Übung, sieht dafür aber eleganter aus und geht etwas schneller. Wenn die Keulen aus der Küche zurückgekommen sind, werden sie am Gelenk quer durchgeschnitten und als Nachservice gereicht. Wie bei allen Geflügelarten muß man auch hier die Nußstücke (die runden Filets, die im Rücken liegen) auslösen und mitservieren.

Für den Trancheur ist es wichtig, daß er schöne vollfleischige Enten bekommt und daß diese richtig gebraten sind.

Wie bei der Poularde werden auch bei der Ente die Keulen abgelöst. Es ist die gleiche Technik, nur daß es bei der Ente sehr viel schwerer geht.

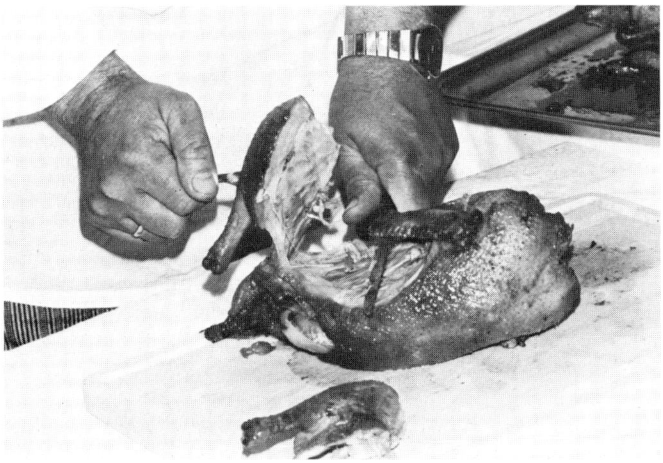

Mit der Messerklinge wird abgesichert. Der Gast darf die Kraftaufwendung beim abziehen der Keulen nicht merken.

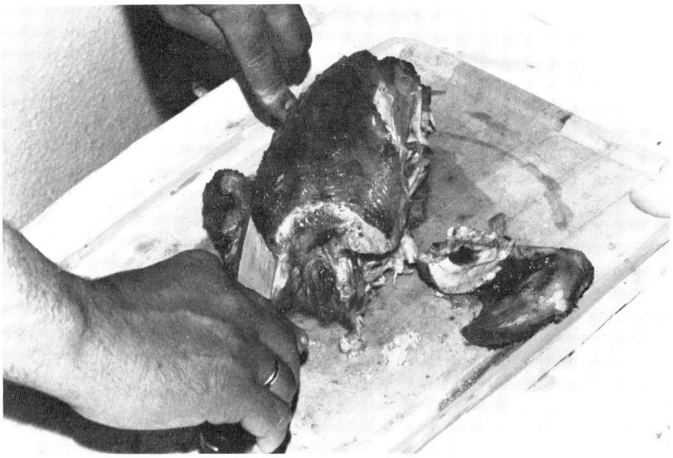

Genau wie bei der Poularde werden die Flügel mit einem Stück Brustfleisch abgelöst.

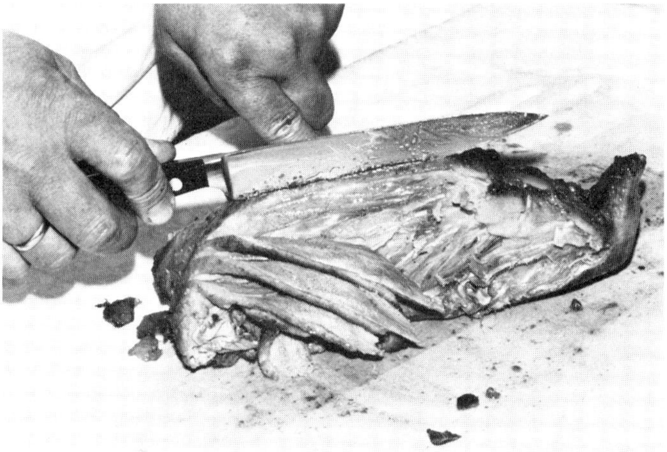

Die Brust wird auf der Karkasse in lange Streifen tranchiert.

Die Brust wird auf dem Teller fächerförmig vorgelegt.

Ente aus der Presse (Canard à la presse)
Dieses Gericht kommt heute kaum noch vor und soll an dieser Stelle mehr der Vollständigkeit halber erwähnt werden. Der Hauptgrund liegt im großen Zeit- und Arbeitsaufwand, aber auch an den Enten, die bei uns nur schwer zu bekommen sind.
In Frankreich nimmt man zu dieser Spezialität Rouenner Blutenten. Das sind Enten, die nicht durch einen Messerstich in den Hals getötet, sondern erstickt werden und dadurch nicht ausbluten.
Man kann auch Wildenten oder Fasan auf die gleiche Weise zubereiten.

Arbeitsgänge
1. Der Tranchiervorgang ist gleich wie zuvor beschrieben. Auch die Keulen müssen zum Nachbraten geschickt werden oder wir arbeiten mit zwei Pfannen und braten die Keulen am Tisch nach.
2. In einer Flambierpfanne wird ein Glas guter Burgunder Wein fast gänzlich reduziert und nur noch schwach warmgehalten.
3. Die tranchierten Entenbruststreifen werden nebeneinander in die Pfanne gelegt, gewürzt mit wenig Salz und einem Hauch Pfeffermühle.
4. Die Karkasse wird in die Geflügelpresse gegeben und ausgedrückt. Das ausgepreßte Blut wird in die Pfanne mit den Bruststreifen gegeben und darf nur warmgehalten werden. Die Flamme ist so klein zu stellen, daß es unter keinen Umständen zum Kochen kommen kann.
5. Auf dem Brett wird die rohe Entenleber ganz fein gehackt oder man fordert sie noch besser püriert aus der Küche an. Man gießt ein Glas trockenen Portwein in die Entenpresse und drückt noch einmal kräftig aus.
6. In eine zweite kleine Pfanne gibt man die Leber mit etwas Salz und Pfeffer und läßt sie mit etwas Butter angehen. Dazu gibt man den ausgepreßten Fleischsaft und erhitzt langsam.
7. Die Entenstreifen werden ganz kurz bei niedriger kleiner Flamme mit Cognac flambiert und auf warme Teller vorgelegt. In die Pfanne mit der Leber und dem Fleischsaft wird ein Stück Butter hinzugefügt und etwas gerührt, bis die Bindung hergestellt ist. Dann wird die Soße über die Streifen gegeben.
8. Die Keulen werden mit der restlichen Soße als Nachservice gereicht. Als Beilage eignet sich knackig frischer grüner Salat und Kartoffelpürée oder Kartoffelschnee.

Junggans (Oie, Oison)
Diese wird wie eine Ente tranchiert, jedoch die Keulen wie beim Truthahn. Da aber die Bruststreifen viel länger sind als bei der Ente, werden sie einmal in der Mitte durchgeschnitten. Vorgelegt wird ebenso wie bei der Pute. Der Gast erhält zum Hauptservice und zum Nachservice helles und dunkles Fleisch, also von der Brust und von der Keule.

Korrespondierende Getränke zu Hausgeflügel
Zu Ente, Truthahn, Kapaun, sind Rotweine passend. Ein Spätburgunder aus Baden oder von der Ahr würden korrespondieren. Aber auch ein Weißherbst vom Bodensee, ein Côteaux du Languedoc rot oder rosé oder ein Côteaux de Champenois ist zu empfehlen.
Zum hellen, mageren Geflügel wie Küken, Poulet, Poularde, passen immer frische fruchtige Rieslingweine aus allen Weinanbaugebieten Deutschlands, aus dem Elsaß oder aus Österreich. Aber auch einen Silvaner von der Qualitätsstufe Kabinett oder einen etwas fruchtigen frischen Müller-Thurgau darf man hier ohne weiteres empfehlen. Aus Frankreich bieten sich der Meursault aus dem Burgund, der Touraine aus dem Loiretal sowie der Mâcon Viré blanc aus dem Burgund oder Vin de Pays aus Savoyen, weiß oder rosé, an.

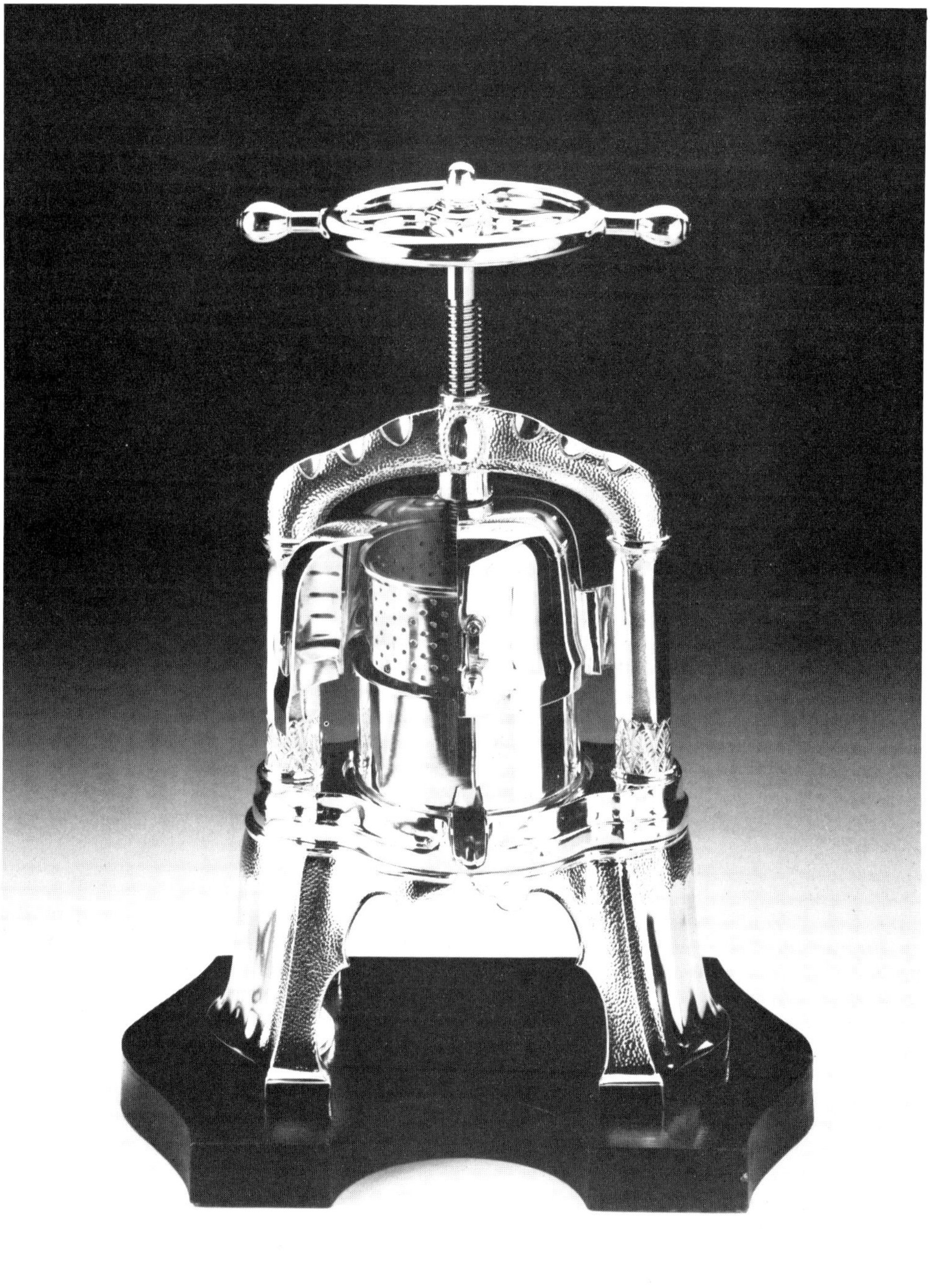

Geflügelpresse (Werkfoto Gebr. Hepp)

Wildgeflügel

Fasan (Faisan)
Ein Fasan wird ähnlich wie ein Perlhuhn tranchiert. Den Bardierspeck muß man vorher abheben. Die Keulen lassen sich von allen Geflügelarten am leichtesten vom Körper trennen. Wir brauchen nur mit dem Messerrücken nach außen zu drücken, und schon fallen sie seitlich weg. Mit der Messerspitze müssen wir nur noch etwas die Haut einritzen. Die Flügel werden wie bei der Poularde mit etwas Brustfleisch herausgeschnitten, das Brustfleisch ganz ausgelöst und auf dem Brett in Schrägtranchen der Länge nach geschnitten. Die Karkasse muß mit dem Löffel noch sauber abgedrückt sowie die Filets (Oysters) ausgelöst und für den Nachservice bereitgehalten werden.
Man bekommt heute oft küchenfertige Fasanen von den Zulieferern, bei denen die Füße schon entfernt sind. In diesem Fall muß man die Unterschenkel (Ständer) abschneiden, weil diese wegen der vielen messerscharfen, drahtigen Sehnen nicht mitserviert werden können. Sind die Tiere aber normal mit den Füßen gebraten, so lockern wir wie beim Perlhuhn mit der Messerspitze durch leichte Längsschnitte die Sehnen vom Muskelfleisch, fassen den Fuß mit der Serviette an, halten mit dem Messerrücken gegen und können so ganz leicht das gesamte Sehnenbündel, das am Fuß verbleibt, aus dem Ständer herausziehen.

Fasan aus der Presse
Wird zubereitet wie Enten aus der Presse.

Wildente (Canard sauvage)
Wird wie unsere Hausente tranchiert – eignet sich auch gut für Ente aus der Presse. Allerdings darf man nur junge Tiere verwenden.

Schnepfe (Bécasse)
Die Schnepfe wird mit den Eingeweiden gebraten. Nur der Kropf wird entfernt und der Mastdarm gezogen. Der Magen wird seitlich mit der Dressiernadel entfernt. Die Schnepfe hat also am Steiß keinen Waidschnitt, sondern wird geschlossen gebraten. Der Kopf ist nach hinten gezogen, der lange Hals liegt seitlich unterhalb der Brust und der Schnabel ist hinten am Steißbein wie eine Dressiernadel hineingesteckt.
Wir präsentieren den Vogel in dieser Lage dem Gast. Dann legen wir ihn auf das Tranchierbrett und ziehen mit der Vorlege- oder Tranchiergabel den Schnabel heraus. Nun drückt man den Nacken mit einem Querschnitt durch, schneidet den Schnabel seitlich zur Kopfmitte hin an, um die Hirnschale zu öffnen, und legt den Kopf so vor. Der Kenner liebt das Schnepfenhirn und will es aussaugen, indem er den oberen und unteren Schnabelteil auseinanderklappt. Serviert man eine große Waldschnepfe für zwei Personen, so muß der Schnabel so geteilt werden, daß jeder Gast eine Hälfte Schnabel mit Kopf und Hirnschale erhält. Den Schnabelschnitt sollte man jedoch nur bei frisch geschossenen Tieren ausführen. Bei tiefgefrorener Ware wird das Hirn grau und sieht dann nicht mehr appetitlich aus. Die kleinere Sumpfschnepfe wird danach nur halbiert, die Waldschnepfe in vier Teile geschnitten. Dabei wird aber der Knochen der Karkasse ausgelöst und nicht mitserviert. Die Eingeweide werden fein gehackt, gewürzt und auf ein Stück Brot (Crouton) gestrichen, auf welchem man die Schnepfe beim Vorlegen anrichtet. Das bezeichnet man auch als »Schnepfendreck«.

Flambierwagen mit mise en place.

Flambierte Schnepfe (Bécassine flambée)
Aus der Küche fordern wir 50 g Butter, 2 dl Wildjus und ein wenig gehackte Schalotten an. Die Tranchierarbeiten sind wie zuvor beschrieben auszuführen. Mit ganz wenig Butter und den fein gehackten Schalotten werden die zwei bzw. vier Teile der Schnepfe in die Flambierpfanne gegeben und mit Cognac flambiert. Dann werden sie herausgenommen und auf einer Platte oder in einer zweiten Pfanne warmgehalten. Man gießt jetzt die Wildjus in die Flambierpfanne und läßt sie zur Hälfte einreduzieren. Dann rührt man die feingehackten, gewürzten Eingeweide unter den Fond und bindet mit der restlichen Butter unter ständigem Umrühren. Dann würzt man noch mit etwas Zitronensaft und Cayenne und legt die Schnepfenstücke ein, um sie etwas durchziehen zu lassen. Der Fond darf jedoch nicht zum Kochen kommen.

Wildgans (Oie sauvage)
Wird wie unsere Hausgans tranchiert.

Wildtaube (Pigeon sauvage)
Wird wie unsere Haustaube tranchiert.

Wachtel
Wird nur halbiert.

Rebhuhn (Perdreau)
Mit einem Längsschnitt, über die Brustmitte beiderseits des Brustbeines ausgeführt, wird das Rebhuhn so halbiert, daß der Brustknochen und der Rückgratknochen zurückbleiben. Die beiden Keulen werden am Gelenk durchgedrückt und die Füße abgetrennt.

Haselhuhn, Moorhuhn, Steinhuhn, Rothuhn und sibirisches Schneehuhn
Werden genau wie Rebhühner tranchiert.

Birkhuhn und Alpenschneehuhn
Werden wie Fasan tranchiert.

Korrespondierende Getränke zu Wildgeflügel
Die meisten Wildgeflügel sind ausgesprochene Rotweingerichte. Zum Birkhahn, Wildgans, Rebhuhn, Schneehuhn, Haselhuhn, Wachtel und zur Schnepfe sollten wir einen gehaltvollen Spätburgunder von der Ahr, aus der Rheinpfalz oder aus Baden empfehlen. Aber auch ein Dôle aus der Schweiz oder aus Frankreich ein Côtes du Rhône oder Beaujolais kommen genausogut an. Die Médocweine aus dem Bordeaux sind hier die Krönung der korrespondierenden Getränke.
Zum Fasan, zur Wildente oder Wildtaube empfehlen wir, wenn Rotweine gewünscht werden, einen trockenen Spätburgunder vom Rheingau oder von der Ahr. Wenn der Gast keine bestimmten Wünsche hinsichtlich weiß oder rot hat, empfehlen wir einen Ruländer Spätlese aus Baden, vom Bodensee oder aus der Pfalz. Auch ein kräftiger, voller Gutedel, ein Traminer oder Gewürztraminer sind hier nie fehl am Platze. Nicht verkehrt liegt man auch, besonders wenn der Gast sich unschlüssig zwischen der Wahl Weiß- oder Rotwein zeigt, mit einem Weißherbst vom Bodensee, aus der Pfalz oder Rheinhessen. Aus Frankreich können wir einen Rosé Tavel aus dem Rhônetal oder ebenfalls von der Rhône einen Côtes du Ventoux empfehlen. Aus dem Languedoc-Roussillon könnte es ein Corbières oder Minervois sein. Auch ein Cahors aus dem Südwesten Frankreichs oder ein Côtes du Jura Rosé würden zu diesen Gerichten korrespondieren.

Spezielle Angebote im Restaurant

Tatar

Tatar ist ein beliebtes Abendessen besonders für Herren. Frisches, fein zerkleinertes, sehnenfreies Rindfleisch mit höchstens 6% Fettgehalt (Schabefleisch) wird durch verschiedene Gewürze geschmacklich verbessert. Die Zugabe der Gewürze, als »Anmachen« bezeichnet, sollte niemals in der Küche, sondern immer vor dem Gast geschehen. Viele Gäste möchten sich sogar lieber das Tatar selber anmachen. Nicht zuletzt deshalb, weil sie es dann genau nach ihrem Geschmack haben und nicht vom Restaurantfachmann eventuell überwürzt. Ketchup, Tabasco, Worchestersoße, Cognac, Bier, Whisky und jede Menge Senf werden oft verarbeitet und lassen den herrlichen Fleischgeschmack vollkommen untergehen. Ebenso wird mit Öl gesündigt. Der Gast bestellt Tatar, weil er ein fettarmes Essen haben möchte. Was wird aber oft beim Anmachen getan? Das Eigelb wird mit Öl fast zur Mayonnaise geschlagen!
Wir präsentieren dem Gast die angerichtete Platte so, daß er auch alle Zutaten sehen kann. Gäste, die eventuell keine Sardellen mögen, werden dann sofort reagieren und bitten, diese wegzulassen. Beim Präsentieren fragen wir den Gast nach eventuellen speziellen Würzwünschen. Verlangt er Ketchup, Cognac oder Tabasco, so bekommt er es selbstverständlich.

Tatar anmachen
Zuerst gibt man die Sardellenfilets in einen kalten Teller (Suppenteller), hält sie mit den Zinken der Vorlegegabel fest und schabt die Sardellenfilets mit dem Löffel zu feinem Pürée. Danach gibt man die Kapern dazu, drückt sie mit der Gabel auseinander und schiebt sie zusammen mit den pürierten Sardellen in die Tellermitte. Darauf setzt man das Eigelb, das dabei auf keinen Fall verlaufen darf. Als erstes gibt man auf das Eigelb mittelscharfen Paprika. Das Rote sticht gut vom Eigelb ab, und wenn der Gast zuschaut, kann er sofort seinen eventuellen Wunsch nach etwas mehr Würze äußern. Auf die Paprika gibt man das Salz, was wiederum einen farblichen Kontrast zum Rot der Paprika bildet. Statt Salz kann auch ein gutes natriumfreies Glutamat verwendet werden. Hierauf folgt jetzt die Pfeffermühle, da sich der frisch gemahlene Pfeffer nun wiederum farblich vom Weiß des Salzes abhebt. Damit wären eigentlich schon alle Gewürze beieinander, die zum Tatar gehören. Alle weiteren aufgezählten Gewürze werden nur auf Verlangen des Gastes hinzugefügt. Das Eigelb wird dann mit den Gewürzen gut durchgemischt. Jetzt gibt man das Fleisch in den Teller und drückt es mit der Gabel flach, so daß die Eigelbmischung bedeckt ist. Nun fügt man einen Hauch guten Rotweinessig, etwa für eine Portion Tatar knapp einen halben Teelöffel voll, hinzu. Der Essig darf nicht herausschmecken und dient in erster Linie der Farberhaltung und Zartmachung des Fleisches. Den Essig gibt man in einen Löffel, damit man ihn gleichmäßig hauchdünn über das gesamte Fleisch verteilen kann. Nun wird das Fleisch mit zwei Gabeln gut durchgearbeitet. Erst wenn das gründlich getan ist, wird eine Hälfte des Tellers frei gemacht, indem man das Fleisch auf eine Seite zusammenschiebt. Jetzt kommen die geschnittenen Zwiebeln auf den Teller und darüber ein ganz klein wenig Öl. Damit schaffen wir eine Art Isolierung gegen den Austritt der ätherischen Öle und verhindern dadurch, daß das Fleisch schnell grau wird. Jetzt wird das Tatar mit den Zwiebeln erneut gut durchgearbeitet, appetitlich geformt, auf einen sauberen Teller gesetzt und so dem Gast serviert. Gewürzmenagen müssen dem Gast eingesetzt werden, damit er eventuell selber noch nachwürzen kann.

Korrespondierende Getränke zum Tatar
Wein verträgt sich nicht so gut mit rohen Zwiebeln. Deshalb paßt zum Tatar am besten ein frisch gezapftes Bier und ein Klarer.

Der Obstkorb im Restaurant

Gerade heute im Zeitalter des Trends zur gesunden Ernährung ziehen viele Gäste zum Nachtisch ein frisches Tafelobst jeder noch so kunstvoll zubereiteten Süßspeise vor.
Der Obstkorb im Restaurant sollte eine entsprechende Auswahl bieten. Damit ist er noch mehr als nur ein Verkaufshelfer. Mit etwas Liebe und Sachkenntnis zusammengestellt, ist er eine Dekoration für das ganze Restaurant. Den Obstkorb kann man auch nebenbei als Verkaufshelfer für andere Angebote einsetzen. So können z. B. die ersten frischen Artischokken, Möveneier, Kiebitzeier, frische Wachteleier, ein Bündel des ersten frisch gestochenen Spargels, frische Pfifferlinge, Steinpilze oder, wie vorhergehend beschrieben, sogar Trüffeln neben dem Obstkorb plaziert werden.
Exotische Früchte sollten im Obstkorb immer dabei sein, müssen aber nicht dominieren. Besonders günstig kann man oft je nach der Saison Tafelobst einkaufen. Wenn man es versteht, kann es mit derart gutem Gewinn verkauft werden, daß es an oberster Stelle der »Mischkalkulation« rangiert.
Ein Beispiel: Orangen, Bananen, frische Ananas bekommt der Gast das ganze Jahr hindurch und fast überall bei uns. Bietet man aber in einem Obstkorb frische Weinbergpfirsiche an, wenn man seinen Betrieb z. B. in der Pfalz hat, oder offeriert in einem Bodenseerestaurant »frisches Bodenseeobst«, so wird auch der Gast, der täglich und überall einen Apfel essen kann, zum Apfel oder zum Pfirsich greifen, weil er diesen hier frisch als regionale Spezialität erhält. Diese Beispiele ließen sich mit vielen anderen heimischen Obstarten fortsetzen. Zu erwähnen wäre noch, daß der Obstkorb nicht nur für das Abend- oder Mittagsgeschäft geeignet ist, sondern viele Gäste schon zum Frühstück gerne frisches Obst essen würden, wenn es angeboten wird. Auch hat es sich in vielen Hotels bewährt, an der Portierloge oder in der Hotelhalle, wo der Gast vorbeigehen muß, fertig zusammengestellte kleine Obstkörbchen zum Mitnehmen anzubieten. Besonders aber florieren diese Verkäufe an Raststätten und Motels. Gerne nimmt der Gast auf die Reise etwas frisches Obst mit; auch der Tagesgast, wenn er Wanderungen unternimmt, an Tagesausflügen mit dem Bus teilnimmt oder ins Schwimmbad geht. Für den Hotelier ein zusätzlicher Umsatz mit minimalstem Einsatz, für den Gast ein zusätzlicher willkommener Service.

Korrespondierende Getränke zum Obst und zu Süßspeisen
Allgemein gilt, daß zu den süßesten Speisen die süßesten Weine passen. Nur wenige Früchte bzw. Süßspeisen, wie z. B. frische Zitrusfrüchte, Schokoladen- oder Apfelsinencrémes, vertragen sich nicht so gut mit Wein.
Zu Puddings, Aufläufen, Eis und Eisparfaits, Quark- und Joghurtspeisen, Reis- und Griesflammeries, roter Grütze, Crêpes, Omelette mit Konfitüre oder Eis mit heißen Früchten paßt immer ein Sekt, Prädikatsekt oder Champagner.
Außerdem können wir zu Süßspeisen eine Auslese oder Beerenauslese aus allen Weinanbaugebieten Deutschlands empfehlen. Eine Ausnahme bilden die Süßspeisen auf Kuchenbasis, zu denen keine Auslesen oder Beerenauslesen offeriert werden sollten.
Bei Süßspeisen mit Fruchtsäure sollten wir uns darüber im klaren sein, daß intensive Fruchtsäure immer die Mängel und kleineren Fehler eines Weines freisetzt. Daher sollte man die Weine mit viel Süße und kleineren Fehlern zu reinen Crémespeisen und Puddings empfehlen.
Aus Frankreich bietet sich als Schaumwein außer Champagner auch noch der feinperlige Saumur aus dem Loiretal, der Crémant de Bourgogne oder der Crémant d'Alsace an.
An Weinen kann man alle französischen Likörweine, wie z. B. Banyuls oder Rivesaltes, und die Muscatweine aus dem Languedoc-Roussillon und den Pinot des Charentes aus der Cognac-Region anbieten. Außerdem selbstverständlich die Sauternesweine aus dem Bordeaux, wie Craves supérieurs, Graves de Vayres oder der große Château d'Yquem, 1er grand cru classé, die Tokajerweine und aus Italien der Orvieto-Abboccato.

Das Käsebrett

Käse schließt den Magen, heißt es im Volksmund. Heute endet aber meist ein Menü mit der Süßspeise, konkreter gesagt mit dem Mocca nach der Süßspeise. Jedenfalls rangiert der Käse eine Stufe zuvor. Der Grund liegt ganz einfach in dem Zusammenhang mit den korrespondierenden Getränken. Zur Süßspeise paßt süßer, schwerer Wein und hauptsächlich Sekt bzw. Champagner, nach denen man aber einen vollen, rassigen Rotwein, der zu vielen Käsesorten paßt, nicht mehr servieren kann.

Das Käsebrett ist hauptsächlich auch für den Verkauf im à la carte-Geschäft bestimmt. Gelegentlich kann es für nicht zu große Gesellschaften auch in der Speisenfolge Verwendung finden.

Wenn man Wert auf Weinumsatz legt, besonders aber in guten Weinrestaurants, wo Einzelgäste oder kleinere Gesellschaften gerade bei einem guten und teuren Wein sitzen, wird ein Restaurantfachmann, der ja auch immer gleichzeitig ein guter Verkäufer sein soll, keine Süßspeisen empfehlen, sondern hier seinen Wagen mit dem Käsebrett vorfahren. Auf eine große Auswahl französischer Käsesorten sollte man nicht verzichten. Aber in Gegenden, wo Käse hergestellt wird, sollte man auch die regionalen Sorten anbieten.

Zur Auswahl gelangen die Käse en bloc, wie z. B. Schweizer, Tilsiter, Gouda, Bel Paese, Allgäuer Bergkäse usw. Sie werden mit einem Käsemesser geschnitten. Bei diesen Schnittkäsesorten arbeitet man mit einem großen Käsemesser, über dessen breite Klinge man ein gefaltetes Blatt Pergamentpapier legt und damit immer einen sauberen Schnitt erzielt. Kleinere Stücke werden auch in Originalverpackungen auf das Brett gegeben und immer nur soweit geöffnet, wie es für den jeweiligen Service erforderlich ist. Hier wird mit einem kleinen gekrümmten Spezial-Käsemesser, das vorne Messerzinken hat, gearbeitet. Die Messerzinken dienen dazu, das ab- oder herausgeschnittene Stück vorzulegen, Verpackungsumhüllungen zu erfassen, abzudrehen oder zurückzuschlagen sowie Papier- und Rindenabfälle vom Brett zu entfernen. Wichtig ist, daß die Glocke nach dem Service immer wieder sofort über das Käsebrett gedeckt wird. Einmal soll es das Austrocknen verhindern, dann Geruchsübertragungen ausschließen für die Gäste, die keinen Käse essen möchten, und schließlich erfordert es die allgemeine Hygiene.

Die Umsatzsteigerung liegt hierbei nicht nur darin, daß der Gast durch die auf dem Brett zur Schau gestellten und vom Restaurantfachmann offerierten Käsesorten zum Verzehr angeregt wird, sondern auch darin, daß er durch den Genuß kleiner Käsestückchen wieder trinkfreudig wird.

Als Begleiter des Käsebrettes sollte ein gut sortierter Brotkorb nicht fehlen. Außerdem sind Salzbrezeln, Pumpernickel und regionale, zum Käse passende Kleingebäckarten vorrätig zu halten. Auch ein frischer Rettich, Radieschen, Oliven und einige Obstsorten, wie eine Birne zum Camembert, Apfel zum Schnittkäse oder Pfirsich zum Gervais, sollte man mit anbieten. Auch frische, schnittfeste Tomaten, frische Paprika oder Gurken passen zu verschiedenen Käsesorten.

Korrespondierende Getränke zu Käse

Wohl zu keiner Speise ist die Getränkeempfehlung so schwer wie zum Käse. Grundsätzlich ist die allgemein verbreitete Meinung nicht richtig, daß man zu Käse immer Rotwein servieren müsse. Dies gilt nur für den Fall, daß innerhalb eines Menüs zum Hauptgang Rotwein serviert wird. Die Begründung dafür ist, daß auf einen Rotwein kein Weißwein folgen darf, der Käse aber nach dem Hauptgang gereicht wird. In allen anderen Fällen gilt: welcher Wein der passende ist, richtet sich nach der Käsesorte. Es ist daher auch leichter, zu einer bestimmten Käsesorte den richtigen Wein anzubieten als für eine Käseauswahl vom Brett.

Der erfahrene Restaurantfachmann wird deswegen immer in genau umgekehrter Weise verfahren und den passenden Käse empfehlen. In den meisten Fällen ist der Gast ja schon

bei einer bestimmten Sorte Wein, wenn er im à la carte-Restaurant oder in einer guten Weinstube gespeist hat. Der Restaurantfachmann kennt den Geschmack des Gastes ja in etwa aus der vorausgegangenen Empfehlung. Beim Stammgast weiß er sogar genau über Trinkgewohnheiten und Geschmacksrichtungen Bescheid. Wenn sich der Gast mit dem Wein seiner Wahl angefreundet hat, möchte er ihn bestimmt nicht gerne wechseln. Daher sollte man stets den zum Wein passenden Käse empfehlen bzw. dem Gast bei der Auswahl entsprechend behilflich sein. Verlangt der Gast z. B. einen sehr scharfen Käse, der zu dem Wein ausgerechnet überhaupt nicht paßt, so wird ihn der Restaurantfachmann nicht belehren, aber freundlich darauf hinweisen bzw. aufmerksam machen.
Zu herben Käsesorten und zu Schnittkäse wie Schweizer, Holländer, Tilsiter und Allgäuer Bergkäse empfiehlt man volle, schwere Rotweine. Ahr, Rheingau, Rheinpfalz und Baden bieten hier Spätburgunder, die man mit der Prädikatsstufe Spätlese nehmen sollte. Auch die großen französischen Bordeaux-Weine eignen sich hierfür gut.
Zu Kräuterkäsesorten und pikanten Weichkäsen passen kräftige, feurige Rotweine aus allen Gegenden Deutschlands und aus Frankreich, wo z. B. ein Cahors aus dem Südwesten oder der kräftige körperreiche Gigondas von der Rhône zu empfehlen wäre.
Zu mildem Frischkäse, wie z. B. Gervais oder Philadelphia, zu milden Weichkäsesorten und zu besonders milden Schnittkäsesorten, wie Butterkäse, Bel Paese u. a. paßt ein vollmundiger, nicht zu schwerer Weißwein. Ein Silvaner aus Franken, ein Müller-Thurgau aus Rheinhessen oder von der Nahe, ein Weißburgunder aus Baden oder aus der Pfalz.
Zu Ziegenkäse paßt am besten trockener Weißwein oder Rosé. Ein Mosel-Saar-Ruwer Riesling, ein Rieslaner aus Franken oder ein Macôn Viré aus dem Burgund.
Zu scharfen Käsesorten passen am besten leichte und spritzige Weißweinsorten: Riesling von der Mosel oder aus dem Rheingau sowie überhaupt alle Rieslingweine bis zur Qualitätsstufe Kabinett aus allen Anbaugebieten Deutschlands. Aus Frankreich empfiehlt sich ein Elsässer Riesling. Aber auch ein Weißherbst vom Bodensee, aus der Pfalz oder von der Ahr verträgt sich mit scharfen Käsesorten. Aus Frankreich wäre der Rosé d'Anjou zu empfehlen.
Zum Roquefort paßt am besten ein St. Emilion.
Zu anderem Schimmelkäse sowie zu halbharten Käsesorten ist ein leichter Rotwein angebracht; Portugieser aus der Pfalz, Lemberger oder Trollinger aus Württemberg sowie aus Frankreich ein Côtes du Roussillon bieten sich hierzu an.
Zu Schmelzkäse harmonieren gehaltvolle Weißweine mit ausgeprägtem Bukett und Roséweine mit etwas Fülle und Süße, z. B. ein Spätburgunder Weißherbst aus Baden. Ein Bacchus oder Huxel aus der Pfalz oder ein Ruländer aus Franken oder von der Nahe passen ebenfalls ausgezeichnet.
Außerdem richtet sich die Weinempfehlung beim Käse auch nach den Fettstufen. Bei fettarmen Käsesorten tendiert man mehr zu Weißwein, bei fettreichen mehr zu Rotweinen und bei vollfetten zu schweren Rotweinen.

Das Kochen vor dem Gast

Wie bereits erwähnt, muß in einem Restaurant, in dem ein gehobener Service mit Arbeiten am Tisch praktiziert wird, eben auch alles stimmen. Bevor verschiedene Gerichte, die der Restaurantfachmann am Tisch des Gastes kocht, einschließlich Rezeptur und Herstellungsweise beschrieben werden, sind daher gewissermaßen als mise en place einige wichtige Dinge zu erläutern.

Bratstufen

Unter dem Begriff »Bratstufen« versteht man die Garungsgrade für à la minute-Gerichte wie Rumpsteak, Entrecôte double, Filetsteak, Tournedos, Filetspitzen Stroganoff, Chateaubriand, Hammelkotelett, Medaillons, Rinderkotelett, Porterhouse Steak, Clubsteak, Rib-Eye-Steak, Pfeffersteak und andere kurz gebratene Fleischstücke.
Die Bratstufen sollte jeder Restaurantfachmann unbedingt kennen. Man muß nicht nur wissen, wie bestimmte Stücke gebraten sein sollten, um einen Gast richtig zu beraten, sondern man sollte auch ohne Schwierigkeiten herausfinden, wie der Gast es gerne haben möchte. Wenn sich der Gast nicht so präzise auszudrücken versteht und Begriffe wie *à point, medium rare* und *saignant* nicht genau definieren kann, dann gehört es zur Aufgabe des Restaurantfachmanns, dem Gast eine kleine Hilfestellung zu leisten. Man sollte dem Gast die Bratstufen genau erklären können, damit er mühelos seine richtige Wahl treffen kann. Die nachfolgende detaillierte Aufstellung der Bratstufen bietet ein klares Informationsbild.

Deutsche Bezeichnung (nicht so geläufig)
Französische Bezeichnung (international bekannt, jedoch nicht so ausführlich wie die engl. Bezeichnung)
Englische Bezeichnung (setzt sich international immer mehr durch und verdrängt die franz. Bezeichnung).

1. Blutig, blau · Bleu · Blue, Underdone (very rare)

Das Fleisch wird von beiden Seiten gut und scharf angebraten, ist innen aber noch vollkommen roh, leicht kalt und blutig. Nur der Kenner und Liebhaber wird es so bestellen, will es dann aber auch präzise so haben.

2. Halb roh, blutig · Saignant · Rare

Ebenfalls auf beiden Seiten kurz angebraten, aber nicht so scharf wie bei der ersten Stufe. Es müssen beide Seiten so weit durchgebraten sein, daß innen noch ein Streifen roh, an beiden Seiten aber der Fleischsaft schon gebunden ist. Beim Anschnitt zeigt sich hier rosa Saft mit innen noch etwas rohem Fleisch und Blut.

3. Rosa, englisch · à l'anglaise · Medium rare

Ca. 2,5 Min. auf jeder Seite braten, dann bei mäßiger und danach noch bei schwacher Hitze gut entspannen lassen. Es müssen sich kleine rosafarbige Saftperlen bilden. Das Eiweiß in den Fibrillen ist schon gebunden. Es ist hier ab dieser Bratstufe kein Blut mehr, sondern schon rosa Fleischsaft.

4. Mittel, halbdurch · à point · Medium

Genau auf den Punkt gebraten. Der Fleischsaft ist gerade noch rosa. In der Mitte ist beim Anschneiden ein zarter, dünner, schwach rosafarbener Streifen sichtbar. Die Saftperlen sind heller und feinperliger als bei der ersten Stufe. Beim Fingerdruck verbleibt eine Vertiefung für einen kurzen Moment. Das Fleisch ist noch zart, saftig und sehr schmackhaft. Es ist von den Engländern und Amerikanern der am häufigsten verlangte Bratgrad, aber auch der Franzose bestellt häufig »à point«.

5. Ziemlich durch · (keine Bezeichnung) · Medium well

Ein wenig mehr als medium. Auch die deutsche Bezeichnung ziemlich durch ist ungenau und nicht vergleichbar. Eigentlich kennt nur die englische Küche noch diese fein detaillierte Unterteilung in medium, medium rare und medium well. Es ist die wohl schwierigste Bratstufe für den Koch, denn sie soll etwas mehr als in 4. beschrieben sein, aber trotzdem noch nicht ganz durch.

6. Gut durch · Bien cuit · Well done

Soweit durchgebraten, daß beim Anschneiden kein Saft mehr hervortritt.

7. Restlos durchgebraten · attaché · Very well done

Restlos trocken durchgebraten. Ausgetrocknet bis zum geht nicht mehr. Wird vom Koch nur mit Widerwillen hergestellt. Oft ist das Fleisch dann zäh.

Aus welchem Stück geschnitten?

Welches Steak wird aus welchem Stück geschnitten? Während wir Kalb- und Schweinesteaks auch aus der Keule, der Oberschale bzw. Nuß schneiden, werden Rindersteaks nur aus dem Rücken und der Huft geschnitten. Die Verwirrung in der Benennung von Fleischteilen ist darauf zurückzuführen, daß bestimmte Teile regional sehr unterschiedliche Bezeichnungen führen. Selbst in der Fachliteratur sind manchmal unterschiedliche Benennungen zu finden. Die nachfolgende Darstellung zeigt die genaue Aufteilung eines Rindernierenstücks – Rinderschoß oder auch Roastbeef genannt. Damit ist eine fachlich einwandfreie Ausdrucksweise dem Gast gegenüber möglich.
Bei uns in Deutschland wird fälschlicherweise das Rumpsteak oft von der flachen Rippe – Zwischenrippe geschnitten. Bestimmt für den Gast kein Nachteil, aber fachlich nicht richtig.

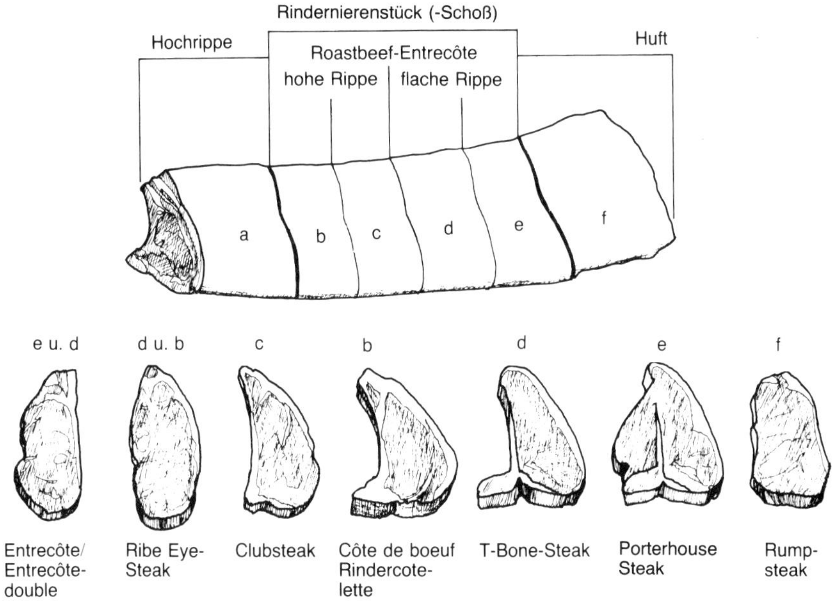

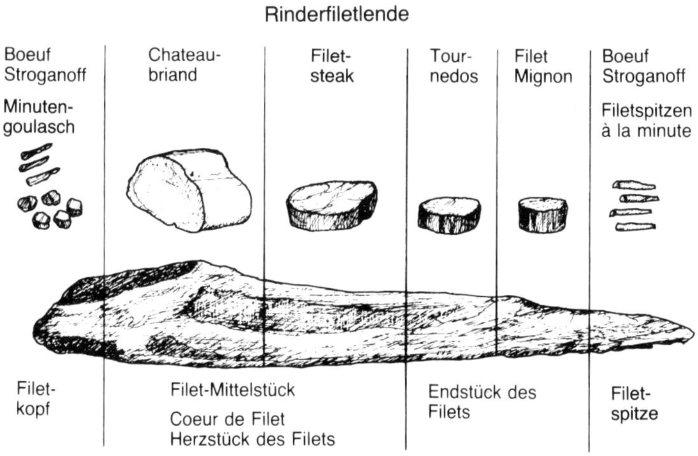

Buttermischungen

Zu allen kurz gebratenen Gerichten, Grill- und Pfannengerichten, wird entweder eine echte Soße oder eine Buttermischung gereicht. Nachstehend sind einige Buttermischungen in alphabetischer Reihenfolge beschrieben. Dazu ist auch angegeben, zu welchen Gerichten sie passen.

Bercy-Butter
2 Stück gehackte Schalottenzwiebeln, 1 dl Weißwein, 100 g Butter, 200 g kleingewürfeltes, pochiertes, gut abgetropftes Rindermark, 1 Teelöffel gehackte Petersilie, Saft ½ Zitrone. Die Schalotten mit Weißwein aufgießen und gänzlich einreduzieren. Etwas auskühlen lassen, Butter und übrige Zutaten hinzugeben und glattrühren. Das Mark hinzugeben.

Für alle Grilladen vom Rind.

Beurre manié – Mehlbutter
75 g weiche Butter mit 100 g Mehl mischen, gut durcharbeiten und als Kugel formen.

Zum Binden von Soßen und Suppen.

Café de Paris-Butter
2 kg Butter
2 g Gewürznelke, gemahlen
60 g Ketchup
1 g Macisblüte
50 g engl. Senf
2 g Fenchelblüte, fein gerebbelt
50 g Chilisoße
2 g Piment, gemahlen
50 g Kapern
125 g Schalotten
150 g Petersilie
150 g Schnittlauch
10 g Majoran
25 g Dill
10 g Thymian
10 g Estragonblätter
5 g Rosmarin
5 Stück Knoblauchzehen
20 g Sardellenfilets, etwas wässern und fein stoßen
2 doppelte = 4 cl Cognac
5 cl Madeira
4 cl Worcestershiresoße
4 cl Herbadox
2 Eßlöffel Paprika
1 Eßlöffel Curry, Pfeffer, Salz
2 Orangen abreiben
2 Zitronen abreiben

Alle Zutaten in eine Chromarganschüssel geben. Die Butter weich werden lassen, einmal leicht durchmischen, mit einem Tuch abdecken und über Nacht am Herdrand stehenlassen, damit es durchzieht und ein ganz schwaches Gärungsanfangsstadium durchmacht. Am nächsten Tag alles noch einmal gut durchmischen und mit der Sterntülle im Dressiersack servicebereit halten bzw. für das à la carte-Geschäft auf ein Blech portionsweise aufspritzen und im Kühlhaus aufbewahren. Niemals zuviel bevorraten. Café de Paris-Butter schmeckt frisch am besten.

Für kurz gebratene Fleischgerichte.

Colbertbutter
Wie Haushofmeisterbutter (s. später). Dazu 1 bis 2 Eßlöffel dicke Fleischglacé und 20 g gehackten Estragon.

Für alle Grilladen.

Currybutter
Wie Colbertbutter, nur statt Fleischglacé bzw. Estragon Curry verwenden.

Für Geflügel, Lamm und gegrilltes Kalbfleisch.

Dillbutter
Wie Haushofmeisterbutter (s. später), nur statt Petersilie frischer, gehackter Dill.

Für gegrillten Fisch, gekochten Fisch und für Weinbergschnecken.

Estragonbutter
50 g Estragonblätter blanchieren, abkühlen, gut ausdrücken und im Mörser reiben. Mit 125 g Butter mischen, würzen und durch ein Sieb passieren.

Für Schweinesteak, Lammgrilladen, gegrilltes Geflügel, Fisch.

Garnelenbutter
Auf 100 g Butter, 60 g rote Garnelen fein stoßen und würzen mit Zitrone, Pfeffer, Salz.

Für Fischgerichte. Locker geschlagen auch als Aufstrich für verschiedene Canapées.

Haselnußbutter
50 g Haselnüsse hell anrösten, im Mörser fein stoßen, mit 125 g Butter mischen und durch ein Haarsieb streichen.

Für helle Grillgerichte, Kalbfleisch und Geflügel. In Eihülle gebackene Fischgerichte.

Haushofmeisterbutter – Kräuterbutter
100 g Butter mit dem Saft ½ Zitrone, Salz, Pfeffer würzen, 1 Eßlöffel voll gehackte Petersilie.

Für Grilladen aller Art.

Knoblauchbutter
100 g geschälte Knoblauchzehen, 100 g Butter. Die Knoblauchzehen fein pürieren und mit der weichen Butter vermischt durch ein Sieb passieren.

Für Rinder- und Schweinesteaks, Weinbergschnecken.

Krebs- oder Hummerbutter
Hummer- und Krebsschalen sowie Abgänge im Mörser fein stoßen, mit gleicher Menge Butter vermischen und durch ein Sieb passieren.

Für Krebs- oder Hummergerichte.

Kümmelbutter
100 g Butter, Saft ½ Zitrone, Salz, Pfeffer, gemahlener Kümmel.

Für Schweinesteak, Herz vom Grill, Weinbergschnecken.

Langusten- oder Langostinobutter
Wie Hummerbutter bereiten.

Für Gerichte von Langusten oder Langostinos.

Montpellierbutter
30 g Kresse, 30 g Spinat, 30 g feine Kräuter, 2 Schalotten, 2 Pfeffergurken, 1 Teelöffel Kapern, 4 Sardellenfilets, 2 hartgekochte Eigelb, 200 g Butter, 1 dl Olivenöl. Kresse, Spinat, Kräuter blanchieren, im Mixer pürieren, Eigelb untermischen, mit der Butter durchrühren.

Für Vorspeisengerichte (gefüllte Eier, Gemüse).

Orangen- oder Zitronenbutter
100 g Butter mit dem Saft 1 Orange oder 1 Zitrone, Pfeffer, Salz aufschlagen.

Für Hummer, Krustentiere etc. in Verbindung mit Melbatoast.

Paprikabutter
Wie Currybutter, nur statt Curry süßer Paprika.

Für gegrilltes Schweinefleisch.

Pistazienbutter
Wie Haselnußbutter, nur statt Haselnüsse mit Pistazien gewürzt.

Für Wildsteaks und gegrilltes Geflügel.

Portweinbutter, Madeirabutter
Wie Rotweinbutter (s. später), nur statt Rotwein mit Portwein bzw. Madeira gewürzt.

Für Weinbergschnecken, für Wildsteaks, Wildgeflügel, welches kurz gebraten wurde, z. B. Fasanenbrust.

Rosmarinbutter
Wie Wacholderbutter (s. später), nur statt Wacholder mit Rosmarin gewürzt.

Für Wildsteaks, Geflügelgrilladen.

Rotweinbutter
Wie Weinhändlerbutter (s. später), jedoch etwas mehr Rotwein und keine Petersilie.

Für alle dunklen Fleischgrilladen, für Wildsteaks und Weinbergschnecken.

Sardellenbutter
4 entgrätete, leicht gewässerte Sardellen mit 100 g Butter vermischen und durch ein Sieb passieren.

Für Fischgerichte und für Brotaufstrich.

Schalottenbutter
100 g blanchierte, gehackte Schalotten, 1 dl Weißwein, Pfeffer, Salz, Worchester, 200 g Butter. Die Schalotten mit Weißwein blanchieren, etwas einreduzieren lassen, mit den Gewürzen und der Butter mischen.

Für Weinbergschnecken und gegrillten Fisch.

Schneckenbutter
250 g Butter, 2 kleine, fein geriebene Knoblauchzehen, 15 g gehackte Petersilie, 2 fein gehackte Schalotten, Salz, Pfeffer, Worchester, Zitrone. Butter schaumig rühren, Zutaten darunter mischen.

Für Weinbergschnecken.

Schnittlauchbutter
Wie Haushofmeisterbutter, nur statt Petersilie frischer Schnittlauch.

Für fast alle Grilladen verwendbar.

Senfbutter
1 Eßlöffel Senf unter 125 g schaumig gerührte Butter ziehen, mit Salz, Pfeffer, Zitrone abschmecken.

Für Fisch.

Wacholderbutter
100 g Butter, Saft ½ Orange, 1 Spritzer Madeira, gemahlener Wacholder, Pfeffer, Salz, Gin.

Für Wildgerichte vom Rost.

Walnußbutter
Wie Haselnußbutter, nur statt Haselnüssen mit Walnüssen gewürzt.

Für Gemüsegerichte (Broccoli, Spargel), als Aufstrich für verschiedene Canapées.

Weinhändlerbutter
1 dl Rotwein, 20 g gehackte Schalotten, 100 g Butter, 20 g gehackte Petersilie, 20 g Fleischglacé, Salz, Pfeffer. Die Schalotten in Rotwein aufkochen und bis zur Hälfte reduzieren lassen, unter die weich geschlagene Butter mischen und die übrigen Zutaten hinzufügen.

Für Weinbergschnecken, alle Grillgerichte und Fischgerichte.

Zwiebelbutter
Gehackte, blanchierte Zwiebeln glasig angehen lassen, dann mit etwas Butter Farbe nehmen lassen, 50 g Zwiebeln, ca. 150 g Butter.

Für gekochten Fisch, z. B. für Waller.

Kleine Soßenkunde

Echte Soßen sind auf der Grundlage von Eigelb als Bindung und zerlassener Butter als Fond durch Aufschlagen hergestellt.

Bei **unechten Soßen** ist die Bindung Mehl, die Flüssigkeit der Fond und der Geschmacks- und Aromaträger der Soßenansatz, die Röststoffe der Röstgemüse, der Knochen und Parüren.

Die **weißen Soßen** haben zwei verschiedene Grundsoßen, aus denen sie abgeleitet werden: a) die Velouté und b) die Béchamel.

Je nachdem, welchen Fond wir verwendet haben, erhalten wir eine *Fisch-Velouté, Geflügel-Velouté* oder *Kalbs-Velouté*. Obwohl die weißen Soßen für die Arbeiten am Tisch des Gastes keine Bedeutung haben, sollte der Restaurantfachmann in den Grundzügen doch Bescheid wissen, um dem Gast ein Gericht korrekt erklären zu können.
Ableitungen von der *Fisch-Velouté* sind Weißweinsoße für Fisch, Kräutersoße für Fisch, Dillsoße, Diplomatensoße, Hummersoße, Kapernsoße für Fisch, Sardellensoße, Joinvillesoße und Austernsoße sowie die normannische Soße.
Die erste Ableitung von der *Velouté de veau – Kalbssamtsoße*, ist die Sc. allemande (Deutsche Soße). Hier gibt man auf 1 Liter Velouté ca. 0,5 Liter Kalbsfond, Saft einer halben Zitrone, 0,2 Liter Sahne, 20 g Butterflocken sowie 0,2 Liter Champignonfond. Hiervon werden wiederum durch Einlagen, Garnituren oder Anreicherungen bekannte weiße Soßen abgeleitet, z. B. die weiße Champignonsoße, die weiße Estragonsoße, die weiße Morchelsoße, die Currysoße für Fleischgerichte, die Senfsoße, die Kräutersoße usw.
Eine *Geflügelsamtsoße – Velouté de volaille* – mit Champignonfond eingekocht, wobei nach und nach frische Sahne zugefügt und zum Schluß mit Butterflocken aufgeschlagen wird, ist die vollendetste der weißen Grundsoßen und heißt *Sc. Suprême*. Eigentlich bedarf diese Soße keiner weiteren Verfeinerungen mehr und ist so dominierend, daß sie dem Gericht den Namen verleiht. Man spricht z. B. von einem Suprême vom Huhn, Suprême vom Steinbutt etc. und meint damit ein besonders erstklassiges Stück vom Huhn oder vom Fisch mit der dazugehörigen Sc. Suprême.
Trotzdem kennen wir noch einige Ableitungen von der Suprême oder auch von der Geflügelsamtsoße, wie z. B. Villeroi Soße, Chivry Soße, Albuféra Soße, Elfenbeinsoße, andalusische Soße, Alexandrasoße und Pächterinsoße.
Die zweite Art der weißen Soßen ist die *Sc. Béchamel*. Die Bindung ist hierbei eine Roux blanc (helle Mehlschwitze), Aromaträger sind weiße Röstgemüse (Schalotten, Sellerie, Weißes vom Lauch) hell angeröstet und den Fond bildet die Milch, mit der wir auffüllen. Bekannte Ableitungen von der Béchamel sind Cardinalsoße, Mornaysoße, Meerrettichsoße, Rahmsoße (Sc. Créme), Walewskasoße, Soubisesoße, Currysoße für Eier und Fisch, Kapernsoße, Garnelensoße, Petersiliensoße, Dillsoße, Kräutersoße, Nantuasoße, Sardellensoße und Sc. riche – Reiche Soße.

Spezialsoßen sind Soßen, die weder von einer Grundsoße abgeleitet wurden noch für irgendeine Ableitung weiter bestimmt sind, wie z. B. grüne Soße, Meerrettichsoße mit mie de pain hergestellt, heiße Apfelsoße, Cranberrysoße, Cumberlandsoße, Brotsoße, Pfefferminzsoße, Oxfordsoße und auch Soubise als eigenständige Soße.
Unsere **braune Grundsoße** ist die *Sc. Demiglace* – oder die *Sc. Espagnole*, die heute allerdings kaum noch hergestellt wird und durch die braune Kraftsoße, die Demiglace, ersetzt wird.

Angeröstete Kalbsknochen und Mirepoix (Röstgemüse) werden mit Mehl gestäubt oder eine Roux brun (braune Mehlschwitze) hinzugefügt und mit einem guten, kräftigen, braunen Fond aufgefüllt. Diese so hergestellte braune Grundsoße ist das Grundprodukt für die meisten abgeleiteten braunen Soßen. Die bekanntesten sind: Madeirasoße, Burgundersoße, Bordelaise Soße, Robertsoße, Trüffelsoße, braune Champignonsoße, Jägersoße, Teufelssoße, provencalische Soße, italienische Soße, pikante Soße, Finanzmannssoße, Duxellesoße, Matrosensoße, Metzgersoße, Pfeffersoße, Schildkrötensoße und Zigeunersoße.
Diese braune Grundsoße kann selbstverständlich auch von Wildknochen und -parüren hergestellt werden, nur haben Wildknochen nicht viel Kraft. Man verwendet daher immer Wild- und Kalbsknochen. Vorbereitet wie bei der Demiglace und mit einem Wildfond (Fond de gibier) aufgefüllt erhalten wir so unsere **Wildgrundsoße.**

Ableitungen von der braunen Wildgrundsoße sind Wildpfeffersoße, Wildrahmsoße, Dianasoße, Salmisoße, Hatzfeldsoße, Bigaradesoße für Wildenten, Jägerinsoße, Großjägermeistersoße, Moskauer Soße, Wacholderrahmsoße mit Smitane für Wild.
Eine weitere braune Grundsoße wäre die Tomatensoße, die es allerdings auch als Ableitung von der Béchamel gibt für fleischlose Gerichte und pochierte Eier.
Tomatensoße als Grundsoße und für Fleischgerichte wird hergestellt durch Anrösten von Speckschwarten und Rauchfleischabschnitten, Röstgemüse (Mirepoix), Knoblauchzehen und reife Tomaten, aufgefüllt mit Kalbsfond. Diese Soße reicht man zu Spaghettigerichten, Nudelgerichten und italienischen Fleischgerichten.

Jus nature	ist der ungebundene, natürliche Bratensaft, der sich beim Braten von Fleisch bildet und im kalten Zustand meist schnittfest geliert.
Jus lié	ist der natürliche Bratensaft, der durch Anrühren von Mehl oder Stärkemehl eine leichte Bindung erhalten hat.
Jus rôtie	ist der natürliche Bratensaft, der sich beim Braten eines großen Fleischstückes bildet, z. B. ein ganzes Roastbeef, eine Hochrippe . . .
Jus de veau	ist der natürliche Bratensaft, der sich durch das Braten von einem großen Stück Kalbfleisch, z. B. Kalbsrücken, Kalbskarrée oder einer Kalbskeule, bildet.
Jus de veau tomaté	ist ein mit Tomatenpürée eingekochter, natürlicher Kalbsbratensaft (ersatzweise wird auch Kalbsfond verwendet).
Grand Jus	ist die große braune Brühe. Teils eine Nachbrühe von nicht ganz ausgewerteten Knochen, teils aber auch aus anderen Produkten, die täglich anfallen, wie Schwarten, Abschnitten, Parüren, Tomaten, Brühen usw. Eine gute Grand Jus ist oft kräftiger als eine Demiglace, aber eben nicht neutral, weil in ihr verschiedene Materialien verwertet wurden. Wir verwenden sie zum Auffüllen von braisierten Gerichten, Burgunderbraten, Sauerbraten, Haxen, Ragouts usw.

Die Sc. hollandaise und Sc. béarnaise zählen zu den echten Grundsoßen und finden größtenteils in ihrer Ursprungsform, also weniger als Ableitung, ihre Verwendung. Der Hauptunterschied zwischen der Béarner Soße und der holländischen Soße liegt in ihrer Reduktion.

Holländische Soße – Sc. hollandaise
Reduktion aus Wasser, Weißwein, Schalotten, Pfefferkörner weiß.
Gewürze sind Salz, Cayenne, Zitronensaft.

Einlage – keine.

Für 6 Personen rührt man mit der fertigen Reduktion 6 Eigelb schaumig, klärt 250 g Butter und schlägt damit das Eigelb auf.

Holländische Soße wird zu gekochten Fischgerichten, zu Gemüsen wie Spargel, Blumenkohl, Artischockenböden, für ganz leicht überbackene Gerichte z. B. Ragout fin im Näpfchen, auch zu Kalbs- und Geflügelgerichten gereicht.

Béarner Soße – Sc. béarnaise
Reduktion aus Weißwein, Estragonessig, Pfefferkörner schwarz, Schalotten, Petersilienstiele, Estragonzweig, Kerbel und ⅛ Lorbeerblatt.

Gewürze sind Salz, Cayenne, Pfeffer, wenig Worchester und Zitrone.

Einlage gehackter Estragon, gehackter Kerbel und Fleischglace (glace de viande).
Rezeptur für Butter und Eigelb sowie Arbeitsgang der Zubereitung sind genau wie bei der holländischen Soße, nur daß die Béarner Soße in der Konsistenz etwas dicker sein muß.

Béarner Soße wird zu Grilladen, zum Entrecôte, zum Chateaubriand, aber auch zu Fischgerichten vom Rost gereicht.

Ableitungen von der Sc. hollandaise sind

Sc. mousseline	mit Sahne unterzogen (Schlagsahne ganz locker untergehoben, verleiht der Soße den luftigen schaumigen Charakter, daher auch Schaumsoße genannt). Zu Fisch und Spargel.

Die Sc. mousseline kann mit echtem Kaviar unterzogen werden und wird dann als Sc. au caviar – aber auch als Moskauer Soße – Sc. moscovit – bezeichnet. Hier muß allerdings vor Verwechslungen gewarnt werden und besser die Bezeichnung Kaviarschaumsoße als richtig empfohlen werden, denn es gibt noch eine eigentliche Moscovitsoße zu Wildgerichten – eine russische Wacholderbeerensoße, die Pfefferkörner und Wacholderbeeren als Reduktionsgrundlage hat, mit etwas Fond de gibier und Malaga angereichert und mit Butter aufmontiert wird. Korinthen und Mandeln als Einlage.
Außerdem gibt es noch eine kalte Moscovitsoße als Ableitung von der Mayonnaise, mit geschlagener Sahne und Zitronensaft unterzogen, mit Hummerfleischwürfel und echtem Kaviar als Einlage.

Sc. maltaise:	Maltaiser Soße, mit Blutorangensaft und ganz feinen Juliennen von Blutorangenschalen. Zu Spargel und zu gegrillten Geflügelgerichten – Truthahnbruststeak u. ä.
Sc. noisette:	Nußsoße – hier wird eigentlich keine Ableitung hergestellt, sondern beim Aufschlagen der Soße anstatt geklärter Butter gebräunte Butter verwendet, die einen nussigen Geschmack bringt. Speziell für Gemüse wie Blumenkohl, Spargel, Artischokken und Hopfensprossen, aber auch zu Fisch und Grillgerichten.
Sc. dijonaise	mit Dijonsenf unterzogen. Für Schweinesteak vom Grill, Hammelchops und Côte de bœuf, aber auch zum gekochten Waller oder zum gegrillten Lachssteak.

Sc. cédard: mit Champignonfond und Geflügelglace. Für Tournedos und gegrillte Kalbsmedaillons, Geflügelsteaks, Spargel und Artischocken.

Sc. divine: göttliche Soße – mit Trüffelfond, Sherry, Geflügelextrakt und geschlagener Sahne. Zu feinen Grillgerichten vom Fleisch und Fisch.

Sc. chantilly: mit aufdressierter Schlagsahne. Für Gemüse und Fisch.

Sc. ventienne: venezianische Soße. Hollandaise mit Kräuterpürée (nicht zu verwechseln mit der Sc. béarnaise). Spinatblätter, Kerbel, Petersilie, Estragon durch ein Sieb gestrichen und unter eine etwas dicker gehaltene Sc. hollandaise gezogen. Zu gekochten Fischgerichten und zu pochierten Eiern.

Ableitungen von der Sc. béarnaise sind

Sc. Choron: Béarnaise ohne Estragon- und Kerbeleinlage, statt dessen ca. $\frac{1}{5}$ Tomatenpürée untergemischt. Zu Tournedos Choron, zum gegrillten Rinderfilet à la castillane oder à la Mireille.

Sc. foyot: mit reichlich Fleischglace. Zu allen Grillgerichten von Schlachtfleisch.

Sc. Colbert: mit Geflügel- und Fleischglace aufgeschlagene Sc. béarnaise. Zu allen Gerichten vom Rost.

Sc. paloise: statt Estragon gehackte Pfefferminzblätter verwenden, evtl. auch die Reduktion mit Pfefferminzzweigen anstatt mit Estragon herstellen. Zu gegrillten Lammgerichten und Hammelfleisch.

Sc. au persil: Petersiliensoße. Anstatt Estragon reichlich gehackte Petersilie als Einlage verwenden. Zu Fischgerichten.

Kalte, aufgeschlagene Soßen

Hierbei ist die Bindung das Eigelb und der Fond das Öl. Das Eigelb wird mit einigen Tropfen kaltem Wasser schaumig gerührt. Dann gibt man tropfenweise, unter ständigem Schlagen, das Öl hinzu. Auf 5 Eigelb ca. 1 Liter Öl. Gewürzt wird mit Salz, Worchestersoße, Zitronensaft, englischem Senf und Cayenne. Die so hergestellte Soße ist ebenfalls eine echte Soße und wird als Sc. mayonnaise bezeichnet. In der neuzeitlichen Küche wird die Mayonnaise oft durch entsprechend gewürzten Joghurt ersetzt. Beides, sowohl die Joghurtwürzsoße wie auch die Mayonnaise, lassen sich zu vielen Ableitungen variieren. Mit etwas Blattgelatine können wir sie abstocken. Damit verhindert man eine Entmischung und Absetzen von Flüssigkeiten der damit angemachten Salate oder Speisen, was bei der Verwendung zum kalten Büfett wichtig ist. Grundsätzlich kann bei allen Rezepturen, wo Mayonnaise angegeben ist, auch Joghurt verwendet werden.

Ableitungen von der Mayonnaise

Senfmayonnaise:	Sc. mayonnaise à la moutarde – mit Dijonsenf unterzogen.
Andalusische Soße:	Sc. andalouse – Tomatenmus und Tomatenfleischwürfel.
Chantillymayonnaise:	Sc. mayonnaise à la chantilly – mit Schlagsahne unterzogen.
Clouchestersoße:	Sc. clouchester – englischer Senf und blanchierte, gehackte Fenchelknollen als Einlage, mit Sauerrahm verfeinert.
Russische Soße:	Sc. moscovite – bereits im vorausgegangenen Teil ausführlich beschrieben. Mit Schlagsahne, Hummerfleischwürfel und echtem Kaviar.
Kräutermayonnaise:	Sc. ravigote – Zwiebeln, Petersilie, Kapern, Kerbel, Estragon, Schnittlauch, Dill, Worchester, Salz und Pfeffer.
Tiroler Soße:	Sc. tyrolienne – mit Chilisoße, Tomatenconcassée, Ketchup, Estragon, Petersilie und Schalottenfond.
Remouladensoße:	Sc. remoulade – mit gehackten Gewürzgurken, Kapern, Sardellen, Schalottenzwiebeln fein gehackt, Petersilie, Kerbel, Estragon, Senf.
Knoblauchmayonnaise:	mit Knoblauchpürée und Zitronensaft. Sc. aîoli – wird verwendet für Knoblauchtoast, den man zur Bouillabaisse reicht.
Krebsmayonnaise:	Sc. algerienne – mit Selleriebrunoise und Krebsfleisch.
Sardellen – Kaviarmayonnaisc:	Sc. bagration – mit Sardellenmark und Kaviar.
Kräutersardellen-Mayonnaise:	Sc. cambridge – wie Kräutermayonnaise – Sc. ravigote – mit Sardellenpaste unterzogen.
Meerrettichmayonnaise:	Sc. mayonnaise au raifort – mit Schlagsahne und frisch geriebenem Meerrettich unterzogen. Kann auch zusätzlich noch mit geriebenen Äpfeln zubereitet werden = Apfelmeerrettichmayonnaise.

Keine Ableitungen der Mayonnaise sind Sc. tatar, Sc. gribiche und Sc. vinaigrette. *Sc. vinaigrette,* eine Essigkräutersoße mit Öl, wird bei den Salaten unter Dressings ausführlich beschrieben.
Die grüne Soße – *Sc. verte,* – die man selbstverständlich auch statt mit Joghurt von der Mayonnaise ableiten könnte, wird auf Seite 150 beschrieben.

Sc. tatar:	hier wird nicht Eidotter von rohen Eiern, sondern das Eigelb von hart gekochten Eiern durch ein Sieb passiert und mit Öl aufgeschlagen. Als Einlage verwendet man reichlich Schnittlauch und das Weiße der hart gekochten Eier, fein gehackt.
Sc. gribiche:	hier wird das gekochte, passierte Eigelb mit englischem Senf verrührt und mit Öl aufgeschlagen. Als Einlage wird Kerbel, Estragon, Petersilie, fein gehackte Kapern und Pfeffergurken verwendet. Das Eiweiß wird in grobe Juliennen geschnitten und als Garnitur auf die Soße gegeben.

Die Mayonnaise und die von der Mayonnaise abgeleiteten Soßen finden sowohl in der kalten Küche wie auch in der warmen Küche Verwendung.

Zum Roastbeef kalt, zur kalten Hochrippe, zu Sulzgerichten, zu kalten Eierspeisen und zu Fischgerichten werden diese Soßen je nach Zusammenstellung der Geschmacksvarianten ihre Verwendung finden. Auch Salate, z. B. Eiersalat, Rindfleischsalat, Teufelsalat, Gemüsesalat, Herings- und Fischsalate sowie Salate von Schalen- und Krustentieren, werden mit den verschiedenen Mayonnaisenableitungen oder Joghurtvariationen hergestellt.
Zu warmen Gerichten, die paniert sind, in Bierteig oder in anderen Backteigen im Fett schwimmend ausgebacken wurden, gleich ob es sich dabei um Fisch- oder Fleischgerichte oder gebackene Gemüse handelt, sind Remouladensoße oder andere Ableitungen von der Mayonnaise bzw. Joghurt, Gribiche- bzw. Tatarensoße eine willkommene Ergänzung.
Nicht unerwähnt sollte das bekannte und bei den Gästen sehr beliebte Fondue bourguignonne bleiben, zu dem man gleich mehrere der aufgezählten pikanten Mayonnaisen servieren kann.
Auch als Beigabe zu kalt servierten Krustentieren wie Hummer en belle vue, Languste usw. und zu kaltem Braten sowie zu kaltem, gekochtem Fleisch von Schlachttieren paßt immer eine Remouladensoße, Gribichesoße oder eine pikante Ableitung von der Mayonnaise bzw. Joghurt.

Arbeiten mit Gewürzmischungen

Fertige Gewürzmischungen ermöglichen ein gleichmäßiges Würzen.
Jedes Kurzbratgericht (à la minute-Gericht) kann, manche sollten sogar, nach dem Braten gesalzen werden.
Im Anhang dieses Buches finden Sie eine Anzahl von Rezepturen für Gewürzmischungen.
Gerade beim Arbeiten vor dem Gast empfiehlt es sich mit fertigen Gewürzmischungen zu arbeiten. Es erspart viele Handgriffe und garantiert, daß nicht ein Gewürz vergessen oder zuviel dosiert verwendet wird.
Auch wenn verschiedene Restaurantmitarbeiter für Stammgäste am Tisch kochen, so hat der Gast doch bei jedem Restaurantbesuch ein gleich gut gewürztes, an seinen Geschmack gewöhntes Essen.
Bei allen flambierten Gerichten ist unbedingt darauf zu achten, daß immer erst nach dem Flambieren gewürzt wird. Die Gewürzmischungen enthalten getrocknete Kräuter und Samengewürze, die beim Flambieren verbrennen würden. Die Folge davon wäre, ein nicht angenehmer leichter Bittergeschmack und unansehnliche schwarze Pünktchen in der Soße.
Lösen Sie die Gewürzmischung mit etwas Fond auf und löffeln Sie dann die aufgelöste Gewürzflüssigkeit gleichmäßig über das gebratene bzw. flambierte Gericht.

Den karamelisierten Zucker löschen wir mit einem Teil des Orangensaftes ab, lassen ihn nochmals einreduzieren und glacieren darin die Orangenfilets.
Wenn die gebratene Ente aus der Küche kommt, wird sie so tranchiert, wie es vorhergehend beschrieben ist. Die Keulen werden zum Nachbraten in die Küche gegeben oder wir arbeiten mit einer zweiten Pfanne und braten die Keulen am Tisch nach. Das ausgelöste Fleisch wird mit etwas Fond übergossen, mit Cognac flambiert und bei geringer Hitze warmgehalten, wobei gleichzeitig sich das Fleisch noch etwas entspannen soll.
Den in der Pfanne zurückgebliebenen Fond löschen wir mit dem Rotweinessig ab, fügen die Kalbsjus und den Bratfond hinzu und lassen alles reduzieren. Während die Soße kocht, garnieren wir das Entenfleisch mit den Orangenfilets aus und legen die Bruststreifen als ersten Service vor. Der Teller soll gut warm, aber nicht zu heiß sein, damit die dünnen Filets nicht hart werden. In die reduzierte Soße geben wir jetzt zur Bindung noch etwas Demiglace, die in Juliennen geschnittenen Orangenfilets und die Gewürze. Zuletzt geben wir den Grand Marnier, den Sherry oder Portwein – je nach Geschmack des Gastes – in die Soße, die dann nur an die Entenfilets und nicht etwa darüber gegeben wird.

Beilagen
Brandteigkartoffeln oder Safranreis und Chicoreesalat.

Korrespondierende Getränke
Spätburgunder Weißherbst aus Baden, Württemberg oder von der Ahr. Zu bestimmten Anlässen wäre sogar ein Prädikatsekt rosé angebracht. Auch ein guter französischer Roséwein, der allerdings nicht zu herb sein sollte, kann empfohlen werden.

Schweinelendchen auf normannische Art
Es handelt sich hier um eine Spezialität aus Westfrankreich, aus der Normandie, die uns bekannt ist durch ihren weltberühmten Calvados, der dort durch die Destillation von Apfelwein gewonnen wird.

Materialanforderung (2 Personen)
360 g Schweinefilet sauber pariert
160 g Äpfel in Chateauform tourniert mit Zitrone mariniert
1 dl Demiglace
60 g süße Sahne
45 g Butter
1 Eßlöffel Apfelmus, ungesüßt
4 cl Calvados
2 cl Weißwein

Arbeitsgang
Im kleinen Kupferkännchen die tournierten Apfelstücke mit ganz wenig Weißwein langsam andünsten, bis der Weißwein nicht mehr sichtbar ist. Dann etwa 1 cl Calvados über die Apfelstücke geben und nur noch leicht warm halten.
Das Fleisch würzen mit gemahlenem Kümmel, Pfeffer, Salz, Paprika, Thymian, Koriander, Estragon und in Butter anbraten.
Den Bratenansatz in der Pfanne mit 1 cl Calvados ablöschen, die Demiglace hinzugeben, leicht aufwallen lassen und mit dem restlichen Calvados flambieren. Das Fleisch noch leicht nachziehen lassen, dann herausnehmen und in einer zweiten Pfanne bei schwacher Hitze entspannen lassen. Einen Löffel Apfelmus in die Soße geben, die Sahne hinzufügen, würzen und reduzieren lassen.
Die Apfelchateaustücke kranzförmig dekorativ auf das Fleisch geben und dann vorlegen. Die eingekochte, glattgezogene Soße dazugeben, ohne die schönen hellen Apfelstücke zu überdecken.

Als Beilage eignen sich abgedrehte Kohlköpfchen mit knuspriger Speckscheibe, braisierter Fenchel, Broccoli oder Chicoréesalat und Kartoffeln in fast allen Varianten.
Auch Schweinerückensteak oder Schweinekotelett kann man in der angegebenen Rezeptur zubereiten.
Besonders geeignet ist diese Zubereitung auch für Wildschweinmedaillons.

Korrespondierende Getränke
Apfelsäure, Weißwein und Calvados im Rezept bedingen einen Wein mit ausgeprägtem Bukett, der ausnahmsweise nicht alkoholarm sein sollte. Ein Ruländer aus Baden, ein Silvaner Spätlese aus Franken sowie Bacchus, Kerner oder Weißburgunder aus allen Weinanbaugebieten Deutschlands ab mindestens der Prädikatstufe Kabinett bieten sich hier an. Auch ein Weißherbst aus der Spät- oder Frühburgundertraube oder ein Schillerwein passen ebenso gut wie ein Badisch Rotgold. Aus Frankreich wäre ein Côtes de Provence rosé mit gutem Gewissen zu empfehlen.

Schweinelendchen Romanoff
Die Romanoffs waren die letzte Zarendynastie des alten Rußlands. Als nach der Französischen Revolution die ersten Restaurants entstanden und die Kunst des feinen Kochens in die breite Masse drang, breiteten sich Pomp und Prunk der Hâute Cuisine bis nach Petersburg aus. In diesem Gericht ergänzen sich ein altes, bodenständiges Gericht mit etwas Raffinesse der feinen Küche.

Materialanforderung (2 Personen)
360 g Schweinelendchen, sauber pariert in Medaillons geschnitten
6 Zitronenscheiben
20 g Kaviar Malossol (man kann auch Kaviarersatz nehmen)
50 g Steinpilze
30 g Rote Bete, in feinen Streifen mit etwas Saft
45 g saure Sahne (Originalrezept Smetani)
15 g fein geriebenen Meerrettich
1 dl Demiglace
50 g Butter
50 g fein geschnittene Zwiebeln
5 g Pflanzenöl
5 g englischer Senf
50 g Rauchspeckwürfel
25 g Lauch in feinen Juliennen, leicht vorblanchiert
5 cl Wodka

Gewürze
Petersilie, Schnittlauch, Salz, Pfeffermühle, Rosenpaprika, Piment, Oregano, Thymian, Ingwer, Basilikum, Knoblauchpulver und Koriander.

Arbeitsgang
Wir arbeiten wieder mit 2 Pfannen. Die Schweinemedaillons würzen mit Pfeffermühle, Salz, Paprika, in Öl anbraten. Dann flambieren, mit der Hälfte der Demiglace ablöschen und bei mäßiger Hitze warmhalten. Das Fleisch darf im Gegensatz zu den Filetspitzen etwas nachziehen. In der zweiten Pfanne die Zwiebeln angehen lassen, Speckwürfel hinzufügen und Steinpilze oder ersatzweise Champignons ansautieren. Mit dem Rest der Demiglace auffüllen, Butter in die Pfanne geben und unter Schwenken die saure Sahne unterziehen. Mit dem Kaviar, Rote Bete Streifen und Schnittlauch ein Dekor auf den Sahnezitronenscheiben anordnen. Zum Schluß den Rest der Roten Bete mit dem Saft unter die Soße ziehen. Die Medaillons vorlegen, dazu die Soße und mit den Zitronenscheiben ausgarnieren.

Beilagen
Kartoffelreibekuchen mit Sauerkraut und Speckstreifen, Rosenkohlsalat mit Feldsalatherzen.

Korrespondierende Getränke
Das Gericht, das in seiner Heimat mit dem »Wässerchen« Wodka begossen wird, ist äußerst pikant, wenn auch nicht scharf. Meerrettich, Schalotten, Lauch, Koriander, Knoblauch, Ingwer und Wodka sind Komponenten in der Geschmackszusammenstellung, die einen Wein verlangen, der dieser Gewürzmischung standhält.
Es kann sogar ein Müller-Thurgau sein, wenn er gehaltvoll genug ist. Alle Weine mit Erdgeschmack, besonders die Frankenweine, die vom Keuperboden, aus der Gegend des Steigerwaldes kommen und die badischen Mauerweine aus Varnhalt und Neuweier, bieten sich hier an. Aber auch ein Huxel, Gutedel, Bacchus, Kerner, Sieger- und Scheurebe mit der Prädikatsstufe Kabinett aus allen Weinanbaugebieten Deutschlands kommen bestimmt gut an. Neben einem Rheingauer Riesling könnte man auch einen kernigen Moselriesling oder einen Saar-Ruwer-Riesling, wie z. B. den Serriger König Johann Berg, empfehlen. Auch ein Rieslaner aus Franken korrespondiert bestimmt gut. Für Rotweinfreunde wäre ein junger Beaujolais, der gekühlt serviert wird oder ein guter deutscher Weißherbst, ebenso wie ein Rosé aus Frankreich, eine Alternative.

Kalbsniere Robert
Rognon de veau à la Robert ist eine Schöpfung Escoffiers. Daher kommt dieses Gericht auch oft unter der Bezeichnung »Kalbsniere nach Escoffier« auf die Speisekarte. George Auguste Escoffier, 1846–1935, war der letzte große Reformator der Hâute Cuisine. Sein Werk »Le Guide Culinaire« hat ihn weltberühmt gemacht.

Materialanforderung (2 Personen)
Leider sind heute die Kalbsnieren durch die modernen Kälbermastmethoden zu groß für das Gericht, so daß man sie in Scheiben geschnitten vorbereiten muß. Normalerweise gäbe es pro Person eine Niere. 2 kleine Kalbsnieren à 180 bis 200 g.
Fett und Gewebestränge werden herausgeschnitten und die Enden im Schmetterlingsschnitt eingekerbt, so daß die Niere zusammenbleibt, aber aufgeklappt die Form wie ein kleines Schnitzel hat. Sie wird danach aber wieder in ihre ursprüngliche Form zusammengelegt, um sie dem Gast gefällig präsentieren zu können.
30 g Schalottenzwiebeln, fein geschnitten
40 g Butter
10 g englischen Senf
60 g pochierte Champignons, in Scheiben
35 g süße Sahne
30 g Demiglace
4 cl roten Portwein
5 cl Cognac
1 cl Gin (deutscher)
2 g feine, frische Kräuter, Petersilie, Kerbel, Schnittlauch

Gewürze
Pfeffermühle, Selleriesalz, Estragon, Thymian, gem. Koriander und gem. Kümmel.

Beilagen
Trockener Reis, frischer Endiviensalat mit Escoffierdressing angemacht.

Arbeitsgang
Man arbeitet mit 2 Pfannen. In der ersten Pfanne die Schalottenzwiebeln angehen lassen, Champignons schwenken, die Hälfte der Demiglace und den Portwein hinzugeben, einmal

aufstoßen lassen, die Sahne unterziehen und warm halten. Die Nieren erst von innen anbraten. Englischen Senf mit wenig Gin glatt rühren und damit die Innenseite der Niere dünn bestreichen. Dann die Niere von der Außenseite braten, wobei diese sich schon von selbst zusammenzieht. Dabei nach und nach soviel nachhelfen, daß die Niere wieder in ihre ursprüngliche Form zurückkommt. Jetzt die Niere so drehen, daß die aufgeschnittene Seite unten liegt. Nun mit Cognac flambieren. Hier ist darauf zu achten, daß nur die Soße flambiert wird. An den blutigen Stellen der Niere kann etwas von der brennenden Soße napiert werden. Würde man die Niere vollständig flambieren, könnten harte Ränder entstehen. Der noch übrige Senf wird in der Demiglace mit aufgelöst und die Nieren damit abgelöscht. Nun gibt man die Nieren und den Fond in die Soßenpfanne und läßt unter langsamem Schwenken so lange durchziehen, bis nur noch kleine schwache Blutsaftbläschen aus der Nierenrinde hervortreten. Auf jeden Fall muß die Niere innen noch zart rosa sein, aber nicht mehr blutig. Da es heute, wie eingangs der Rezeptur erwähnt, schwierig ist, noch so kleine Portionsnieren zu erhalten, soll auf weitere Zubereitungsmöglichkeiten hingewiesen werden:

Methode 1 für flambierte Kalbsnieren

Wir verfahren auch mit einer größeren Kalbsniere, die ausreichend ist für zwei Personen, genauso wie zuvor beschrieben. Jedoch wird diese Niere innen noch leicht roh bleiben. Deshalb werden wir sie nach dem Flambieren in dünne Scheiben tranchieren, abtropfen lassen und dann die Nierenscheiben in der fertigen Soße kurz schwenken, ohne kochen zu lassen. Den aufgefangenen Nierensaft ziehen wir dann mit unter die Soße.

Methode 2 für flambierte Kalbsnieren

Kalbsniere in Portwein (Rognons de veau flambés au porto)

Für 2 Personen:

250 g bratfertige Kalbsnierenscheibchen
60 g pochierte Champignons in Scheiben
50 g Butter
5 cl trockenen Portwein und 4 cl Weinbrand
80 g süße Sahne
40 g Schalottenzwiebeln, gehackt

Gewürze

Salz, Pfeffermühle, Cayennepfeffer, Dijonsenf, frische Kräuter, Knoblauchsalz, Glutamat, gemahlener Kümmel und sehr wenig Koriander.

Arbeitsgang:
Mit der Hälfte der Butter die Schalotten anlaufen lassen. Die Nierenscheiben hinzugeben und rasch anbraten. Mit der Gabel ständig durchrühren und auf gleichmäßiges Garen achten. Keine Scheibe darf zu scharf gebraten sein. Jetzt flambieren und danach erst würzen. Die Nierenscheiben aus der Pfanne nehmen, abtropfen lassen und zugedeckt warm halten. Die pochierten Champignons kurz anschwenken, den Portwein hinzugießen und fast gänzlich reduzieren lassen. Das restliche kleine Butterflöckchen in die Pfanne geben und die Sahne unter Schwenken der Pfanne einlaufen lassen. Sobald sie die richtige Konsistenz erreicht hat (dick genug ist), werden die warmgehaltenen Nierenscheibchen hineingegeben und, ohne daß die Soße noch einmal zum Kochen kommt, kurz durchgeschwenkt. Der mit den Nieren angesammelte und beim Abtropfenlassen aufgefangene Fond wird zum Schluß unter die Soße gezogen. Das Gericht sofort vorlegen und den Nachservice auf nicht zu heißem Rechaud nur leicht warm halten, weil sonst die Nieren nachziehen und hart werden.

Methode 3 für flambierte Kalbsnieren
Kalbsniere in Whisky (Rognons de veau au Whisky)
Nieren in Scheiben geschnitten, mit gleicher Rezeptur und mit gleichem Arbeitsgang wie zuvor beschrieben, jedoch an Stelle des Portweines wird 1 dl Béchamelsoße verwendet, und flambiert wird nicht mit Weinbrand, sondern mit Bourbon-Whisky. Ein gleiches Gericht in anderer Variation ist die *Kalbsniere in Gin,* wo mit Gin flambiert und an Stelle der Béchamelsoße eine Demiglace verarbeitet wird.

Korrespondierende Getränke
Wenn hier ein Weißwein in Frage kommt, dann ein Gutedel, Gewürztraminer, Huxel, Morio-Muskat, Sieger- oder Scheurebe. Voraussetzung ist, daß diese Weine nicht aus Jahren stammen, die einen so sortenbetonten Wein hervorbringen, daß er aufdringlich schmeckt. Portwein, Senf und Schalotten in Verbindung mit dem für Innereien typischen Geschmack verlangen nach einem gehaltvollen, im Bukett aromatischen Wein, der in dem genannten Geschmacksträger des Gerichtes nicht untergeht.
Auch die Rotweine aus Deutschland sollten in der Prädikatsstufe Spätlese gewählt werden. Es bieten sich hier die Spätburgunderweine aus allen Teilen Deutschlands an. Auch volle italienische Rotweine wie der Barolo aus Piemont oder der Lacrimae Christi aus Campanien passen ebensogut wie der Merlot aus Friaul.
Aus Frankreich kommen die A. O. C.-Weine aus dem Burgund, dem Bordeaux oder von der Rhône in Frage, jedoch müssen es nicht große Weine der 1. bis 5. Crus aus dem Médoc sein.

Kalbsleber auf Haushofmeisterart
Leber ist nicht nur ein biologisch besonders wertvolles, sondern bei richtiger Zubereitung auch ein sehr schmackhaftes Nahrungsmittel. Wichtig für die Erhaltung ihrer Vollwertigkeit und für den guten Geschmack ist die richtige Zubereitung. Sie soll immer nur ganz kurz gebraten sein, innen noch zart rosa und außen nicht hart werden. Deshalb soll Leber immer in möglichst dünne Tranchen geschnitten sein. Leber muß auch sofort serviert werden, darf also nicht zu lange warm gehalten werden. Einem Gast, der sehr langsam zu essen pflegt, kann es passieren, daß ihm die erste Tranche Leber gut mundet, während die zweite von der selben Portion schon leicht bitter und trocken schmeckt. Der Grund dafür ist das lange Stehen auf der Warmhalteplatte. Ob in der Küche oder im Restaurant zubereitet, wird die Leber niemals vor dem Braten gesalzen. In guten Restaurants kann der anspruchsvolle Gast, der ja bereit ist, den entsprechenden Preis zu bezahlen, erwarten, daß ihm eine Leber am Tisch zubereitet wird. Selbstverständlich ist hierbei, daß der Restaurantfachmann die Leber in zwei Arbeitsgängen herstellt, also den Nachservice erst bereitet, wenn der Hauptservice bereits auf dem Teller des Gastes liegt.

Materialanforderung (2 Personen)
360 g Kalbsleber in dünne Scheiben geschnitten
25 g Kräuterbutter in zwei dünne Scheiben
25 g frische Butter
5 g Pflanzenöl
1 cl Portwein (weiß, trocken) oder Rotwein
20 g süße Sahne, leicht angeschlagen
30 g Zwiebelscheiben, vorblanchiert
20 g Zwiebeln, fein geschnitten (Schalottenzwiebeln)
20 g Demiglace
12 Apfelstücke in Châteauform tourniert
2 g Petersilie
1 g Schnittlauch

Gewürze
Gem. Rosmarin, Basilikum, Salz, Pfeffermühle, ganz feiner Hauch gem. Fenchel und Majoran.

Arbeitsgang
Es wird wieder mit zwei Pfannen gearbeitet. Die fein geschnittenen Zwiebeln mit Butter ansautieren, mit Demiglace angießen, aufstoßen lassen und Sahne unterziehen. Dann die vorblanchierten Zwiebelscheiben dazugeben, würzen, abschmecken und warmhalten.
Mit dem Öl und etwas Butter die erste Hälfte der Leber von beiden Seiten anbraten, die Apfelstücke mit in die Pfanne geben. Die Leber mit dem trockenen Portwein kurz ablöschen, aber nicht flambieren, weil sie sonst den guten Eigengeschmack einbüßt und die Ränder hart werden. Die Leber zum Schluß würzen und vorlegen. Die Apfelstücke ziehen noch im Portwein-Leberfond nach. Die Zwiebeln aus der zweiten Pfanne gibt man über die Leber, legt in die Mitte der Leberscheibe die hauchdünne Kräuterbutterscheibe und garniert sternförmig um die Butter mit den Apfelstückchen. Wenn die Leber dem Gast serviert ist, beginnt man noch einmal von vorne für den Nachservice. Allerdings wird nur die Leber gebraten. Die Zwiebeln mit der Soße hat man vorher zur Hälfte für den zweiten Service zurückbehalten.

Korrespondierende Getränke
Das zarte, leicht rosa bis noch blutig gebratene Fleisch korrespondiert immer gut mit einem blumigen Wein, der jedoch nicht zu schwer sein darf. Es kommen sowohl Rotweine wie auch gute Weißherbst- und Rosé-Weine in Frage. Äpfel und Zwiebeln, die zu dem feinen Geschmack der Leber eine gute Ergänzung sind, sprechen aber gegen die großen Bordeaux, wie z. B. ein Château-Lafite-Rothschild. Aber auch Burgunderweine in der gehobenen Preislage, wie ein Nuits-St.-Georges, sollten es nicht sein, weil die Zwiebel-Apfel-Kombination diesen großen Weinen zuviel von dem Spiel der feinen Nuancen im Bukett abverlangen würde, was eigentlich zu schade wäre. Es passen hier gut alle A.O.C.- oder V.D.Q.S.-Rotweine aus Frankreich.
Auch wäre das ein Gericht, zu dem sich ein Beaujolais Nouveau sehr gut eignet, der allerdings gekühlt mit 10 bis 12°C serviert werden muß.
Von den deutschen Weinen eignen sich besonders die Trollinger, Lemberger und auch Schillerweine aus Württemberg sowie alle Weißherbst- und Portugieserweine aus allen deutschen Rotweinanbaugebieten.

Filetspitzen nach Stroganoff – Filet de bœuf à la Stroganoff

Die Stroganoffs, eine alte Nowgoroder Kaufmannsdynastie, erwarben sich große Verdienste um die Erschließung Sibiriens und wurden vom Zaren in den Grafenstand erhoben. Ob jetzt die Herren dieser Dynastie mehr Erfolge mit ihren Expeditionen hatten oder die Dame des Hauses »Govia Dina Stroganoff« mit ihrer Küche? Auf jeden Fall wird heute überall in der Welt mehr von den Filetspitzen nach Stroganoff gesprochen als von den damals mit großen Strapazen und Gefahren verbundenen Sibirienreisen.

Materialanforderung (2 Personen)

340 g sauber pariertes, in dünne Streifen geschnittenes Rinderfilet (meistens hergestellt aus Filetkopf oder Filetspitze)
50 g Steinpilze (ersatzweise können frische Champignons genommen werden)
40 g fein geschnittene Zwiebeln – Schalottenzwiebeln
40 g Gewürzgurkenjuliennen
50 g Tomatenconcassée (ca. 120 g frische Tomaten erforderlich)
50 g Butter
5 g Pflanzenöl
30 g Schinkenspeck in feine Streifen geschnitten
1 dl Demiglace
50 g süße Sahne
5 cl Wodka

Gewürze

Petersilie, Schnittlauch, Thymian, gem. Kümmel, Hauch gem. Nelke, Knoblauchpulver, Koriander, Paprika, Pfeffermühle, fein geriebenes Lorbeerblatt, gem. Senfkörner und Estragon.

Arbeitsgang

Man arbeitet wieder mit 2 Pfannen. Filetspitzen salzen und pfeffern, mit den 5 g Öl in der einen Pfanne ganz leicht anbraten, und zwar nur soviel, daß das Fleisch gerade steif ist. Jetzt mit der Gewürzmischung würzen. Auf klein gestellter Flamme entspannen lassen. In der zweiten Pfanne die Zwiebeln mit der Hälfte der Butter angehen lassen. Dann die Pilze hinzugeben, mit der Demiglace angießen und langsam ziehen lassen. Erst jetzt die Hälfte des Wodkas hineingeben und mit kleiner Flamme flambieren. Es werden nicht die Filetspitzen geflämmt, weil es hier bei den klein geschnittenen Stückchen zuviel harte Kruste geben würde und die Gefahr besteht, daß das Fleisch nicht mehr rosa bleibt wegen der zu großen Flambierhitze. Die zweite Hälfte des Wodkas gießt man in die warm gehaltenen Filetspitzen, um damit gleichzeitig den Bratenansatz in der Pfanne zu lösen. Jetzt gibt man unter langsamem Schwenken die Filetspitzen in die Pfanne mit der Soße, die unter keinen Umständen mehr kochen darf. Gleichzeitig wird das Tomatenconcassée dazugegeben – erst jetzt, damit es kein Pürée wird. Nun wird die restliche Butter in die Mitte der Pfanne gegeben und unter leichtem gleichmäßigem Schwenken läßt man die Sahne einlaufen. Diese gibt der Soße die Bindung. Danach, also ganz zum Schluß, kommen die Gurkenjuliennen dazu, weil sie sonst die Soße zu sehr säuern würden. Vor dem Service streut man die gehackten Kräuter darüber.

Beilagen

Trockener Reis, knackig frischer Kopfsalat.

Korrespondierende Getränke

Das Fleisch, schön zartrosa gebraten, umgeben von dem feinen Aroma der Steinpilze, verlangt hier geradezu nach schönen, edlen und vollmundigen Rotweinen.
Aus Württemberg ein Schwarzriesling, in guten Jahren auch ein Trollinger, und immer ein Spätburgunder korrespondieren mit diesem Gericht.

Selbstverständlich sind hier auch alle roten Bordeaux- oder Burgunderweine richtig. Wenn aber ein Gast nicht so tief in die Tasche greifen möchte, hat Frankreich auch noch einige gute Alternativen zu bieten. Es passen die Côte du Rhône-Weine oder die roten Landweine (Vin de Pays rouge) aus der Provence oder aus dem Languedoc-Roussillon.

Pariser Pfeffersteak – Steak au poivre à la parisienne
Aus der Vielzahl an bekannten Spezialitäten der französischen Küche sei hier eine der bekanntesten herausgegriffen, die sich auch vortrefflich für die Zubereitung am Tisch des Gastes eignet. Wenn hier auch von einer Originalzubereitung die Rede ist, so muß man doch Zugeständnisse machen, da in der Rezeptur immer wieder kleinere Abweichungen zu finden sind. Viele Kollegen verwenden auch Champignons, was aber abzulehnen ist, weil durch das starke Pfefferaroma und den Cognacgeschmack das feine Pilzaroma untergeht. Obwohl es unbedingt richtig ist, daß man für Pariser Pfeffersteak Rinderfilet nimmt (zumindest bei Prüfungsarbeiten und Wettbewerben), sollte man in der Praxis ein gut abgehangenes Zwischenrippensteak eines jungen Tieres vorziehen. Schön marmoriert mit kleinen Fettäderchen bringt es in der Geschmacksverbindung mit dem Pfeffer und Cognac mehr als ein Filetsteak. Außerdem benötigt es eine kürzere Bratzeit, was gerade für das Arbeiten am Tisch wichtig ist, denn es geht schneller.

Materialanforderung (1 Person)
180 g sauber pariertes, von Fett und Sehnensträngen befreites Roastbeef (Zwischenrippensteak)
30 g fein geschnittene Zwiebeln
3 g englischer Senf
3 cl Demiglace
3 cl süße Sahne
40 g Butter
5 g Pfefferkörner (in das Fleisch eingedrückt)
8 g grüner Pfeffer
3 cl Cognac
5 g Öl zum Anbraten
3 cl Rotwein zum Ablöschen

Gewürze
Salz, Zwiebelpulver, Knoblauchpulver, Basilikum, Estragon, Thymian, Liebstöckel, Schnittlauch, Piment.

Arbeitsgang
Man arbeitet wieder mit 2 Pfannen. Die Steaks salzen und in Öl anbraten, bis die gewünschte Bratstufe erreicht ist. Kurz und leicht flambieren, aber gleich mit Demiglace angießen, ohne die Flamme sofort zu löschen. Der Alkohol darf nicht zu lange auf dem trockenen Fleisch brennen. Es soll eine schöne und leichte Kruste, aber auf keinen Fall eine trockene und harte Randkruste geben.
In der zweiten Pfanne die Zwiebeln mit der Hälfte der Butter angehen lassen, den grünen Pfeffer gut zerdrücken, damit er nicht springt. Den englischen Senf in dem Rotwein völlig glatt verrühren und die zweite Pfanne damit ablöschen. Dann in die Pfanne mit dem warm gehaltenen Steak die Soße hinzufügen und einmal langsam aufstoßen lassen. Die Flamme ganz klein stellen und die andere Hälfte der Butter in die Mitte geben. Dann die Sahne unter gleichmäßigem Schwenken auf die Butter einlaufen lassen und die Kräutergewürzmischung beifügen.

Beilagen
Herzoginkartoffeln, Prinzeßbohnen.

Korrespondierende Getränke
Wir müssen einmal davon ausgehen, daß ein Gast, der herzhaft gewürzte Speisen liebt, auch gerne die Weine hat, die sich sortentypisch bedingt durch besonders betonte Geschmacksrichtungen hervorheben. Zum anderen aber müssen wir bedacht sein, einen Wein zu wählen, der sich auch gegen die pikante Zubereitungsart mit der scharfen Pfeffersoße behaupten kann. Ein Wein mit großer Blume und sehr feinen Duftnuancen wäre hier fehl am Platze.
Es eignen sich hier unsere Scheu- und Siegerrebe, Gutedel, Ruländer oder Weißburgunder aus Baden, Württemberg oder aus der Pfalz. Aber auch ein Morio-Muskat aus Rheinhessen und Rheinpfalz oder ein Bacchus aus Franken oder von der Nahe passen gut. Aus Frankreich empfehlen wir Weine, die nicht über die Einstufung A.O.C. hinausgehen. Besser noch die V.D.Q.S.-Rotweine aus allen Weinbaugebieten Frankreichs und die roten Landweine (Vin de Pays rouge).

Grüne Nudeln Alfredo
Ein Gericht für Sportler und junge Gäste, die noch energiereiche Kost verkraften können, aber auch für den Feinschmecker, der gerne einmal etwas sündigen möchte. Gekonnt zelebriert ist diese Spezialität von Maître Alfredo immer eine Show im Restaurant und eine Repräsentation für den gehobenen Servicestil des Hauses.

Materialanforderung (2 Personen)
200 g grüne Nudeln (Spinatnudeln)
50 g ungesüßte Schlagsahne
70 g Butter, schaumig geschlagen
50 g Parmesan
4 Scheiben Röstbrot in Würfeln
150 g Tomatenconcassée (ca. 400 g frische Tomaten erforderlich)
60 g Saftschinken (Vorderschinken), in Juliennen
4 Stück hauchdünne, kleine Schnitzelchen à 60 g (Schweinefleisch, mager) mit mie de pain und Parmesan paniert und schön goldgelb ausgebacken.

Gewürze
Salz, Pfeffermühle, Glutamat, Muskat und Oregano.

Arbeitsgang
Schnitzelchen (»Scaloppinis«) so anfordern, daß sie nicht mit den Nudeln zusammen, sondern auf Abruf oder Zeitvereinbarung aus der Küche kommen. Falls sie wirklich etwas zu zeitig kommen sollten, muß eine Rechaudplatte bereitstehen, damit sie warm gehalten werden können.
Die schaumige Butter nur leicht erwärmen, nicht bräunen lassen. Dann die Nudeln, die ebenfalls warm aus der Küche gekommen sind, darunter geben, würzen mit Salz, Pfeffer, Muskat. Dazu gibt man die Schinkenjuliennen und die restliche schaumige Butter. Dann werden die concassierten Tomaten, danach die Schlagsahne und zuletzt die Röstbrotcroutons dazugegeben. Zum Schluß wird Parmesan überstreut, man kann aber auch, speziell wenn der Gast gerne reichlich Parmesan nimmt, schon die Hälfte des Parmesans gleich am Anfang vor den Schinkenjuliennen mit unter die Nudeln arbeiten und den Rest zum Überstreuen verwenden. Der Vorteil besteht darin, daß der Parmesan schmilzt und der Käsegeschmack intensiver hervortritt. Nachteilig dabei ist, daß das ganze Gericht nicht so luftiglocker erscheint, als wenn man den Käse erst ganz am Schluß überstreut.
Man legt zuerst die Nudeln vor und setzt die Scaloppinis darauf.

Beilagen
2 kleine Salatplatten.

Korrespondierende Getränke
Zu Teigwaren passen immer Rotweine und das um so mehr, wenn noch Käse und Scaloppi-

nis dabei sind. Selbstverständlich kommen für dieses Gericht alle deutschen Rotweine, vom Portugieser bis zum Spätburgunder, in Frage.
Optimal wäre es natürlich, wenn zu diesem südländischen Spezialgericht des Meisters Don Alfredo auch südländische Weinspezialitäten offeriert werden können. Wenn man solche Weine auf der Weinkarte hat, dann sollte ein guter Restaurantfachmann sie auch dazu empfehlen. Eine Krönung zu dem Gericht wäre ein roter Bardolino aus Venetien, ein Barolo aus Piemont, ein Merlot aus dem Friaul oder der besonders wuchtige Lacrimae Christi, der auf dem Vulkanfelsen in Campanien wächst.

Rehsteak Diana

Diana, die jungfräuliche Göttin der Jagd, nach der wir die Garnitur benennen, gebietet uns eine schonende Behandlung, damit alles erhalten bleibt, was unter dem Patronat der Waidmannsgöttin steht. Grundsätzlich beinhaltet die Garnitur Waldfrüchte. Das Reh ist vom Mai bis zu Beginn der Brunftzeit in Mitteleuropa wohl als das edelste Wildbret anzusprechen. Als größte Sünde gilt jede Überwürzung und Zugabe von geschmacksübertönenden Garnituren oder Gewürzen. Selbst das Einbeizen wie beim Hirsch sollte man beim Rehragout unterlassen, außer wenn es durch eine Pansenschußverletzung ein zu strenges hâut gout genommen hat.

Materialanforderung (2 Personen)

2 Stück Rehsteaks à 180 g leicht plattiert aus der Oberschale, Nuß oder im Schmetterlingsschnitt aus dem Rücken geschnitten.
40 g Butter
60 g kleine, ausgesuchte Pfifferlinge
50 g Schinkenspeckwürfel
30 g Wildjus
10 g Hagebuttenmark
50 g süße Sahne
30 g Preiselbeeren
3 cl Gin (deutscher)
2 cl Cognac

Gewürze

Rosmarin, Selleriesalz, Pfeffermühle, Koriander, Beifuß, Zitronensaft, Minze, Wacholderbeere und Pfefferkraut. Wenig und vorsichtig würzen, es darf kein Gewürz vorschmecken. Die Steaks erst nach dem Braten würzen. Dasselbe Gewürz unter Zugabe von 2 g frisch gehackter Petersilie auch für die Pfifferlinge verwenden.

Arbeitsgang

Es wird wieder mit 2 Pfannen gearbeitet. Schinkenspeckwürfel mit ca. 10 g Butter in der ersten Pfanne angehen lassen, die kleinen ausgesuchten Pfifferlinge dazugeben und braten. Pfifferlinge würzen, aber kein Salz, da der Speck gesalzen ist. Mit ⅔ der Wildjus auffüllen, weitere 10 g Butter, die Preiselbeeren und das Hagebuttenmark beifügen, alles langsam ziehen lassen und unter Schwenken die Sahne zugeben. Bei mäßiger Hitze etwas reduzieren lassen. Die Steaks mit der restlichen Butter in der zweiten Pfanne von beiden Seiten braten. Dann erst würzen, mit Cognac und Gin flambieren und mit der restlichen Wildjus ablöschen. Den austretenden Fond unter die reduzierte Sahne-Pfifferling-Soße geben und glatt ziehen. Die Steaks vorlegen, die Pfifferlinge als Garnitur darüber geben und einen Teil der Soße dazu. Den Rest der Soße einsetzen oder für den Nachservice bereithalten.

Korrespondierende Getränke

Es gibt wohl kaum ein zarteres und geschmackvolleres Fleisch, als das von einem jungen Reh, wenn es richtig zubereitet wird. Für dieses köstliche Gericht, das der Göttin des

Waidwerkes gewidmet ist, sollten wir uns bei der Weinempfehlung die Gunst von Dionysos und Bacchus erstehen, um so dann dem Gast mit einem vollendet göttlichen Mahl, ein kulinarisches Erlebnis zu vermitteln. Ein guter Restaurantfachmann, der diese Argumente bei der Weinempfehlung interpretieren kann, wird jeden Gast überzeugen, den von ihm empfohlenen Wein zu nehmen, ohne daß er dabei aufdringlich werden muß.
Ein schöner voller Assmannshäuser Spätburgunder, ein Spätburgunder von unserem Rotweinparadies an der Ahr, ein Spätburgunder, der auf den Vulkangesteinen in Baden oder auf dem Hohentwieler Olgaberg am Bodensee wächst, sowie auch Früh- und Spätburgunder ab der Prädikatsstufe Spätlese aus den anderen deutschen Anbaugebieten, könnte man empfehlen. Für anspruchsvolle Gäste empfehlen wir die großen Bordeaux, wie den Château-Lafite-Rothschild, Château Haut Brion. Wenn der Gast wegen des Preises etwas zögert, könnte man einen St-Emilion, Pomerol oder Fronsac-Wein anbieten. Nicht zu verachten sind natürlich auch die Spitzenweine aus dem Burgund wie die Chambertin oder Nuits-St-George-Weine.

Hirschkalbsfilet Nimrod

Dem assyrischen Herrscher und gewaltigen Jäger des Altertums ist die Garnitur dieses Gerichtes gewidmet. Der Rücken eines Hirschkalbes steht dem Rehrücken qualitativ in keiner Weise nach. Zubereitungsarten und Garnituren können wie beim Reh Verwendung finden. Auch zum kalten Büfett mit einer pikanten Sc. Cumberland.

Materialanforderung (2 Personen)

360 g Hirschkalbsfilet in Medaillons geschnitten
60 g pochierte Champignons, in Scheiben
50 g pochierte Äpfel, in Châteauform
20 g Mandarinenfilets
10 g Rote Bete, in feinen Streifen ohne Saft
30 g süße Sahne, flüssig
40 g süße Sahne, steif geschlagen
40 g Butter
4 cl Cognac (Flambierweinbrand)
2 dl Wildjus
5 cl Demiglace
5 cl Rotwein

Gewürze

Pfeffermühle, Rosmarin, Basilikum, Koriander, Piment, Nelke, Zwiebelpulver, Rosenpaprika, Fenchel, Wacholder und Estragon.

Arbeitsgang

Wir arbeiten wieder mit zwei Pfannen. Die Champignons und Äpfel andünsten, die Mandarinenfilets dazugeben und warmhalten. Die Hirschkalbmedaillons mit Öl anbraten, mit Butter nachbraten, mit Cognac flambieren, würzen und Demiglace angießen. Fleisch in die Warmhaltepfanne umsetzen, den Ansatz mit etwas Rotwein oder Estragonessig löschen, mit Wildjus auffüllen, mit Sahne reduzieren lassen und würzen. Die steif geschlagene Sahne auf die Medaillons dressieren und darauf die Garnituren setzen, d. h. je ein Medaillon mit Champignons, Äpfel, Mandarinenfilets und darüber die feinen Streifen der Roten Bete.

Beilagen

Broccoli mit Haselnußbutter, Croquetten.

Korrespondierende Getränke

Wenn wir wirklich ein Hirschkalb haben, so ist der Unterschied zum Reh nicht sehr groß. Das Fleisch ist wohl einen kleinen Ton heller und evtl. noch etwas milder im Haut-goût als Reh. Alle Spätburgunder- und Frühburgunderweine ab der Prädikatsstufe Kabinett aus allen deutschen Weinanbaugebieten korrespondieren gut mit diesem Gericht. Auch Müllerrebe und die Samtrot aus Württemberg sowie ein Früh- oder Spätburgunder aus dem fränkischen Rotweingebiet ab Prädikat Spätlese lassen sich dazu trinken. Von den französischen Weinen sind die roten Burgunder der Spitzenklasse aus dem Chalonais, Mâconnais und Beaujolais und selbstverständlich die der Côte de Beaune und Côte Nuits, von Chassangne-Montrachet und Puligny-Montrachet bis nach Gevrey-Cambertin zu empfehlen. Auch die Bordeaux-Weine und davon wiederum ganz besonders die Château-Weine der 1. bis 5. crus aus dem Médoc, dürften an erster Stelle von allen Weinempfehlungen liegen.

Wildschweinmedaillons Calvados

Im Gegensatz zum Reh darf hier die Garnitur etwas betont werden. Besonders ältere Tiere haben einen sehr strengen Geschmack und Geruch und vertragen eine Zubereitung, die diesen eigenartigen Wildschweingeschmack neutralisiert oder sogar etwas überdeckt. Ältere Keiler müssen gut abgehangen sein und können nur gebeizt verarbeitet werden, wenn sie überhaupt in der feinen Restaurantküche Verwendung finden. Ein Genuß ist das Fleisch des Überläufers. Es handelt sich dabei um ein Jungtier, das den ersten Winter überlebt hat und zwischen 40 und 60 kg wiegt. Die Garnitur »Calvados« eignet sich vortrefflich für Wildschwein.

Materialanforderung (2 Personen)

360 g ausgelöster, parierter Rücken vom Überläufer, in Medaillons geschnitten
3 cl Weißwein
20 g Schalottenzwiebeln
40 g Rauchspeckwürfel
6 Stück zerdrückte Wacholderbeeren
5 g Pflanzenöl
40 g Butter
30 g Preiselbeeren
30 g Wildjus
60 g Äpfel, in feine Streifen geschnitten (Engelshaar)
5 cl Calvados
1 cl Gin
50 g geschlagene Sahne

Gewürze

Wacholderbeeren, Koriander, gem. Nelke, gem. Kümmel, Knoblauchpulver, Rosmarin, Salbei, Cayenne, Zwiebelsalz, Lorbeerblatt, Pfeffer und Senfmehl.

Arbeitsgang

Es wird wieder mit 2 Pfannen gearbeitet. Die Schalotten mit den Speckwürfeln angehen lassen, 5 g Butter dazugeben und Wildjus angießen. Preiselbeeren, Wacholderbeeren in die Soße geben, 10 g Butter in die Mitte legen und unter Schwenken die Sahne einlaufen lassen. Die Apfelstreifen mit einem Spritzer Zitrone marinieren und die Hälfte vom Calvados dazugeben. Vorher die Apfelstreifen mit dem Zitronensaft und evtl. 1 Teelöffel Weißwein leicht erwärmen. Die Apfelstreifen müssen in der Farbe schön hell bleiben und den Calvados aufsaugen, damit das Apfel-Calvados-Aroma voll entfaltet erhalten bleibt. In der zweiten Pfanne mit dem Öl die Medaillons braten, mit dem Gin und dem restlichen Calvados flambieren, mit etwas Wildjus ablöschen und mit dem angesammelten Fond für die Soße reduzieren lassen. Die Medaillons vorlegen, die Apfelstreifen als Garnitur auf die Medaillons und die Soße dazugeben.

Beilagen

Pommes croquettes, Salat Hiller.

Korrespondierende Getränke
Es passen alle zuvor zum Rehsteak Diana aufgezählten Rotweine. Jedoch muß man nicht so weit in der Preisstufe nach oben greifen wie etwa bei der Wahl eines Nuit-St-Georges oder eines Château-Lafite-Rothschild. Obgleich ein junges Wildschwein, ein Überläufer, ja auch eine echte Spezialität ist, so hat doch der Name Wildschwein etwas leicht Rustikales an sich.

Frischlingsmedaillons Montmorency
Die Garnitur Montmorency ist mit Sauerkirschen. Frischling ist eine Rarität unter den Wilddelikatessen. Es handelt sich hier um ein Jungtier, das noch kein Jahr alt ist bzw. noch keinen Winter überlebt hat, also noch kein Haarwechsel vom Sommer- zum Winterfell stattgefunden hat. Deshalb ist das sichere Merkmal für einen Frischling immer die hellen Streifen im Fell. Ein Frischling ist nie schwerer als 40 kg. Durchschnittsgewicht ist 15 bis 20 kg. Jäger schießen nur ungern diese Jungtiere, weil Schwarzwild kein Standwild ist und nach einem Abschuß aus dem Rudel sehr oft das Revier wechselt. Dementsprechend hoch ist selbstverständlich auch der Preis, der fast an Liebhaberpreise grenzt.
Während wir beim Wildschwein den Geschmack mit dem Calvados etwas überdecken, wollen wir hier mit den Schattenmorellen die Geschmacksnerven noch besonders anreizen, damit der herrliche Wildgeschmack dieses köstlichen Wildbrets voll zur Geltung kommt.

Materialanforderung (2 Personen)
380 g ausgelöster Frischlingsrücken oder Filet in Medaillons geschnitten
40 g Butter
5 g Pflanzenöl
15 g Johannisbeergelee
40 g süße Sahne
60 g Sauerkirschen
30 g Wildjus
6 Stück nicht zu große, tournierte Champignonköpfe, schön hell
6 cl Kirschwasser

Gewürze
Wie beim Wildschwein, nur etwas weniger würzen.

Arbeitsgang
Wir arbeiten mit 1 Pfanne und 1 Butterpfännchen bzw. feuerfeste Cocotte.
Die Sauerkirschen mit dem Johannisbeergelee erwärmen und etwas Kirschwasser dazugießen. Die tournierten Champignonköpfe sollten warm aus der Küche kommen.
Die Frischlingsmedaillons braten, würzen, in vorgewärmte Cocotte geben, flambieren und mit wenig Wildjus ablöschen. Etwas Kirschwasser dazugeben, den Ansatz mit Wildjus und Sahne reduzieren und über die inzwischen entspannten Medaillons geben. Sollte sich noch Fond angesammelt haben, so wird dieser vorher in die Pfanne abgegossen und mit reduziert. Die Schattenmorellen auf die Medaillons setzen und in die Mitte den tournierten Champignonkopf als Garnitur geben. Dabei ist zu beachten, daß sowohl im Geschmack, wie auch optisch als Garnitur, die Sauerkirschen dominierend bleiben.

Beilagen
Hausgemachte Spätzle, Preiselbeerdunstbirnen.

Korrespondierende Getränke
Es handelt sich hier um eine Spezialität für den Gourmet, der es zu schätzen weiß, daß man so ein Gericht nicht alle Tage bekommen kann. Wenn wir uns mit der Rezeptur befassen, fällt uns auf, daß für 2 Personen nur 60 g Sauerkirschen verwendet werden. Der zarte, feine Wildgeschmack soll ergänzt und harmonisiert, aber durch nichts übertönt werden. Wie bei der Zubereitung, so sollten wir uns hier auch bei der Weinempfehlung verhalten. Keine zu

schweren Weine, keine Weine mit zuviel Gerbsäure, keine Weine mit zuviel Süße. Mittelschwere Rotweine aus nur guten Jahren, in der Prädikatsstufe Kabinett oder Spätlese bis hin zur Auslese sind hier angebracht und dürfen aus allen Anbaugebieten Deutschlands stammen. Aber auch schöne vollmundige Weißherbst- oder Badisch-Rotgold-Weine ab Prädikat Spätlese kommen hier gut an.
Aus Frankreich sollten wir hier einmal einen Grozes-Hermitage oder einen Châteauneuf du Pape empfehlen.

Süßspeisen

Süßspeisen sind das Gegenstück zu den Vorspeisen. Heute werden für die Zubereitung immer mehr frische Früchte verwendet, insbesondere deshalb, weil wir mit den meisten herkömmlichen Süßspeisen zuviel Joule in das Menü hineinbringen. Wir sollten deshalb immer die Süßspeise dem gesamten Menü nicht nur in Farbe und Geschmacksvariante angleichen, sondern auch Volumen und Sättigungsgrad, besonders aber den Energiegehalt beachten. Natürlich spielt auch die Tageszeit mittags oder abends eine Rolle und nicht zuletzt auch die Jahreszeit, wegen der Kombination warme und kalte Süßspeisen.
Unsere beliebteste und zugleich bekannteste warme Süßspeise, die am Tisch zubereitet wird, sind unsere

Crêpes Suzettes

1. Rezeptur

Materialanforderung (2 Personen)
6 Stück kleine Crêpes
Saft von 2 Orangen
½ Zitrone, kandeliert
Saft von einer Zitrone
30 g Butter
3 cl Cognac
5 cl Grand Marnier
40 g Zucker

Arbeitsgang
Zucker in der Pfanne schmelzen lassen und sobald er karamelisiert, die Butter dazugeben und alles schön schaumig rühren. Es darf keine Klumpen geben. Bei klein gestellter Flamme den Orangensaft auf einer freien Stelle der Pfanne langsam eingießen. Würde der kalte Saft direkt mitten in den schaumigen Karamelzucker kommen, so könnte sich der Zucker ziehen oder sogar hart werden. Alles kurz aufkochen und reduzieren lassen. Mit Cognac und Grand Marnier flambieren und dann die Crêpes durchziehen und falten. Auf heißen Tellern vorlegen. Wenn man Crêpes mit Eis füllen will, so dürfen die Crêpes nicht durchgezogen werden, sondern das Eis wird eingeschlagen und dann die Crêpesoße nur darüber gegeben. Es würde sich sonst durch die Verbindung von heißem Zucker mit Eis auf der Innenseite eine harte, zähe Kruste bilden.

2. Rezeptur

Materialanforderung (2 Personen)
12 Stück Würfelzucker werden in der Küche oder im Office auf Orangenschalen abgerieben
6 Stück hauchdünne Crêpes
5 cl Cognac
5 cl Grand Marnier
30 g schaumig geschlagene Butter
Saft von 1 Orange

Arbeitsgang
Der Zucker wird mit dem Orangensaft bei mäßiger Hitze geschmolzen. Dann gibt man die schaumige Butter hinzu und kocht alles einmal auf. Jetzt wird flambiert, dann die Crêpes durchgezogen und gerollt. Man legt die Crêpes auf heißen Tellern vor und gibt die gekochte Orangenbutter darüber.

Irish Coffee
Materialanforderung (1 Person)
1 Maas Irish Whiskey – ½ Portion Mokka
1 Barlöffel brauner Zucker
60 g angeschlagene süße Sahne (eigentlich Crème double)

Arbeitsgang
Das Glas mit dem braunen Zucker anwärmen, bis der Zucker etwas läuft. Dann den Whiskey ins Glas geben und kleine leichte Flamme nehmen lassen. Den heißen Mokka oder doppelt starken Kaffee dazugießen und umrühren. Die Sahne so über den Löffelrücken laufen lassen, daß sie nicht absinkt. Mit Untersatz, aber *ohne* Trinkhalm und *ohne* Löffel servieren. Der Gast trinkt Irish Coffee durch die kalte Sahne. Bis zum Schluß sollte der Drink in der Farbe getrennt aussehen, d. h. dunkelbraun mit schneeweißem Häubchen und kein trübes Gemisch sein.

Flambierte Himbeeren
Materialanforderung (2 Personen)
180 g Waldhimbeeren, frisch oder rollend gefroren (Konserve eignet sich hierfür nicht)
30 g Butter
30 g Zucker
30 g Himbeermark
5 cl Himbeergeist
2 Portionen Pistazieneis oder Vanilleparfait

Arbeitsgang
Den Zucker schmelzen lassen und mit der Butter schön schaumig rühren. Dann das Himbeermark unterziehen und wenn es glatt gezogen ist, darin die Himbeeren vorsichtig erhitzen. Man sollte nicht rühren, weil diese Früchte leicht zerfallen. Besser nicht zu heiß werden lassen, als einen unansehnlichen Brei zu kochen. Mit dem Himbeergeist flambieren und über das Eis oder Parfait geben. Schnell servieren.

Flambierte Sauerkirschen
Materialanforderung (2 Personen)
200 g entsteinte Sauerkirschen
30 g Butter
30 g Zucker
30 g Sauerkirschgelee oder Johannisbeergelee
4 cl Kirschwasser
2 Portionen Vanilleeis

Arbeitsgang
Den Zucker schmelzen lassen und mit der Butter schön schaumig rühren. Dann das Gelee unterziehen, etwas Saft von den Kirschen angießen und reduzieren lassen. Dann die Sauerkirschen in die Pfanne geben. Wenn diese heiß sind, mit Kirschwasser flambieren und sofort über das Vanilleeis geben. Hierzu sollte immer im Chef-Commis-System gearbeitet werden, um einen schnellen Service zu gewährleisten. Das Vanilleeis darf nicht schon beim Servieren schmelzen.

Zuerst muß der Zucker karamelisieren.

Es wird nicht mit dem Gabelrücken, sondern mit einer kandelierten, an die Gabel gesteckten Zitrone gerieben.

Wenn der Rand braun ist, muß er mit dem noch weißen Zucker in der Mitte, durchgearbeitet werden. Der goldgelb karamelisierte Zucker wird mit der Butter schaumig gerührt.

Der Zucker wird in den vorderen Teil der Pfanne gezogen und in den jetzt freien Teil der Pfanne läßt man den Fruchtsaft langsam einlaufen.

Niemals den noch kalten Saft mitten in den Zucker geben, weil sich dann Klumpen bilden. Zucker und Saft werden sirupartig eingekocht.

Beim Hineingeben der Früchte wie zuvor bei der Saftzugabe verfahren. Keine kalte Früchte mitten in die Pfanne geben.

Nachdem die Früchte zugegeben sind, läßt man alles noch einmal kurz aufstoßen.

Alkohol muß immer mit der Kelle, nie aus der Flasche, in die Flambierpfanne gegeben werden. Dadurch daß der erste kleine Schuß nicht flambiert wird, erhält man nachher eine schöne kleine Flamme.

Die Flamme darf nur handhoch brennen. Die Arbeitsweise ist bei allen flambierten Früchten die gleiche.

Zur Beachtung beim Servieren von flambierten Früchten mit Eis:
Die Früchte mit dem Eis immer auf einen Teller oder in einer flachen, hitzebeständigen Glasschale servieren. Niemals im Glas oder im Eisbecher.

Bodensee-Apfel in Tannenhonig

Materialanforderung (2 Personen)

2 geschälte Äpfel mit Zitrone beträufeln, entkernt, etwas Zitronensaft
1 dl Weißwein – trockener Bodenseeweißwein
20 g gehobelte Haselnüsse
30 g Tannenhonig
60 g steif geschlagene Sahne
5 cl Bodenseeobstler

Arbeitsgang

Apfel in der Pfanne mit einem Tropfen Bodenseewein oder Apfelmost und Zitrone so pochieren, daß er innen noch kernig bleibt, den Honig dazugeben und mit dem Obstler flambieren. Mit der Sahne vorlegen.

Kaffee Khan – Banane Khan

Materialanforderung (2 Personen)

2 halbierte, geschälte Bananen, in schräge Tranchen geschnitten, leicht pochiert, in die ursprüngliche Form zurückgelegt.
2 Portionen Mokkaparfait
1 gehäufter Kaffeelöffel Kaffee, ganz fein gemahlen
½ flacher Kaffeelöffel lösliches Kaffeepulver
30 g Streuzucker
5 cl Cognac

Arbeitsgang

In einer gekühlten Eisschale die Bananenscheiben mit dem Mokkaparfait mischen oder besser schichtweise einsetzen. Zuerst das lösliche Kaffeepulver, dann den fein gemahlenen Kaffee und zuletzt den Zucker überstreuen. Dann den Cognac erwärmen und über das Bananen-Mokkaeis-Gemisch aus handbreiter Höhe langsam übergießen.

Flambierte Williamsbirne auf Vanilleeis mit heißer Schokoladensoße

Materialanfoderung (2 Personen)

4 halbe »Williamsbirnen« entkernt, ziseliert, ausgestochen und pochiert
4 Kugeln Vanilleeis
1 Sauciere heiße Schokoladensoße
20 g Butter
20 g Puderzucker
20 g geröstete Mandeln
4 Stück Belegkirschen
5 cl Williamsbirnengeist

Arbeitsgang

Die Butter in die Pfanne geben und die Birnen darin erhitzen. Den Zucker über die Birnen streuen. Sollten die Birnen nicht genug Saft ziehen, so sollte man aus der Küche etwas Birnensaft anfordern. Mit Williamsbirnengeist flambieren und auf die Vanilleeiskugeln gesetzt vorlegen. Schokoladensoße überziehen und die Mandeln darüberstreuen.

Flambierte Orangen auf Vanilleeis

Materialanforderung (2 Personen)

2 ganze Orangen und ½ kandelierte Orange
20 g Butter
40 g Zucker
2 Portionen Vanilleeis
4 cl Kirschwasser

Arbeitsgang

Die Orangen schälen und sauber aus der Haut schneiden (filieren). Der Saft, der noch in den Bindehäuten zurückbleibt, reicht uns für das Flambée.
Zucker in der Pfanne schmelzen, dann mit der Butter schaumig rühren und den Orangensaft dazugeben. Nachdem alles einmal aufgekocht hat, die Orangenfilets hineingeben und gut heiß werden lassen. Mit dem Kirschwasser flambieren und auf dem Vanilleeis vorlegen.

Flambierte Pfirsiche auf Vanilleeis

Materialanforderung (2 Personen)

4 halbe in Vanille-Läuterzucker pochierte Pfirsiche mit etwas von dem Fond
4 cl Himbeermark
15 g geröstete Mandeln
4 kleine Kugeln Vanilleeis
20 g Puderzucker
20 g Aprikosengelee
5 cl Pfirsichgeist

Arbeitsgang

Die halben Pfirsiche mit dem Pochierfond in der Pfanne erhitzen und mit Puderzucker bestreuen. Den Fond beim Aufkochen mit dem Aprikosengelee binden. Alles mit dem Pfirsichgeist flambieren und auf Vanilleeis vorlegen. Mit dem kalten Himbeesmark überziehen und außen herum einen dekorativen Mandelkranz streuen.

Flambierte Bananen

Materialanforderung (2 Personen)

2 Bananen, der Länge nach halbiert
45 g Zucker
30 g Butter
Saft von 1 Orange
3 Eßlöffel Erdbeermark
1 Eßlöffel geröstete Mandeln
4 cl Curacao Triple sec
2 Portionen Vanilleeis

Arbeitsgang

Den Zucker in der Pfanne schmelzen lassen, mit der Butter schaumig rühren und dann mit dem Orangensaft gut durchkochen. Die Bananen darin erhitzen, um dann mit dem Curacao zu flambieren. Über das Vanilleeis zuerst das Erdbeermark geben und dann auf dem Erdbeermark die Bananen anrichten.

Frische Ananas mit Kirschwasser

Es gibt verschiedene Rezepturen von flambierter Ananas. Es ist aber am geeignetsten, wenn man eine frische Ananas mit etwas Kirschwasser darüber serviert, ohne zu flambieren. Man schneidet unten den Stiel der Ananas mit etwas Schale ab, so daß man eine glatte Fläche hat. Dann setzt man die Ananas auf einen großen flachen Teller und schneidet von oben nach unten die Schale nur soviel weg, wie man beabsichtigt, Scheiben von der Frucht zu schneiden. Nun legt man die Scheibe auf einen zweiten Teller und sticht die Mitte, den holzigen Stiel, mit der Gabel fest an. Dann setzt man die Messerspitze an die Randmarkierung und dreht die Gabel so, daß die Scheibe sauber ausgeschnitten wird. Dieses Loch füllt man mit Kirschwasser.

Obstsalat

Da die Herstellung eines Obstsalates am Tisch sehr zeitaufwendig ist, kann man heute diese Arbeit im Restaurant kaum noch verrichten. Es gehört aber ganz einfach zum gehobenen Service. Daher wollen wir es hier kurz behandeln. Grundsätzlich werden nur frische Früchte verarbeitet – keine Konserven.

Materialanforderung (2 Personen)

5 cl, je nach Geschmack und Früchtevariationen, Kirschwasser, Himbeergeist, Maraschino oder Grand Marnier.
1 Orange
½ Zitrone
1 Banane
1 saftige Birne
1 Apfel
1 Pfirsich
30 g entkernte, abgezogene Weintrauben
5 cl Läuterzucker

Arbeitsgang

Obst schälen und schneiden, ohne das Obst mit der bloßen Hand zu berühren. Das erfordert einige Übung und etwas Geschick.
In eine Schüssel mit gestoßenem Eis (Crash-Ice) stellt man eine zweite Schüssel, damit diese eiskalt wird und anläuft. Darin wird der Obstsalat angemacht.
Grundsätzlich wird Obstsalat immer in Scheiben geschnitten »Emincée« und in vorgekühlten Glasschüsseln oder auf Glastellern angerichtet.
Fruchtcocktail wird dagegen in Stücke »Salpicone« geschnitten und immer in Cocktailgläsern angerichtet.
Genauso verhält es sich mit allen anderen Gerichten, die die Bezeichung Cocktail oder Salat tragen, gleich ob Geflügel, Fisch, Fleisch oder Gemüse.
Bei der Herstellung des Obstsalates ist unbedingt die Reihenfolge der Bearbeitung der Früchte zu beachten. Zuerst werden immer die Zitrusfrüchte geschält und geschnitten, wobei man die Orange filetiert. Zum Schluß diejenigen Obstarten, die durch Einwirkung von Sauerstoff schnell braun werden (oxidieren), wie Birnen, Äpfel und Bananen. Um das zu verhindern, werden diese geschälten Obstsorten mit Zitronensaft beträufelt bzw. kurz darin getränkt (mariniert). Zum Schluß wird der Läuterzucker und die passende Spirituose zugefügt.

Salate

Leider ist auch in Gaststätten der Salat oftmals ein Stiefkind. Häufig findet man einen lieblos angerichteten Salat, der dadurch den Wert des ganzen Essens heruntersetzt. Dabei ist es so einfach, einen guten Salat anzurichten. Auch als Hauptgericht, nur Salate variabel zusammengestellt und mit verschiedenen passenden Dressings angemacht und frisch auf den Tisch gebracht, zieht mancher Gast einem üppigen Fleischgericht vor. Aber auch in Verbindung mit Fleisch, insbesondere mit Steaks oder mit gebackenem Fisch kann Salat zu einem kulinarischen Erlebnis werden.
Selbstverständlich ist es, daß alle Salate so frisch wie nur möglich zur Verarbeitung kommen sollten. Putzen, waschen und abtropfen lassen der Salate erfordert besondere Sorgfalt. Salat darf niemals im Wasser liegend aufbewahrt werden, weil dann die wasserlöslichen Vitamine ausgelaugt werden. Außerdem wird der Salat schlaff und unansehnlich. Am besten ist es, den Salat erst unmittelbar vor seiner Verwendung zu putzen. Macht es die Personalknappheit erforderlich, etwas länger vorher den Salat zu putzen, so dürfen wir nicht mit dem Messer arbeiten. Der Salat wird dann nur mit den Fingern geschickt ausgezupft, weil er sonst braune Stellen bekommen würde. Er wird dann gewaschen, abgetropft und in feuchten Tüchern im Kühlhaus aufgehängt bereit gehalten. Besser ist es aber, wenn der Salat sofort nach dem Putzen weiterverarbeitet werden kann. Dann sollte man immer mit dem Messer arbeiten und beim Kopfsalat die Blätter von unten zur Blattspitze hin genau in der Mitte der Rippen entlang einschneiden. Dadurch rollt sich der Salat beim Anmachen, liegt dann locker fallend hoch auf dem Teller und ist fester, knackiger im Biß.
Nicht wegzudenkende Gewürze auf dem Salatposten sind die Salatkräuter Borretsch, Dill, Schnittlauch, Kerbel, Petersilie, Estragon, Knoblauch, Schalotten und Minze.
Die Pfeffermühle sollte auf keinem Salatposten fehlen. Einen Hauch frisch gemahlenen Pfeffer über einen gut angemachten Salat schmeckt gut, hebt die frische Knusprigkeit des Blattsalates, aromatisiert, ist gesund und kann fast in jeder Diätetik angewendet werden.
In der Gastronomie läßt es sich nicht immer vermeiden, daß der Salat durch eine Dressing gezogen wird. Machen wir den Salat aber am Tisch des Gastes an, so müssen wir den Salat nicht unbedingt durch die Dressing (Salatsoße) ziehen, sondern versuchen Sie einmal folgendes Rezept:
Eine Knoblauchzehe schneiden wir an. Damit sie eine rauhe Oberfläche hat, bestreuen wir die Schnittstellen mit ein paar Salzkörner und reiben damit eine Steingutschüssel aus. Dabei sollte der Saft nicht aus der Knoblauchzehe gepreßt werden, sondern die Schüssel nur einen ganz schwachen Hauch vom Knoblauch annehmen. Jetzt nehmen wir den vorher gewaschenen und gut abgetropften Kopfsalat, geben ganz wenig Salz und etwas Glutamat darüber, mahlen etwas frischen Pfeffer darauf, bestreuen mit den gewünschten Salatkräutern und mischen in der mit Knoblauch ausgeriebenen Schüssel alles gut durch. Zwiebeln werden hier nicht verwendet, höchstens eine geringe Menge ganz fein geschnittene Schalotten. Erst jetzt beträufeln wir den Salat mit gutem Olivenöl, mischen noch einmal durch und geben dann zuletzt den Wein- oder Estragonessig dazu. Die Reihenfolge deshalb, daß der Salat nicht im Öl schwimmt, sondern das Öl aufsaugt und festhält und der Essig abläuft. Das Verhältnis sollte ein Teil Essig zu drei Teilen Öl sein. Verwendung von Worchester oder anderen scharfen Soßen ist für Kopfsalat nicht vorteilhaft.
Machen wir einen Salat an, indem er durch die Dressing gezogen wird, so sollten wir bei jeder Essig-Öl-Marinade daran denken, daß das Öl immer oben schwimmt. Jedes Mal, wenn Salat durch die Dressing gezogen wird, entzieht man Öl, sodaß zuletzt nur noch Essig und die Gewürze in der Schüssel verbleiben. Daher ist es erforderlich, daß die Ölflasche immer neben der Dressing steht und von Zeit zu Zeit immer wieder Öl in die Dressing gegeben wird. Deshalb sollte auch nie zuviel Dressing auf einmal hergestellt werden, sondern immer wieder frisch angemacht werden.

Waldorfsalat (Salat Waldorf Astoria)
200 g Knollensellerie, 200 g Reinettenäpfel, 50 g Nußkerne, 200 g Mayonnaise oder Joghurt, Saft einer halben Zitrone.
Sellerie und Äpfel in Juliennen schneiden und sofort mit der Zitrone marinieren. In vielen Kochbüchern ist angegeben, daß die Selleriejuliennen vorher blanchiert werden sollen, was aber nicht unbedingt erforderlich ist. Wenn aber blanchieren, dann wirklich nur ganz kurz, nicht einmal eine Minute.
Abschmecken mit etwas Zucker, Salz, Orangensaft und Zitrone. Dann mit dem Joghurt oder der Mayonnaise binden und mit den Nußkernen überstreuen.

Salat Hiller
Den Waldorfsalat herstellen wie vorher beschrieben, aber der Mayonnaise etwas passierte Preiselbeeren und dem Salat ganz feine Juliennen von Roten Beten hinzufügen. Der Salat sieht hellrot aus und kann je nach Belieben noch mit einer blauen Traube verziert werden.

Salat Lorette
5 Teile Feldsalat (Rapunzeln), 2 Teile Staudensellerie in dünne Scheiben und 3 Teile Rote Bete in feine Streifen geschnitten. Mit Essig und Öl anmachen und die Streifen der Roten Bete zum Schluß dazugeben. Dieser Salat verträgt einen kräftigen Hauch Pfeffermühle.

Salat Carmen
⅔ blanchierter Sellerie (Knollensellerie) in Juliennen
⅙ Chicorée in dünnen Scheiben
⅙ Reinettenäpfel in Streifen
Diese Zutaten mit leichter Mayonnaise binden und nach der Originalrezeptur mit Trüffelscheiben garnieren. In der heutigen Praxis werden Champignonscheiben verwendet. Falls der Salat nicht zur Wildbeilage dient, kann man auch mit Eierscheiben garnieren.
Genau wie man Wildgerichte niemals mit Petersilie oder grünem Salat (mit Ausnahme von Rapunzelsalat) garniert, gibt man zu Wildgerichten auch niemals einen grünen Salat.
Diese hier aufgeführten letzten 4 Salate eignen sich sehr gut als Beilage für alle Wildgerichte. Ganz besonders aber für Wildgeflügelgerichte. Der Salat Lorette ist auch der spezielle Standardsalat als Beilage für Hamburger Stubenküken. Obwohl auch ein knackig frischer Kopfsalat mit Essig und Öl angemacht, gut zum Stubenküken schmeckt.

Kartoffelsalat
Die Salatkartoffeln sollten nicht zu mehlig (stärkehaltig) sein, sondern lieber etwas fest und glasig. Sie dürfen beim Schneiden nicht zerfallen. Die geschnittenen und noch warmen Kartoffeln werden in die ebenfalls noch warme Marinade gegeben. Diese stellen wir her, indem wir in heiße Fleischbrühe Zwiebeln einreiben oder Zwiebelpulver geben und mit Salz, Pfeffer, Salatkräuter, Weinessig, Öl und einer Prise Zucker abschmecken. Gerne verwendet man Speck zum Kartoffelsalat, besonders in Bayern. Dann benötigt man natürlich entsprechend weniger Öl. Der Speck wird fein gewürfelt, mit den Zwiebeln angebräunt und abgeseiht. Das ausgebratene Fett wird an Stelle des Öls hinzugegeben und die Speck- und Zwiebelwürfel über den Salat gestreut. Man kann Kartoffelsalat auch mit Mayonnaise anmachen. Das ist besonders für gebackenen Fisch geeignet. Dazu reicht man aber keine Sc. remoulade mehr.

Nizzaer Salat (Salat Nicoise)
1 Teil gekochte, gewürfelte Kartoffeln, 1 Teil grüne Bohnen, 1 Teil geschälte und geviertelte Tomaten. Die Garnitur besteht aus Oliven, Sardellen, grüne Gurkenscheiben, hartgekochte, geviertelte Eier. Der Nizzaer Salat wird auch teilweise mit Kapern und Thunfisch, sowie einer Essig-Öl-Marinade, auf knackigen, locker und nicht symmetrisch fallenden Salatblättern angerichtet.

Salat Mimosa

1. Art

Salat von gewürfelten, gekochten Karotten, weißen Rüben, grünen Bohnen und Kartoffeln. Auch Bohnenkerne und grüne Erbsen. Abschmecken mit Salz, Pfeffer, Zucker, Zitronensaft und Salatkräutern. Anmachen mit leichter Mayonnaise. Mit Streifen von hart gekochtem Eiweiß, Eigelb (getrennt geschnitten) und gehackter Petersilie überstreuen.

2. Art

Kopfsalat, besonders aber Kopfsalatherzen oder auch Eissalat (Iceberg-Lettuce) eignen sich für diese Rezeptur. Anmachen mit einer Essig-Öl-Marinade. Mit hart gekochtem Eigelb in Würfeln und das Eiweiß in feine Streifen geschnitten, sowie mit gehackter Petersilie oder Schnittlauch bestreuen.

Italienischer Salat

Kartoffeln, Sellerie, Karotten, Erbsen, grüne Bohnen, Sardellen in Würfel schneiden und mit Mayonnaise anmachen. Als Garnitur werden entsteinte Oliven und Kapern verwendet. Der Salat wird umlegt mit Tomatenscheiben oder -würfeln angerichtet. Nicht zu verwechseln mit dem Fleischsalat auf italienische Art.

Dressings

Die geläufigste aller Dressings ist die *»Frenchdressing«,* die auch oft als Ausgangsdressing – Grundmarinade – für Ableitungen dient. Die Frenchdressing – auch französische Marinade genannt, gibt es in verschiedenen Varianten.

A) ¼ Essig, ¾ Olivenöl, Dijonsenf, Zitronensaft, Glutamat, wenig Salz, Pfeffermühle und eine Messerspitze fein pürierte Schalotten.

B) ¾ Öl, ¼ Essig, 1 Eigelb, eine Messerspitze fein gehackte und pürierte Schalotten, einen schwachen Hauch Knoblauch, eine Messerspitze Dijonsenf, Salz, Glutamat, Pfeffermühle. Hauptsächlich für Salate, die besonders glatt sind und eine reine Essig-Öl-Marinade nicht festhalten, wie z. B. Chicorée oder Eissalat (Iceberg-Lettuce), wendet man dieses Rezept an.

C) ¾ flüssige Sahne, ¼ Öl, Zitronensaft, Dijonsenf, Salz, Pfeffer. Besonders für Endiviensalat und Feldsalat geeignet.

Ableitungen der Frenchdressing
Ableitung von A) = *Lorenzodressing*
Frenchdressing wie in A) beschrieben, mit Chilisoße, englischem Senf und Knoblauch.

Ableitung von B) = *Roquefortdressing*
Wie in A) beschrieben, mit passiertem Roquefortkäse unterzogen und glatt gerührt.

Ableitung von B) = *Chiffonadedressing*
Wie in B) beschrieben, mit gehacktem Eigelb, Streifen von Rote Bete und Petersilie.

Ableitung von C) = *Kräuterdressing*
Wie in C) beschrieben, mit Kerbel, Estragon, Schnittlauch, Kresse, Dill, Borretsch und Petersilie.

Selbständige Dressings
Nach den Richtlinien der modernen Ernährung arbeiten wir hier nicht mehr mit Mayonnaise, sondern stellen überall, wo früher Mayonnaise verwendet wurde, die Marinaden mit Joghurt her. Die nachfolgenden Rezepte gelten jeweils für 4 Personen.

Joghurtdressing
Joghurt, 1 Becher ist ausreichend für 4 bis 5 Portionen Salat, würzen mit Zitronensaft, Glutamat (kein Salz), Pfeffer und Salatkräuter. Die Dressing kann so auch in der Diätetik verwendet werden. Sie schmeckt gut und paßt zu jedem Salat. Nur mit Dill auch für Gurken und mit etwas Süßstoff auch für Karottensalat.

Escoffierdressing
80 g Joghurt, 25 g Chilisoße, Zitronensaft, edelsüße Paprika, Schnittlauch und 1 Spritzer Escoffierwürzsoße oder eine Messerspitze Dijonsenf. Für alle grünen Salate geeignet.

Schwedische Dressing
80 g Joghurt, 10 g geriebener frischer Meerrettich, 2 große Eßlöffel Apfelmus und 2 Eßlöffel paprizierte ungesüßte Schlagsahne unterziehen. Für Fenchelsalat, Chicoréesalat, Apfel-Sellerie-Salat geeignet, besonders wenn diese Salate zu Wild serviert werden sollen.

Dressing Ninon
60 g Joghurt, 4 Eßlöffel Orangensaft, 2 Eßlöffel Zitronensaft. Als Garnitur werden gewürfelte Artischockenböden und Orangenfilets verwendet. Die Dressing eignet sich für alle Salate, die zum Wild und Geflügel serviert werden sollen, z. B. Chicoréesalat, Fenchelsalat, Endiviensalat, Champignonsalat mit Apfel- und Selleriestreifen u. ä.

Elisabethdressing
Schüssel mit Knoblauch ausreiben. 30 g süße Sahne, 30 g Joghurt, 2 g frischer Dill, 2 Eßlöffel Zitronensaft, 1 Spritzer Worchestersoße, Salz, Pfeffermühle. Als Garnitur Mandarinenfilets. Die Dressing kann auch statt mit süßem, mit Sauerrahm hergestellt werden. Dann läßt man den Zitronensaft weg. Ebenfalls besonders geeignet für Salate, die zu Wild serviert werden sollen, z. B. Radicciosalat, Eissalat oder Chicorée-Pfifferlings-Salat mit Kressegarnitur.

Dressing Alice (eine Nußdressing)
30 g saure Sahne 30%, 30 g Joghurt, 2 Eßlöffel Zitronensaft, 4 Eßlöffel Grapefruitsaft, 25 g fein gehackte Wal- oder Haselnüsse, 30 g fein geschnittene Apfelspalten, ½ rote und ½ grüne, blanchierte, abgezogene, gewürfelte Paprikaschote. Die Apfelspalten mit dem Zitronensaft marinieren, alle Zutaten gut durchmischen und abschmecken. Falls es zu sauer sein sollte, mit etwas Läuterzucker süßen. Frische Kresse, Sauerkirschen und ein wenig der zurückbehaltenen Paprikaschoten über den Salat als Garnitur streuen. Alle grünen Salate, die man zum Wildgeflügel servieren möchte, können so angemacht werden.

Anmerkung: Außerdem eignen sich noch für Wild und Wildgeflügel die in der Rezeptur vorhergehend aufgeführten Salate Waldorf, Carmen, Hiller und Lorette.

Andalusiendressing
2 abgezogene, gewürfelte Tomaten (Concassée), 50 g Joghurt, 2 Eßlöffel Ketchup, Zitronensaft, ganz fein geschnittene Zwiebel und gehackte Pfefferschoten. Ein herzhafter grüner Salat zum Steak kann so angemacht werden.

Cheesedressing
40 g Joghurt, 2 Eßlöffel süße Sahne, 15 g geriebener Parmesankäse, Salz, Pfeffermühle und Schnittlauch. Geeignet für Radiccio-, Staudensellerie-, Fenchel-, Endivien-, Chicorée- und Eissalat.

Plazadressing
¼ Essig, ¾ Öl, Zucker, Salz, Glutamat, englischer Senf, Chilisoße und 2 gehäufte Eßlöffel Mangochutney. Für alle grünen Salate geeignet, besonders, wenn diese zu Reis- oder exotischen Gerichten serviert werden sollen.

Prinzeßdressing
Das Eiklar von 2 Eiern zu Schnee schlagen, 1 Eßlöffel gutes Olivenöl, 1 Teelöffel Weinessig, 1 Prise Zucker, Glutamat, Salz, Pfeffermühle. Geeignet für grüne Salate, Schwarzwurzelsalat, Rosenkohlsalat, Chicoréesalat.

Thousand Island Dressing
50 g Joghurt, 40 g Chilisoße, 15 g süße Sahne, ½ rote und ½ grüne blanchierte, abgezogene und gehackte Paprikaschote, Paprika, Pfeffermühle, Salz, Glutamat, Salatkräuter. Für alle grünen Salate, außer Kopfsalat, geeignet. Besonders aber für Chicorée- und Eissalat.

Russiandressing
Wie zuvor beschrieben eine Thousand Island Dressing, der zusätzlich noch gehackte Rote Bete, Kaviar, zerdrückte Sardellen, Petersilie und für besondere Zwecke auch noch gehackter Hummer und Schinkenstreifen hinzugefügt werden. Findet hauptsächlich für Russischen Salat Verwendung. Es können aber auch Gemüsesalate und feste grüne Salate damit angemacht werden.

Creamdressing, süß
50 g Joghurt unter 30 g süße Sahne ziehen. Mit Zitronensaft, Salz und Glutamat würzen. Für alle grünen Salate und Karottensalat.

Creamdressing, sauer
50 g Joghurt, 30 g Sauerrahm, Dill, eine Prise Zucker, Salz, Pfeffermühle, Glutamat. Für Gurkensalat und grüne Salate.

Ketchupdressing
40 g Joghurt, 40 g Ketchup, 1 Eßlöffel süßen Rahm, Pfeffermühle, Salz. Für Chicoréesalat.

Châtelainedressing
50 g geschlagene Sahne und 50 g Joghurt, eine kleine Messerspitze Dijonsenf, Zitrone, Salz, Pfeffermühle, Glutamat, Salatkräuter. Für rohen Karottensalat, für Gemüsesalate, für Eissalat und Fenchelsalat.

Cocktaildressing
1 dl Joghurt (ca. 80 g), 1 schwacher Eßlöffel frisch geriebener Meerrettich, 4 Eßlöffel Ketchup, 1 guter Eßlöffel Chilisoße, 2 Eßlöffel trockener Sherry, 1 Eßlöffel Cognac, 1 Messerspitze Dijonsenf, 1 Prise süßer Paprika, 1 ganz kleine Prise Cayennepfeffer, ½ Teelöffel gehackter Kerbel, ½ Teelöffel gehackte Kräuter, Dill, Petersilie, Estragon, Zitronensaft. Für Chicoréesalat, aber auch für Hummercocktail geeignet.

Swissdressing oder Speckdressing
Rauchspeck in der Pfanne auslassen, mit den gebräunten, knusprigen Würfeln heiß über den Salat geben, die Pfanne mit einem Schuß Essig ablöschen und damit den Salat säuern. Hauptsächlich für Krautsalate, aber auch Endiviensalat kann man mit einer Speckdressing anmachen. Außer Pfeffermühle benötigt man kein Gewürz mehr, weil ja der Speck schon gesalzen ist und Raucharoma hat.

Vinaigrettesoße
2 Eßlöffel Weinessig, 8 Eßlöffel Olivenöl, 5 g Salatkräuter, Salz, Pfeffermühle, Glutamat. Für Spargelsalat, Artischockenherzen und grüne Salate.

Ravigotsoße
Wie Vinaigrettesoße mit zusätzlich etwas Senf, gehackte Zwiebeln, Schalotten und Kapern. Für Spargelsalat, Blumenkohlsalat und grüne Salate.

Grüne Soße oder Frankfurter Soße
Petersilie, Kerbel, Schnittlauch, Kresse, Pimpernelle, Borretsch und Sauerampfer. Insgesamt ca. 8–10 g Kräutermischung im Mixer fein zerkleinern, 15 g Öl, 30 g Magerquark, 20 g Joghurt, 20 g Kondensmilch oder süße Sahne dazugeben und nochmals durchmixen. Eine kleine Messerspitze englischer Senf, Zitronenessig, Glutamat, 2 Spritzer Worchestersoße, Pfeffermühle, Zwiebelpulver, Knoblauchpulver.
Die Soße gibt man zu gekochtem Rindfleisch, man kann aber auch jeden grünen Salat damit anmachen.

Die Gewürze und Küchenkräuter

Geschichtliches

Mit einer Selbstverständlichkeit greifen wir heute in die Dosen und Gläser, die auf unserem Gewürzbord stehen, ohne uns viel Gedanken über Herkunft und Transportweg bis zu uns zu machen. Sie kommen ja mit schnellen Frachtdampfern in modernen Containern und sind für uns jederzeit in den einschlägigen Fachgeschäften zu haben.
Das war nicht immer so. Der Ausdruck „gepfefferte" Preise stammt aus Zeiten, wo sich nur Reiche die Gewürze leisten konnten. Jahrhundertelang beeinflußten die tropischen Gewürze alle politischen und wirtschaftlichen, geschichtlichen und kulturellen Entscheidungen. Die Geschichte der Gewürze ist spannender als der abenteuerlichste Karl May. Heiße und blutige Kriege wurden geführt und historische Intrigen ausgespielt, um in den Besitz der Gewürzländer und Kolonien sowie deren Transportwege zu gelangen. Die Sicherung der Transportwege war besonders wichtig in den Zeiten, wo die kostbaren Gewürze mit Kaufmannsschiffen, mit Karawanen und Pferdegespannen zu uns gelangten.
Neben Gold, Seide und anderen Luxusartikeln waren die Gewürze die wichtigsten Handelsgüter der letzten Jahrtausende. Hafenstädte und Umschlagplätze verdankten ihren Reichtum dem Gewürzhandel.
In Deutschland lag der Gewürzhandel um das Jahr 1500 hauptsächlich in den Händen der großen Augsburger Fugger und Welser, die eigene Schiffsrouten und Handelswege unterhielten. Einigen Angehörigen des hohen Adels dienten sie als Bankier und hatten durch ihren Reichtum Einfluß auf wirtschaftliche und politische Entwicklungen. Päpste, Kaiser und Fürsten warben um die Gunst der Fugger. Bekannt ist u. a., daß Anton Fugger dem Kaiser Karl V. große Summen zur Führung seiner Kriege geliehen hatte und, als er sie nicht zurückzahlen konnte, die Schuldscheine vor seinen Augen über einem Feuer aus Zimtstangen verbrannte.
Erst Anfang des 17. Jahrhunderts, als die Gewürzeinfuhr in ganz Europa gesteigert wurde und die Preise auch für den Mittelstand und den „kleinen" Mann erschwinglich waren, erloschen die Handelsprivilegien der großen Kaufleute und ihrer Häuser. Heute kann jedermann Gewürze kaufen, denn der Kaufpreis ist relativ gering, sie sind keine Luxusartikel mehr.

Der ernährungspyhsiologische Wert der Gewürze und Küchenkräuter

Der Wert unserer Nahrung hängt nicht alleine von den Nährstoffen, sondern auch von den Wirkstoffen ab, zu denen auch die Küchenkräuter und Gewürze zählen. Untersuchungen haben ergeben, daß Gewürze und Würzstoffe bedeutungsvolle biologische Wirkungen auf den menschlichen Körper ausüben. Duft- und Aromastoffe, ätherische Öle, appetitliches Aussehen sind Faktoren, die im Zusammenspiel eine wesentliche Voraussetzung für die Bekömmlichkeit des Gerichtes und damit für das Wohlbefinden unserer Gäste sind.

Die Speichelsekretion wird angeregt und damit der Appetit gefördert und die Verdauung günstig beeinflußt. Verdauungssäfte werden durch Gewürze schneller erzeugt und fördern die Nahrungsverwertung. Die Menge des Blutes, die das Herz durch den Körper pumpt, die Pulszahl und der Blutdruck werden durch Gewürze beeinflußt, die Thrombosenneigung nach der Nahrungsaufnahme kann durch Gewürze gebremst werden.
Viele Gewürze waren, bevor man sie als Gewürz entdeckte und dann in die Küche wanderten, als Heilpflanzen bekannt. Die meisten sind heute sowohl in der Küche wie auch in der Apotheke und Drogerie zu Hause.
Küchenkräuter, die hier im Lande angebaut werden und die wir frisch verarbeiten können, haben ähnliche Wirkung wie die Gewürze, zeichnen sich aber außerdem noch durch hohen Vitamingehalt aus, wenn sie im frischen Zustand verwendet werden.
Es gibt fast kein Kraut, dem nicht irgendwelche Heilwirkung zuzuschreiben ist. An einen guten Koch werden also nicht nur die Anforderungen gestellt, mit den Gewürzen den Wohlgeschmack zu heben, sondern auch die Bekömmlichkeit der Speisen zu fördern und, wenn er in der Diätetik tätig ist, evtl. sogar noch eine bestimmte Krankheit durch das Würzen zu behandeln.

Die wichtigsten Gewürze von A–Z

Anis

Fruchtkapsel

Anis ist eines der ältesten Gewürze, die es gibt. Schon vor Jahrtausenden wurde Anis in den ältesten Schriften erwähnt, und die Gelehrten und Ärzte des klassischen Altertums lobten seine wohltuende Wirkung als Gewürz und Arznei. Die ursprüngliche Anisheimat ist das östliche Mittelmeergebiet: Ägypten, Kleinasien und Griechenland. Heute wird die Anispflanze überall in der Welt angebaut, selbst in Indien, Südamerika und Japan. Für den Weltmarkt steht jetzt Spanien an erster Stelle, das die größten Anisplantagen besitzt und die beste Qualität liefert. Auch die Türkei, Griechenland, die Sowjetunion und Bulgarien liefern Anis für den Welthandel. Süditalien und die Insel Malta sind berühmt für ihren großfrüchtigen Anis, der den Namen „Pugliieser" trägt. Auch in Deutschland gedeiht die Anispflanze. Aber die Ernte ist zu gering, um den Markt auszufüllen.
Die Anispflanze ist ein einjähriges Gewächs aus der Familie der Doldenblüter. Sie wird etwa 30 bis 50 Zentimeter groß und trägt eine weißblühende Dolde. Die kleinen graugrünen Aniskörner (Spaltfrüchte) reifen in dieser Dolde heran. Nach der Ernte werden aus den getrockneten Dolden die Aniskörner herausgedroschen.
Anisöl, das aus den Körnchen gewonnen wird, ist ein wichtiges Handelsgut zur Herstellung von Likören und Schnäpsen (zum Beispiel der französische Pernod, der griechische Ouzo!), Parfüms, Eau de Cologne, Zahnpasten und Mundwässern. Auch in der Medizin ist Anisöl unentbehrlich: Man bereitet daraus Mittel gegen Erkältungskrankheiten, hustenlindernde Pastillen und Bonbons – und Medizinen gegen Magenbeschwerden. Auch in vielen anderen Arzneien ist Anis als Geschmackszugabe enthalten. Weil die getrockneten, destillierten Anissamen viel Proteinstoffe enthalten, werden sie als Kraftfuttermittel in der Viehzucht mitverwendet.
Den besten Ruf genießt der südlich-herb schmeckende, aromatische Anis in der Weihnachtsbäckerei. Springerle, Anisplätzchen, Anisbrot, Lebkuchen, Pfeffernüsse, Printen, Honigkuchen kommen ohne ihn nicht aus. Feinschmecker würzen gern – aber ganz sparsam – die folgenden Gerichte mit Anis: Füllungen für Gänse und Puter, Kochfisch, Gurkensalat, Rotkraut, Karotten und vor allem das Sommer-Schmorgericht: Gurken-Tomaten-Hackfleisch-Zwiebeln. Auch Krapfen- und Eierpfannkuchenteig, Fettgebackenes, süße Milchsuppen, Griesbrei, süße Reisspeisen, kalte und warme Obstgerichte – vor allem Pflaumenkompott und Pflaumenkuchen – Puddinge, Tortenfüllungen und eingekochte Marmeladen sollte man mit einer Prise Anis abschmecken.

Basilikum

ist ein würziges Salatkraut (das „Königskraut“ aus dem Mittelmeergebiet).
Es ist wohlriechend mit prägnantem Geschmack. Basilikum paßt ausgezeichnet zu grünem Salat, Gurken- und Tomatensalat, zu Fisch und Braten, Tomaten- und Kräutersoße, Kräutersuppen und gedämpften Pilzen. Kräuterbutter sowie Kräuteressig gibt es eine aparte Note

Beifuß

ist eine europäische Gartenstaude. Er dient als empfehlenswerte Zutat zu fetthaltigen Fleischgerichten, ganz besonders zu Gänse- und Schweinebraten und Aalgerichten. Bei Rohkost und Diätgerichten ist Beifuß sehr angebracht.

Bohnenkraut

ist ein in Europa kultiviertes Würzkraut, als kräftiges, appetitanregendes, magenstärkendes Gewürz wird es auch „Pfefferkraut“ genannt.
Bohnenkraut wird zum Würzen von Bohnengemüse, Kartoffelsuppe, Hammelragouts, Fleisch-, Fisch- und Pilzgerichten, zu Kräutermischungen und Salaten sowie als Zutat zum Gurkentopf benutzt.

Borretsch
(Gurkenkraut)

Dieses Gurkenkraut aus dem Mittelmeerraum ist eine vorzügliche Würze für Gurken- und grünen Salat. Borretsch wird auch zu Kräuter- und Tomatensoßen, Kartoffel- und Kohlgemüsen und in der Kräuterbutter verwendet. Man nimmt es zum Gurkeneinlegen und zur Verfeinerung von Estragon-Essig.

Bouquet garni

ist ein Sträußchen verschiedener Kräuter zur Geschmacksverbesserung von Suppen und Brühen. Es werden dazu verwendet: Petersilienwurzel, Sellerie, Thymian, Lauch. Dieses Kräutersträußchen darf erst kurz vor dem Abschluß der Zubereitung beigegeben werden, um alle Geschmacks- und Geruchsstoffe zu erhalten. Man bezeichnet es oft auch als „Suppengrün“.

Brunnenkresse

wächst wild an Flußläufen, Bächen und Quellen, teils im Wasser, auch künstlich gezogen. Hat einen senfartigen Geruch. Verwendet wird Brunnenkresse zur Rohkost, mit Zitrone angemacht zu Steaks, Schnitzeln, Braten. Gehackt wie Petersilie zu Salaten, Quark, Suppe. Außerdem zu einer bekannten Spezialität: Kibitzeier in Kressenestchen.

Chillies
(Cayenne-Pfeffer)

Sie zählen zu der Gruppe der Paprikapflanzen. Die kleinen, hochroten bis bräunlichen 1½ cm langen Schoten sind auch unter dem Namen „Cayenne-Pfeffer" bekannt.
Das sehr scharfe Gewürz wird für Pasteten, Fleisch- und Fischgerichte, Soßen, Suppen und Käsespeisen verwendet und ist auch ein Bestandteil des Curry-Powders.

Curry-Powder

ist eine wundervolle aromatische Gewürzzubereitung indischen Ursprungs. Er enthält mindestens 12 aromatische Edelgewürze, hauptsächlich Kurkuma, Kardamom, Koriander, Chillies, Pfeffer, Piment, Nelken, Ingwer etc.
Curry ist pikant und sehr bekömmlich. Sehr gut eignet sich Curry-Powder für die Würzung von Fischgerichten, besonders auch für Lamm- und Hühnergerichte, für Kalbfleischgerichte sowie für Reisgerichte und Soßen.

Dillspitzen

Das feingefiederte Salatkraut Dill ist eine aus Indien stammende, bei uns heimisch gewordene Gartenpflanze.
Der unaufdringliche, zarte Geschmack verfeinert Gurkensalat, Tomatensalat, Quark sowie Gerichte von jungen Erbsen. Bestens bekannt ist die Dillsoße zu grünem Aal, Hecht, Krebsschwänzen und Weinbergschnecken. Verlorenen Eiern gibt Dill einen besonders frischen Geschmack, der auch in Kräutersoßen und Kräuteressig angenehm ist.

Estragonkraut

kennen wir als eine aus Asien kommende Küchengewürzpflanze, die wegen ihres starken, angenehmen Aromas als „Königin der Küchenkräuter" bezeichnet wird. Zum Aromatisieren von Estragonhuhn und Wildgeflügel, Fleisch- und Fischgerichten, Eiern und Tomaten, zu Kartoffelsuppen, Kräutersoßen, Kräuterbutter, Kräuteressig, Marinaden und Einmachgurken ist Estragon bestens geeignet. Für die Herstellung der Sc. Béarnaise ist Estragon unerläßlich.

Fenchel

ist während des ganzen Jahres erhältlich. Es handelt sich um ein Knollengewächs, das ursprünglich aus dem Süden stammt, jedoch heute auch bei uns angepflanzt wird. Verwendet wird Fenchel für Obstsuppen, Aufläufe, Kompotte, Fischsoßen und Wildbeizen.

Ingwer

Es handelt sich hierbei um ein tropisches Gewürz. Verwendung findet Ingwer zur Verfeinerung von Früchten, Kompotten, für scharfe und süße Aufläufe, Süßspeisen, Pralinen und Getränke.

Kapern

Der dornige Kapernstrauch wird etwa einen Meter hoch, er wächst oft wild in seiner Heimat, dem Mittelmeergebiet. In großen Plantagen wird der Kapernstrauch sorgfältig kultiviert, vor allem in Nizza und Marseille, in Marokko, bei Murcia in Spanien und auf Mallorca. Geerntet werden die unreifen, noch geschlossenen Blütenknospen des Kapernstrauches. Die Blütenknospen läßt man trocknen, leicht welken und legt sie in Öl oder Salzwasser, in Essig oder in eine Mixtur aus Essig und Salz ein – so können wir sie als Kapern kaufen!
Die graugrünen Kapern haben einen schärflich-beißenden, aber aromatischen Geruch und einen herb-würzigen, angenehm-bitteren, leicht scharfen Geschmack.
Von alters her schätzt man die Kapern nicht nur als Gewürz, sondern auch als Arznei gegen Milzbeschwerden.
Königsberger Klopse, das ist das bekannteste Kaperngericht. Aber auch in kalten Soßen wie Remoulade und Mayonnaise für gebratene Fleischstücke, für Bratfisch und Kochfisch und für Geflügel dürfen Kapern nicht fehlen. Auch Kartoffelsalate, Fiscisalate – vor allem Heringssalat und Heringshäckerle – sollte man mit Kapern abschmecken. Kapern gehören außerdem in herzhafte Ragouts, Aufläufe, heiße und helle Soßen für Fleisch- und Fischreste und in alle warmen Tomatengerichten, Hartgekochte und gefüllte Eier, Beefsteak-Tatar, pikant belegte Brote, Appetithappen und geräucherter Lachs mit Kapern sind eine Delikatesse.

Kardamom

Eine gute Weihnachtsbäckerei ohne Kardamom ist undenkbar. Christstollen, Lebkuchen, Pfeffernüsse und andere typische Weihnachtsgebäcke werden unnachahmlich mit diesem Gewürz verfeinert. Kardamom gehört – in kleinen Mengen – in jedes süße und salzige Reisgericht, in alle Fruchtspeisen und Kompotte. Teige für Kuchen, Brötchen und Brote sollten ebenso mit Kardamom gewürzt werden wie Marzipan, selbstgemachtes Konfekt, Puddinge und Puddingsoßen. Mit Kardamom würzt man außerdem Lamm- und Hammelfleischgerichte, auch Grillspieße mit Innereien, Tomaten- und Zwiebelscheiben, Roastbeef, Hackfleisch, Rippenbraten, Steaks, Gulasch, alle Kalbfleischgerichte, Schweinebraten und gekochtes Schweinefleisch für herzhafte Eintopfgerichte, Hühnchen und alle Geflügelfüllungen, klare Fleischbrühen, alle Leber- und Herzgerichte, Leberpastete, Leberwurst und Leberknödel und alle feinen Fische wie Karpfen, Schleie, Felchen, Seezungen, Heilbutt, Goldbarsch und die Krustentiere Hummer, Langusten, Krabben. Auch Rhabarber, Spargel, Kokosnußmilch oder -gebäck und Schmorgurken schmekken besser durch eine Prise Kardamom.

Kerbelkraut

Kerbel ist eine im Garten wachsende Pflanze mit stark an Anis erinnernden, aromatischen Blättchen.
Als vorzügliches Küchengewürz und Küchenkraut wird es auch zu Kräuterbutter und -soßen in Salaten und Quark sowie als Würze zu gebratenem Lamm genötigt.

Knoblauch

Knoblauch ist ein Zwiebelgewächs, reich an Vitamin A, B und C und das schärfste Gewürz unter den Lauchen. Die Knoblauchpflanze wird bis zu 70 Zentimeter hoch. Ihre Knolle besteht aus mehreren, zusammengesetzten einzelnen Zehen. Innerasien ist die Urheimat des Knoblauchs, heute wird die Pflanze in der ganzen Welt angebaut. Hauptlieferant für granulierte Ware sind die USA, für getrockneten Knoblauch Ägypten, die Balkanstaaten und Israel. Frischgeerntete Knoblauchzwiebeln werden nach der Ernte an ihren Strängen zusammengebunden oder geflochten und kommen als ganze Knollenbündel auf den Markt. Knoblauch riecht scharf und durchdringend, leicht schwefelartig. Er schmeckt leicht brennend-lauchartig.
Sein Duft steigt zwar nicht jedem lieblich in die Nase – aber Knoblauch gehört nun einmal zur hohen Kochkunst und ganz bestimmt zu diesen Gerichten: Hammelfleisch, Lammfleisch,

Schweinefleisch, fette Braten, Eintöpfe, Steaks und Koteletts, Käsefondue, dicke Hülsenfrucht- und Gemüsesuppen, feine Soßen und Mayonnaisen, Rohkostsalate, grüne und gemischte Salate, Kochfisch und Bratfisch, Fischsalate und -suppen, Gemüsegerichte mit Tomaten, Auberginen und Schmorgurken, Kräuterbutter und zu allen südeuropäischen Rezepten.

Knoblauchpulver

Hier gilt das gleiche wie bei Zwiebelpulver. In den meisten Gewürzmischungen ist ein ganz schwacher Hauch granulierter Knoblauch in dezenter individueller Relation zu den anderen Gewürzen enthalten. Er bläht nicht und ist nicht so geruchsintensiv wie frischer Knoblauch.
Besonders beim Arbeiten am Tisch des Gastes, hier wiederum ganz speziell, wenn ein zarter grüner Salat nur eine kleine Geschmacksnuance erhalten soll, läßt sich mit Knoblauchpulver durch die sparsame Handhabung eine Würzung mit aller Finesse erreichen.

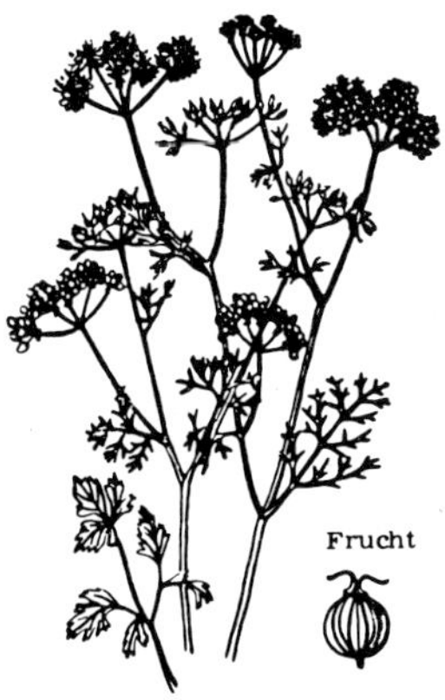

Koriander

ist ein Doldengewächs, das eine Höhe bis zu 60 cm erreicht. Die Pflanze hat einen gestreiften Stengel und kleine, weiße Blüten, aus denen sich die nicht ganz pfefferkorngroßen, gelbbraunen Früchte entwickeln. Die getrockneten Spaltfrüchte liefern das Gewürz, das man ganz und gemahlen kaufen kann. Merkwürdig an der Korianderpflanze ist, daß sie im Gegensatz zu ihren appetitlichen Früchten unangenehm riecht. Deshalb heißt Koriander im Volksmund auch Wanzen- oder Stinkdill.
Der Ursprung liegt wahrscheinlich in Syrien, die Pflanze ist aber lange schon in unserem Bereich beheimatet. Verwendung in der Küche findet Koriander zu süßem Backwerk, zu Kohl- und Kartoffelgerichten, zu Fischsoßen und fettem Schweinefleisch. Hervorragend rundet das Gewürz den Geschmack ab von Apfelgerichten wie Apfelstrudel, Apfelkuchen und Apfelmus.

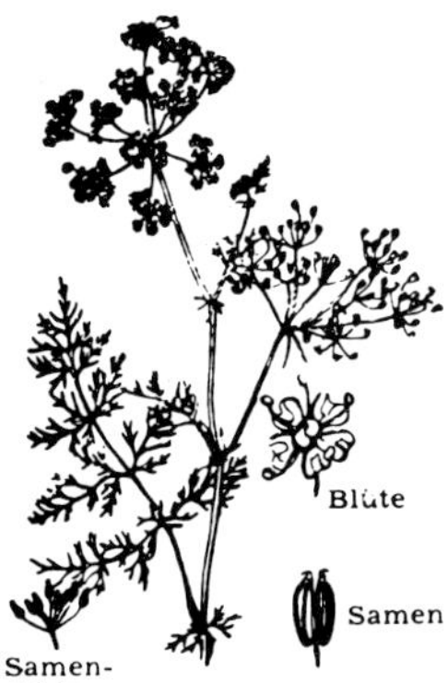

Kümmel

Geheime Kräfte wurden dem Kümmel im Mittelalter zugeschrieben. So stellte man im Erzgebirge, wenn ein Kind unruhig war und – wie man glaubte – von Dämonen geplagt wurde, ein Gefäß mit gekochten Kümmelkörnern unter die Wiege. In Norddeutschland trug man in dieser Zeit, um sich gegen Hexerei zu schützen, einen Beutel mit Kümmelkörnern auf der Brust, und neugeborene Kinder legte man auf ein Kissen, das mit Kümmel gefüllt war.

Medizinisch galt früher und gilt heute: Kümmel wirkt magen- und darmanregend, appetitfördernd und krampflösend.
Industriell braucht man Kümmelöl für Branntweine und Kräuterliköre, in der Parfüm- und Seifenbranche.
Ein etwas vorlautes und derbes Gewürz ist zwar der Kümmel – trotzdem gehört er selbst zu Hummerspeisen, zu Langusten und Krebsen. Kümmel würzt außerdem Weiß- und Rotkohl, Irish Stew, Sauerkraut, Krautsalat, Möhren, Sellerie, Pilzgulasch, Kartoffeln, Kräuterquark, Steckrüben, dicke Gemüsesuppen, russischen Borschtsch, Rote Bete, Schweinebraten, Kutteln, Schwartenmagen, Hammelfleisch, Wurstsalat, Hackfleisch für Suppenklößchen, Kochfischsud, alle Käsegerichte – auch Käsesuppen und -soßen – Käsegebäck und natürlich Kümmelstangen, selbstgebackenes Brot und Brötchen.

Kurkuma

nennt man die Wurzelstöcke einer in Südasien vorkommenden Pflanze, die zu den Ingwergewürzen gehört. Kommt gemahlen und in Stücken in den Handel. Verwendet wird Kurkuma zum Würzen von exotischen Gerichten. Es ist Hauptbestandteil des Curry-Powder.

Liebstöckel

wird in südlichen Ländern angebaut und wurde früher viel als Heilkraut genutzt. Als Küchenkraut wird Liebstöckel heute zur geschmacklichen Abrundung verwendet für Bouillon, Gemüsesuppen, Tomatengerichte, Soßen, Ragouts, Rouladen, Salate und Rohkost.

Lorbeerblätter

Lorbeeren nennt man die reifen und getrockneten Beeren des Lorbeerbaumes, aus denen man heute noch ein starkwürziges Öl gewinnt, das als Insektenschutzmittel angewandt wird.
Alles was sauer ist, verträgt auch Lorbeergeschmack: Fleischsülze und Sülzkoteletts, Sauerkraut, eingelegte Rote Bete, Gurken, Mixed Pickles, eingelegte zarte grüne Böhnchen, junge, grüne Tomaten und Heringe. Lorbeerblätter gehören in jede Fleischbeize wie zum Sauerbraten und Wild, in die Fischmarinade, zu deftigen Kartoffelgerichten, zu großen Braten und allen dunklen Bratensoßen, Ragouts, Gulasch, derben Eintöpfen und dicke Suppen.

Löwenzahn

ist meist wildwachsend, wird jedoch auch auf Feldern als Gemüse, in Frankreich als Salatpflanze, angebaut. Er sollte möglichst jung verwendet werden, da sich später Bitterstoffe entwickeln. Verwendung findet Löwenzahn zu frischen Salaten, Würzsoßen und zu gegrilltem Fisch.

Majoran

Dieses Küchenkraut von starker Würzkraft ist bei uns heimisch und wird vor allem in den südeuropäischen Ländern angebaut. Es wird hauptsächlich in Kartoffelsuppen und Kartoffelgerichten und -klößen sowie zur Wurstherstellung verwendet. Man schätzt Majoran auch in Lebergerichten, Geflügelragouts, Fleischfarcen, Kräutersuppen und -soßen und in Omeletts.

Melisse

stammt aus dem Orient, wird heute in Südeuropa angebaut und wächst auch in unseren Breiten. Wurde früher in den Klöstern angebaut und für vielerlei Heilzwecke verwendet. Heute wird es als Küchenkraut verwendet für grüne Salate, Rohkost, Kräutersoßen, Wild- und Pilzgerichte. Melisse ist grundsätzlich da zu verwenden, wo man Zitronensaft oder Zitronenschale verwenden würde.

Meerettich

hat einen sehr intensiven Eigengeschmack und ist am schärfsten im Herbst, wenn der Blattwuchs zurückgeht. Verwendung findet Meerrettich als Beigabe zu englisch gebratenem Fleisch, Räucherlachs, Schinken sowie warmen und kalten Soßen.

Muskatnuß

Die aprikosenähnliche Frucht des tropischen Muskatbaumes enthält einen Samenkern, der nach dem Trocknen und Kalken als Muskatnuß in den Handel kommt. Gemahlen als aromatisches Muskatnußpulver wird dieses hervorragende Gewürz Fleischgerichten, Pasteten, Muschelgerichten, Pilzgerichten, Kartoffelspeisen, Feingemüsen und hellen Soßen hinzugefügt.

Nelken

werden aus der doldenartigen Blütenknospe des 11 bis 12 m hohen Nelkenbaumes, der hauptsächlich auf Madagaskar und Sansibar wächst, gewonnen.
Das prägnante Aroma findet gerne Verwendung bei Wildbraten, Sauerbraten, Rotkohl, Suppen, Essigfrüchten, Marinaden und auch im Glühwein.

Oregano

wird hauptsächlich in Südeuropa angebaut. In Amerika ist es schon seit Jahren von großer Beliebtheit. Bei uns ist es als Küchenkraut von dem lieblicheren Majoran etwas verdrängt. Verwendung für alle südländischen Spezialitäten, insbesondere Pizza, Spaghetti und Tomatengerichte, auch für Braten, Salate und Hülsenfrüchte.

Paprika

Aus Südamerika, Südungarn und Spanien kommt diese sehr vitaminreiche und appetitliche Schotenfrucht. Der brennend scharfherbe Geschmack wird durch das Capsicin verursacht.
Das milde Paprikapulver, edelsüß, dient zur Herstellung von Gulasch und Paprikahuhn, es verfeinert Ragoutgerichte, Fleisch-, Eier- und Käsespeisen, Suppen und Salate.
Paprika darf man niemals in siedendes Fett geben, da er sonst sofort seinen besonderen Geschmack einbüßt.

Petersilie

Unser bekanntestes und bestes Küchenkraut kommt aus der Familie der Doldenblütler. Petersilie ist eine zwei- bis mehrjährige Pflanze, die überall in Europa angebaut wird und in der ganzen Küchenwelt beliebt ist. Große Petersilienkulturen gibt es vor allem in den Balkanstaaten und in Holland. Die angestammte Petersilienheimat ist Südeuropa, wahrscheinlich Sardinien.
Der aromatische, frische Kräutergeruch und -geschmack der Petersilie ist bekannt. Nicht so geläufig ist, daß Petersilie im Altertum weniger als Würze, mehr als heiliges Kraut verehrt wurde. Herkules soll sich auf Festen mit einem Petersilienkranz geschmückt haben. Petersilienkränze spielten damals die gleiche ehrende Rolle wie später der sprichwörtliche Lorbeer. Die vitaminreiche Petersilie galt im Mittelalter als Hexen- und Gei-

Schnittlauch

wird fast auf der ganzen Welt angebaut, kommt aber auch wildwachsend vor. Er soll immer mit scharfem Messer geschnitten werden, man kann dazu auch eine Küchenschere verwenden. Frisch verwendet, ist Schnittlauch sehr reich an Vitaminen. Verwendet wird Schnittlauch in der Küche für Lamm, Kalbsragout, Huhn in weißer Soße, Hackbraten, Duxelles, Kräuter- und Salatsoßen, Sc. Vinaigrette, Suppen, Kraftbrühen, Gemüsesuppen, Gemüse, Salate, Kräuterquark, Suppeneinlagen, Omelettes.

Sellerie

war ursprünglich eine Wildpflanze. Heute wird sie in Garten- und Feldkultur als Knollen- oder als Staudensellerie angebaut und als Küchengemüse und Würzmittel verwendet.
Die mit Kochsalz im Verhältnis 1:1 vermischte und dann gemahlene Selleriesaat ist eine vorzügliche Würze für Diätspeisen, Fleisch-, Geflügel- und Fischgerichte. Man nimmt sie auch zu Gemüsen, Suppen, Soßen, Marinaden und Salaten, d. h. überall, wo ein leichter, frischer Selleriegeschmack angebracht erscheint.

Senf

ist eine Ölfrucht mit gelbkugeligen Samenkörnern, die scharfe ätherische Öle enthält. Es regt den Appetit an, fördert die Fettverdauung, reizt jedoch die Magen- und Darmschleimhaut. Verwendung in der Küche: Ganze Senfkörner zu Soßen, Marinaden, Essiggurken und Fischlaken. Das entölte Pulver wird zur Senfherstellung in Verbindung mit anderen Zutaten und Gewürzen verarbeitet. Der englische Senf wird in Pulverform gehandelt und in der Küche je nach Verwendungszweck angerührt oder direkt beigegeben (niemals in eine warme Flüssigkeit geben!).

Sternanis

ist die Frucht eines Baumes. In der Reifezeit springen die Früchte auf und die braunen, glänzenden Samenkörner werden frei. Duftet wie Anis, aber sein Aroma und Geschmack sind voller, feuriger und schwerer. Wie Anis wird auch Sternanis für Gebäcke verwendet, weiterhin für Apfel-, Birnen- und Pflaumenmus, Puddinge, Obstspeisen und Kompotte. Grundsätzlich darf alles mit Sternanis gewürzt werden, was auch mit Anis schmeckt – allerdings muß man rechtzeitig den Stern herausfischen, weil er sonst zu stark würzt.

Thymian

Geschmacklich verträgt sich der Thymian gut mit Lorbeer, Muskat, Rosmarin und Salbei.
Thymian gehört unbedingt zu allen fetten Schweinebraten, zu Lamm- und Hammelfleisch, zu selbstgemachten Würsten und Wurstsalat, zu Schmalz und gehaltvollen Pastetenfüllungen, zu Hackfleisch, zu Wild- und Geflügelragout, Kalbfleisch und Hühnchen.
Thymian aromatisiert Pilz- und Tomatengerichte, Schmorgurken, Rohkost, salzige Quarkspeisen, Gemüsesuppen, Stews, Hülsenfruchtgerichte, kräftige Fleischbrühen, Kräutersoßen, junge Kartoffeln und Kartoffelsalat, Lebergerichte, salzige Omeletts, Aal- und Krebsgerichte und frische Muscheln.

Vanille

Alle süßen Gerichte werden noch feiner im Geschmack und Duft durch Vanille, zum Beispiel: Puddinge und Puddingsoßen, süße Suppen undSchlagsahne, Rhabarberspeisen, Obstkuchen und trockene Kuchen, Kekse und Fettgebackenes, süße Reis-, Quark- und Joghurtgerichte, Kompotte und Marmeladen, Tortenfüllungen, selbstbereitetes Eis und selbstgemachte Bonbons und Konfekt, frische Früchte mit Milch und Zucker, süße Klöße, Schaumspeisen, Brezel, Brot, Krapfen und natürlich Kakao oder andere Schokoladengetränke.
Wichtig für die Verwendung: Die Vanilleschoten aufschneiden und das Fruchtmark und die Samen in die Speisen schaben. Die Schoten kann man mitkochen und vor dem Anrichten wieder herausfischen. Die ausgeschabten oder mitgekochten (trockenen) Schoten in einem gut verschlossenen Gefäß zusammen mit Zucker aufbewahren.

Wacholderbeeren

Getrocknete, reife Beeren des zypressenartigen Wacholderstrauches aus allen mitteleuropäischen Gebieten.
Den würzig-süßen Geschmack nutzt man für Sauerkraut, Rotkraut, Wildbraten und zum Beizen von Fleischstücken.

Ysop

Es handelt sich hierbei um eine wildwachsende Majoranart. Verwendet wird Ysop in der Küche zum Würzen von Bohnen- und Kartoffelsuppe, zu Salaten, Soßen, dicke Suppen, Bohnengerichten aller Art, Rohkost.

Zimt und Canehl

Zucker, Zimt und Reis gehören zusammen und alles, was gesüßt wird, darf auch mit Canehl gewürzt werden: alle süßen Soßen und Suppen, Kompotte, Puddinge, alle warmen und kalten Obstspeisen, Marmeladen, Glühwein, Punsch, Kakao, Milchmixgetränke, Eiskaffee, schwarzer Kaffee und Tee, Rotkohl, süßsauer eingelegte Kürbisse, Senfgurken, Pfeffergurken, Pflaumen, Birnen, Mixed Pickles.
Gemahlener Zimt würzt: Milchreis, Eis, süße Breie, Kuchen, Weihnachtsgebäck (Zimtsterne und Zimtwaffeln, Zimtschnitten und Zimtröllchen), Bratäpfel, Torten, Blech-Obstkuchen, Obstsalate, selbstgemachte Bonbons und Pralinen. Eine Prise Zimt sollte auch mitziehen in allen Stachelbeerspeisen und in salzigen, sämigen Bratensoßen, die mit Maisstärke oder Kartoffelmehl gebunden werden.

Zitronenkraut

stammt aus Vorderasien und wurde früher vielfach für Heilzwecke verwendet. Die heutige Verwendung in der Küche bezieht sich auf alle Braten, ähnlich wie Beifuß.

Zwiebelpulver

Aus dem Orient kam vor langer Zeit die Zwiebel als Vitaminträger und wichtigste Würzpflanze zu uns. Das daraus hergestellte Zwiebelpulver erleichtert die Verwendung dieser Würze im Haushalt, da das Schälen wegfällt und kein Abfall entsteht. Zudem ist das Pulver schnell zur Hand und läßt sich leichter dosieren und nachwürzen. Zum Gebrauch wird die benötigte Menge Zwiebelpulver in etwas Flüssigkeit angerührt.
Das sehr bekömmliche Zwiebelpulver ist besonders für Fleischgerichte, Gemüse und Salate sowie für Soßen und Marinaden gut geeignet. Es läßt sich überall verwenden, wo Zwiebeln angebracht sind. Wenn frische oder geröstete Zwiebeln nicht zuträglich sind, sollte man es einmal mit Zwiebelpulver versuchen.
Besonders für die nachstehend beschriebenen Rezepturen der Gewürzmischungen verwendet man nur Zwiebelpulver bzw. granulierte Zwiebeln, weil man dann die Gewürzmischung, da sie keine blähende Wirkung hat, auch für die meisten diätetischen Speisen verwenden kann.
Besonders wenn man im Restaurant am Tisch vor dem Gast arbeitet, schrecken manchmal die Gäste vor den frisch gewürfelten, stark duftenden Zwiebeln zurück. So kann man dezenter und diskreter mit den fertigen Gewürzmischungen arbeiten, die Zwiebelpulver beinhalten.

Gewürzmischungen

Die Kunst des Würzens

Erfahrung, Geschmackssinn, Fachkenntnisse, Konzentration, Gewissenhaftigkeit und manchmal auch etwas Phantasie, Kreativität und Urteilsvermögen gehören zu den Voraussetzungen der Perfektion in der Gewürzzusammenstellung für ein bestimmtes Gericht.

Grundsatz beim Würzen

Der charakteristische Geschmack, der Eigengeschmack eines Gerichtes, darf nie übertönt werden!

Zusammenstellung der Gewürzmischungen

Nicht zu jeder Zeit bringt man alle Vorgenannten Voraussetzungen zusammen. Auch der beste Koch ist nicht immer in gleicher körperlicher Verfassung. Beim Würzen kann aber ein Hauch zu viel oder zu wenig erhebliche Geschmacksauswirkungen haben, denken wir z. B. an besonders intensive Gewürze wie Knoblauch, Gewürznelke, Muskatnuß usw. Hervorzuheben ist der Faktor Konzentration, den man nicht immer haben kann, wenn man nebenbei noch andere Arbeiten beaufsichtigen und Arbeitsabläufe verfolgen muß. Bei einer Reihe von 15 Gewürzen ist da schon einmal ein Griff vergessen oder ein anderer Griff zweimal getan. Eigentlich ist man durch die Pastetenherstellung, wo man ja auch für jede Pastetenart eine bestimmte Gewürzmischung mit dem getrockneten Salz vorbereitet, darauf gekommen, auch für andere Gerichte Gewürzmischungen zusammenzustellen. Es gibt immer wieder ruhige Minuten im Betriebsablauf des Tages, wo man dann die eine oder die andere Mischung herstellen kann. Wichtig ist, daß man nie zuviel auf einmal herstellt und die Mischung dann trocken und gut verschlossen aufbewahrt. Weiter muß man beachten, daß sich nicht alle Gewürze für eine Sofortmischung eignen und diese dann eben erst später hinzugefügt werden müssen. Z. B. unser Bohnenkraut, auch Pfefferkraut, Wurst- oder Aalkraut genannt, entwickelt durch zu starkes Erhitzen Bitterstoffe und sollte immer erst ganz am Schluß, wenn das Gericht schon fertig ist, hinzugefügt werden. Ätherische Öle, die in vielen Gewürzen enthalten sind, bestehen aus leicht flüchtigen Ölen, die leichter sind als Wasser und einen starken Geruch haben. Außerdem sind sie empfindlich gegen Luftsauerstoff. Knoblauch und Zwiebeln kann man aber in granulierter Form jederzeit in den Gewürzmischungen verarbeiten. Granulierte Zwiebeln und Knoblauch blähen nicht und können daher auch in der Diätetik verarbeitet werden.

Vorteile der Gewürzmischungen

Viele Hand- und Arbeitsgriffe werden bei Verwendung einer Gewürzmischung erspart, insbesondere wenn es schnell gehen muß. Man ist sicherer im Würzen. Besonders beim Arbeiten am Tisch des Gastes im Restaurant, wo man die Augen überall noch neben dem Flambierwagen haben muß, wo man durch Fragen der Gäste oft abgelenkt wird, kann man mit einem Handgriff zur Gewürzmischung Zeit sparen und sicher sein, daß man nichts vergessen hat. Außerdem läßt sich hier durch die Mischung immer ein winzig schwacher Hauch Knoblauch unterbringen, den der Gast nie beanstanden wird, weil er ihn nicht gesehen hat. Die Dosierung in den Mischungen muß immer so fein sein, daß für Gäste, die ausdrücklich mit Knoblauch verlangen, immer noch zusätzlich Knoblauch beigegeben werden kann.

Für die meisten der nachfolgenden Gewürzzusammenstellungen sollte zusätzlich Glutamat verwendet werden. Glutamat hat die Eigenschaft, den Geschmack der Gewürze zu verbessern, ohne selbst einen Eigengeschmack zu haben. Wenn für die Gewürzmischungen gutes, natriumfreies Glutamat verwendet und das Salz weggelassen wird, können die Gewürzzusammenstellungen auch in der Diätküche verwendet werden.

Suppen

Aalsuppe	Thymian, Salbei, Estragon, Kerbel, Pfeffer weiß, Basilikum, Majoran, Beifuß, Zitronenkraut, Petersilie.
Blumenkohlsuppe	Muskat, Majoran, Cayenne-Pfeffer, Paprika-Delikateß, Curry.
Bunte Gemüsesuppe	Thymian, Pfeffer weiß, Knoblauch, Petersilie, Muskat, Paprika-Delikateß, Zwiebelpulver, Schnittlauch.
Erbsensuppe	Curry, Knoblauch, Estragon, Basilikum, Pfeffer weiß, Thymian, Majoran, Paprika-Delikateß, Kerbel, Cayenne-Pfeffer, Koriander, Safran.
Fleischbrühe	Muskat, Muskatblüte gemahlen, Pfeffer weiß, Estragon, Kerbel, Petersilie, Schnittlauch, Liebstöckel.
Französische Bohnensuppe	Bohnenkraut, Thymian, Lorbeerblatt, Pfeffer weiß, Majoran, Oregano, Estragon, Schnittlauch.
Fruchtsuppe	Sternanis, Anis, Zimtstange, Nelken, Vanille, Ingwerstücke.
Frühlingssuppe	Pfeffer weiß, Curry, Petersilie, Paprika-Delikateß, Thymian, Estragon, Schnittlauch.
Geflügelcremesuppe	Pfeffer weiß, Cayenne-Pfeffer, Curry, Muskat.
Grüne Bohnensuppe	Salz, Bohnenkraut, Thymian, Pfeffer weiß, Basilikum, Petersilie.
Indonesische Geflügelcremesuppe	Salz, Ingwer, Safran, Curry, Pfeffer weiß, Lauch, Karotten, Sellerie.
Kerbelsuppe	Salz, Kerbel, Knoblauch.
Krabbensuppe	Pfeffer weiß, Basilikum, Dillspitzen, Curry, Paprika-Delikateß, Thymian, Schnittlauch.
Kräutersuppe	Pfeffer schwarz, Thymian, Petersilie, Dillspitzen, Schnittlauch, Kerbel, Basilikum, Majoran, Estragon, Sauerampfer, Borretsch, Salz.
Linsensuppe	Salz, Pfeffer weiß, Thymian, Knoblauch, Basilikum, Koriander, Lorbeerblatt, Paprika-Delikateß.
Nudelsuppe mit Fleischbrühe	Salz, Muskat, Sellerie, Petersilie, Pfeffer weiß, Basilikum, Paprika-Delikateß.
Ochsenschwanzsuppe	Salz, Pfeffer schwarz, Basilikum, Chillies, Paprika-Delikateß, Thymian, Knoblauch, Piment, Lorbeerblatt, Majoran, Koriander, Bohnenkraut.
Sellerjecremesuppe	Salz, Sellerie, Petersilie, Pfeffer weiß, Muskat.
Tomatensuppe	Salz, Pfeffer weiß, Cayenne-Pfeffer, Paprika-Delikateß, Oregano, Majoran, Rosmarin, Lorbeerblatt, Basilikum, Petersilie, Schnittlauch, Knoblauch, Sellerie.
Zwiebelsuppe	Salz, Pfeffer weiß, Basilikum, Estragon, Majoran.

Soßen

Bechamelsoße	Salz, Pfeffer weiß, Muskat, Kerbel, Rosmarin.
Cáfe de Paris-Soße	siehe Cáfe de Paris-Butter unter Buttermischungen (22 Gewürze): Die Cáfe de Paris-Soße wird mit der Paris-Butter aufmontiert und nimmt daraus ihre Würze.
Estragonsoße	Salz, Estragon, Pfeffer weiß.
Gribichisoße	Salz, Pfeffer weiß, Curry, Muskat, Petersilie, Schnittlauch, Dillspitzen.
Grüne Soße	Salz, Kresse, Petersilie, Schnittlauch, Dillspitzen, Borretsch, Kerbel, Zitronenmelisse, Sauerampfer, Pimpernelle.
Holländische Soße	Salz, Pfefferkörner schwarz, Pfeffer weiß, Petersilienstiele, Muskat, Lorbeer, Schalotten, Weißwein.
Jägersoße	Salz, Pfeffer schwarz, Petersilie, Kerbel, Estragon, Wacholder, Piment, Koriander.
Meerrettichsoße	Salz, Engl. Senf, Essig oder Zitronensaft und kleine Zuckerprise.
Paprikasoße	Salz, Paprika-Delikateß, Cayenne-Pfeffer, Zwiebelgewürz, Pfeffer schwarz, Kümmel.
Petersiliensoße	Salz, Petersilie, Pfeffer weiß, Rosenpaprika, Muskat.
Pikante Soßen z. B. Sc. Zingara, Sc. Diable, Sc. Robert Sc. poivrade, Sc. Hongroise	Salz, Pfeffer schwarz, Rosenpaprika, Cayenne-Pfeffer, Curry, Zwiebeln, Knoblauch.
Sauce bearnaise	Gewürze wie bei holländischer Soße, nur etwas mehr Estragon und Essig, Reduktion muß kräftiger gehalten werden. Gehackter Kerbel und Estragon außer in die Reduktion noch einmal als Einlage zur Garnitur verwenden.
Sauce bolognaise	Salz, Zwiebelgewürz, Majoran, Thymian, Knoblauch, Pfeffer schwarz, Paprika-Delikateß.
Sauce soubise	Salz, Muskat, Pfeffer weiß gemahlen, Zitronensaft, Zwiebeln.

Gemüse- und Karoffelgerichte

Bauernfrühstück	Salz, Pfeffer weiß, Paprika-Delikateß, Majoran, Petersilie.
Bayrisch Kraut	Salz, Pfeffer weiß, Kümmel, Cayenne-Pfeffer, Essig, Zucker.
Blumenkohl	Salz, Muskat, Paprika-Delikateß, Zitrone.
Gemüseeintopf	Salz, Pfeffer weiß, Rosenpaprika, Basilikum, Majoran, Thymian, Kerbel, Knoblauch, Petersilie, Bohnenkraut.
Grüne Bohnen	Bohnenkraut, Pfeffer weiß, Majoran, Thymian.
Grünkohl	Salz, Pfeffer weiß, Zwiebeln, Piment.
Irish Stew	Salz, Pfeffer weiß, Kümmel, Cayenne-Pfeffer, Nelken, Paprika-Delikateß, Zwiebeln, Knoblauch.
Kartoffelpuffer	Salz, Zwiebeln, Koriander.
Kartoffelpüree	Salz, Muskat, Petersilie, Schnittlauch.
Kohlrouladen	Salz, Pfeffer weiß, Kümmel, Paprika-Delikateß, Basilikum, Cayenne-Pfeffer.

Rehragout	Salz, Pfeffer schwarz gemahlen, Bouquet garni, Johannisbeergelee, Rotwein, Rosmarin, Thymian, Koriander, Gewürznelke.
Rehrücken	Salz, Pfeffer schwarz, Wacholder, Piment, Majoran, Thymian, Rosmarin, Lorbeerblatt, Koriander.
Salmis	Salz, Pfefferkörner, Koriander, Piment, Weißwein, Salbei, Oregano, Rosmarin.
Wildschweinbraten	Salz, Pfeffer schwarz, Piment, Knoblauch, Beifuß, Thymian, Wacholderbeeren, Kümmel, Koriander, Paprika.

Eier- und Käsespeisen

Champignonomelette	Salz, Pfeffer weiß, Paprika, Majoran, Thymian, Basilikum, Petersilie.
div. Käsespeisen	Salz, Cayenne-Pfeffer, Curry, Paprika-Delikateß, Rosenpaprika, Muskat, Majoran, Kümmel, Oregano, Pfeffer schwarz.
Eierkuchen	Salz, Muskat, Muskatblüte gemahlen, Paprika-Delikateß, Vanille.
Mayonnaise	Salz, Pfeffer weiß, Paprika-Delikateß, Senf, Essig, Curry.
Quark	Salz, Pfeffer weiß, Kümmel, Zwiebeln, Knoblauch, Paprika-Delikateß, Curry, Petersilie, Dillspitzen, Schnittlauch, Vanille.
Rühreï	Salz, Pfeffer weiß, Basilikum, Petersilie, Muskat, Schnittlauch, Rosenpaprika, Zwiebeln.

Fisch

Bratfisch	Zitrone, Worcester, Salz, Petersilie, Schnittlauch, Basilikum, Dill, Zitronenmelisse, Senfkraut, Paprika-Delikateß, Pfeffer weiß, Knoblauch.
Eingelegte Heringe	Zitrone, Worcester, Salz, Pfefferkörner weiß, Senfkörner, Lorbeerblatt, Dillspitzen, Estragon, Essig.
Fischfrikadellen	Zitrone, Worcester, Salz, Paprika-Delikateß, Rosenpaprika, Petersilie, Pfeffer weiß, Majoran, Basilikum, Schnittlauch, Curry, Knoblauch, Thymian, Dill.
Fischfrikasse	Zitrone, Worcester, Salz, Majoran, Ingwer, Pfeffer weiß, Kapern, Paprika-Delikateß, Safran.
Fischragout	Zitrone, Worcester, Salz, Basilikum, Cayenne-Pfeffer, Curry, Oregano, Knoblauch.
Heringsfilet	Zitrone, Worcester, Salz, Estragon, Petersilie, Pfeffer schwarz, Kapern, Dillspitzen, Schnittlauch, Lorbeer, Piment.
Kochfisch	Zitrone, Worcester, Salz, Kümmel, Lorbeerblatt, Pfefferkörner weiß, Wacholderbeeren, Pimentkörner, Estragon, Dillspitzen, Senfkörner, Nelken, Kardamom.

Marinaden	Zitrone, Worcester, Salz, Pfeffer, Dillspitzen, Curry, Cayenne-Pfeffer, Petersilie, Estragon, Ingwerstücke, Kapern, Kerbel, Koriander ganz, Wacholderbeeren, Lorbeerblatt, Paprika-Delikateß, Pfeffer weiß, Rosmarin, Senfkörner, Pfefferkörner schwarz.
Miesmuscheln	Zitrone, Worcester, Salz, Sellerie, Cayenne-Pfeffer, Knoblauch, Thymian, Pfefferkörner weiß.

Gebäck/Süßspeisen

Gewürzkuchen	Nelken gemahlen, Muskat, Piment, Zimt, Ingwer.
Kompott	Nelken, Ingwerstücke, Sternanis, Vanille, Stangenzimt.
Lebkuchen	Nelken gemahlen, Ingwer, Muskat, Zimt, Kardamom, Koriander.
Milchspeisen	Stangenzimt, Vanille.
Pfeffernüsse	Pfefferkuchengewürz, Anis, Ingwer, Kardamom, Nelken gemahlen, Piment, Sternanis, Zimt, Muskat.
Puddinge	Anis, Ingwer, Vanille, Zimt.
Spekulatius	Spekulatiusgewürz, Nelken gemahlen, Zimt, Kardamom, Muskatblüte.
Süße Aufläufe	Vanille, Zimt, Ingwer.

Spezialitäten

Labskaus	Pfeffer weiß, Lorbeerblatt, Zwiebelsalz.
Pflaumenmus	Sternanis, Vanille, Ingwer, Nelken, Stangenzimt, Pflaumengewürz.
Plumpudding	Muskat, Zimt, Piment.
Zwiebelkuchen	Kümmel, Pfeffer weiß, Thymian, Majoran, Rosmarin, Knoblauch, Oregano.

Schildkrötengewürz

300 g Thymian
300 g Majoran
40 g Salbei
50 g Liebstöckel
60 g Rosmarin
150 g Pfeffer weiß, gestoßen
200 g Pfeffer schwarz, gestoßen
25 g Muskatnuß
360 g Koriander
150 g Bohnenkraut
45 g Piment
40 g Nelken
40 g Lorbeerblatt
30 g Basilikum
30 g Beifuß
30 g Wacholder
40 g Kümmel, gemahlen
30 g Estragon
30 g Oregano
15 g Anis
10 g Kardamom
90 g Paprika
30 g Senfkörner
1 Zehe Knoblauch
2 Zitronenschalen
15 g getrocknetes Chillies
25 g Suppengewürz für 1 Liter fertige Suppe

Am zweckmäßigsten bindet man diese Gewürzmischung in kleinen Säckchen oder läßt sie einnähen. Wenn man etwas bevorraten möchte, muß man sie gut verschlossen aufbewahren. Eignet sich für Schildkrötensuppe, Oxtail clair, Kalbskopf en tortue, Mokturtlesuppe, alle Wildgeflügel-Kraftbrühen sowie Essenzen und Auszüge von Wild, Wildgeflügel und Schneckensuppen.

Gewürzmischung für Gänseleberpastete und -parfait

10 g weißer Pfeffer, gemahlen
8 g süßer Paprika
10 g Koriander, gemahlen
6 g Majoran, fein gerebbelt
12 g Thymian, fein gerebbelt
6 g Muskatblüte
8 g Muskatnuß
8 g Rosmarin, fein gemahlen
10 g Basilikum
8 g Lorbeerblatt, fein gerieben
9 g Gewürznelke, fein gemahlen
14 g Ingwerpulver
8 g Salbeiblatt, fein gemahlen
2 g Kümmel, fein gemahlen

30 g dieser Mischung gibt man unter 500 g gut getrocknetes Salz und erhält so ein Gewürzsalz für Gänseleberpasteten, -terrinen und -parfaits. Auf 1 kg Farce verwenden wir 35 g dieser Gewürz-Salz-Mischung.

Gewürze für eine Gaszpacho

Kümmel, Knoblauch, Paprika, Salz, Pfeffer.

Gewürze für eine Muschelsuppe

Salz, Pfeffer, Petersilie, Muskat, Fenchel, Lorbeerblatt.

Pastetengewürz

starkes intensives Gewürz
10 g Nelken
10 g Ingwer
9 g weißer Pfeffer
9 g Paprika
10 g Lorbeerblatt
10 g Muskatblüte
10 g Basilikum
10 g Thymian
4 g Majoran

leichtes Gewürz für Schaumbrot
20 g Lorbeerblätter
20 g Majoran
20 g Basilikum
20 g Thymian
5 g Nelken
1 g Muskatblüte
5 g Muskatnuß

Dem zum Würzen benötigten getrockneten Salz sind auf ½ kg 15–20 g Pastetengewürz hinzuzufügen.
Von der Gewürzsalzzusammenstellung sind mindestens auf ½ kg Farce ca. 15 g erforderlich.

Gewürze für eine Bouillabaisse

(Für ca. 10 Personen)

Das Weiße von zwei Lauchstauden, 250 g geschälte, entkernte Tomaten, zwei Stück Knoblauchzehen, 1 Lorbeerblatt, 2 g Pfefferkraut, 3 g Fenchelkraut, 1 starke Prise Safran, Salz, Pfeffer, Selleriesalz und 3 g Petersilie.

Gewürze für eine Hamburger Aalsuppe

12 Stück zerdrückte Pfefferkörner, 2 Stück mit Lorbeerblatt und Nelken gespickte Zwiebeln, ¼ Liter Weinessig, ½ Liter Weißwein, Salz, Prise Zucker, Glutamat, Bohnenkraut, Thymian, Salbei, Kerbel, Beifuß, Zitronenkraut, Estragon, Petersilie, *Schinkenknochen.*

Speisekarten und Menüs

Das Fachbuch für Speisen- und Menükunde

In diesem Buch wird der klassische Aufbau von Speisen und Menüs unter Berücksichtigung der modernen Ernährungslehre behandelt. Darüberhinaus findet der Leser zahlreiche Beispiele für die korrekte Erstellung von Speisekarten und die fachlich richtige Zusammenstellung von Menüs aller Art und Anläße.
Dieses völlig neukonzipierte Fachbuch ist Ratgeber und Lehrbuch zugleich. Es bietet einerseits eine Fülle von Anregungen für jeden gastronomischen Betrieb sowie andererseits einen nach dem neuesten Erkenntnisstand aufgebauten Lehrstoff für die Ausbildung im Gaststättengewerbe.

200 Seiten, Format 17 × 24 cm DM 34,–

Auszug aus dem Inhaltsverzeichnis

Verlag Robert Gessler, 7990 Friedrichshafen, Postfach 2320